Sogensha
History Books
創元世界史ライブラリー

ヴァイキングの歴史

実力と友情の社会

熊野　聰 著

[解説・文献解題]
小澤　実

創元社

目次

地図 河本佳樹 装幀 濱崎実幸
帯イラスト 『ヴィンランド・サガ』Ⓒ幸村 誠／講談社

ヴァイキングの歴史——実力と友情の社会

本書は、熊野聰『北の農民ヴァイキング——友情と実力の社会』（平凡社）を改題・増補したものです。

序章　ヴァイキング、ヴァイキング時代、ヴァイキング活動

本書における「北欧」の定義

「北欧」という呼称は、わが国では「スカンディナヴィア」とほぼ同義に受け取られている。厳密にいえば、「北欧諸国」とは、デンマーク、フィンランド、ノルウェー、スウェーデンの四ヵ国のことであり、国際政治の上では、北大西洋上の島国アイスランドを加えた五ヵ国のことをいう。一方、「スカンディナヴィア諸国」という場合は、デンマーク、ノルウェー、スウェーデンの三国を指す。

本書では「北欧」を、ヴァイキングの故国・関係地方という意味で用いる。国としては、スカンディナヴィア三国と同じか、これにアイスランドを加えた四ヵ国である。

1 さまざまなヴァイキング像

わが国でヴァイキングといえば、八世紀末から一一世紀、ところによっては一二世紀まで、「長い船《ロングシップ》」に乗ってヨーロッパへ侵攻し、丸い楯で身を守り、戦斧を振りかざして破壊と掠奪を行った北欧の海賊のことである。これはおおまかにいって、西欧で抱かれているヴァイキング・イメージ、あるいはハリウッド映画の影響である。ヴァイキングの語源は民間語源学ではいろいろと論じられているが、学問上は不明である。

東欧では、ヴァイキング（ヴァリャギ、ヴァリャーグ）と呼ばれている人々に関する主なイメージは、北欧から来た商人であるが、傭兵、政治的征服者のイメージも強い。東方のヴァイキング時代はおおまかにいって九世紀から一一世紀で、西欧とほぼ同じである。彼らは北欧からやってきて、東欧、ロシア、そこからドニエプル川を利用してビザンティン帝国へ至り、さらにヴォルガ川を通ってカスピ海方面（今日の中東）のイスラム世界へと遠征し、通商を行った。また、ビザンティン帝国の首都コンスタンティノープル（現イスタンブール）やキエフ（当時のロシアの中心都市、現在のウクライナの首都）における傭兵勤務もよく知られている。

西方でも通商・交易・傭兵勤務を行ったことが知られ、東方でも機会さえあれば掠奪をしたことであろうが、イメージ上は先に述べたごとく、違っている。

現代の北欧では、ヴァイキング（ヴィーキング）とは、西に向かった者と東に向かった者では現象的には違いがあっても、どちらも、本国では満たすことのできない野心を抱いて船出し、一部は財をなし、栄誉を得て帰国したが、一部は遠い異郷に倒れ、あるいは異国に定着して農民や有力者となった同郷の人々＝生活者である。ことに北大西洋上の島国アイスランドでは、ヴァイキングは新しい生活の場を求めてスカンディナヴィアから大海を越え、無人の島アイスランドを発見して移住し、困苦のうちに農場を切り拓いた自分たちの祖先である。

2 ヴァイキング時代

西欧のヴァイキング時代

西欧では、ヴァイキング時代の始まりは七九三年とされている。この年、イングランドの北東海岸沖、リンディスファーン島の名高い修道院が急襲を受けたのである。修道院は儀式用の燭台・酒器をはじめとして銀製品や上質の布製品など奢侈《しゃし》的な品物（掠奪者が故郷に戻ったとき、自慢できるもの）に富み、しかも防備・軍事力が強くないので、ヴァイキングのお好みの標的であった。

以後ヴァイキングは、次第に規模を増しながら、ヨーロッパ全土、とりわけブリテン諸島、大西洋沿岸、ライン、セーヌ、ロワール、ガロンヌなど大西洋から船で遡りうる流域地方を襲撃、掠奪した。

リンディスファーン修道院の墓石。ヴァイキング襲撃に仮託して最後の審判を表していると思われる

スタンフォード・ブリッジの戦い（ペーテル・ニコライ・アルボ画、1870年）

こうしたヴァイキングの来寇は一〇世紀末には下火になりつつあったが、イングランドは例外で、デンマーク歴代の王たちをはじめ、大部隊による襲撃もしくは征服事業が継続した。一〇六六年、ノルウェーのハーラル苛烈王（在位一〇四六〜六六）が、おそらくイングランド征服を意図してイングランド北東部、ヨーク付近に上陸し、アングロ・サクソンの王ハロルド・ゴドウィンソンと戦って敗死した（スタンフォード・ブリッジの戦い）。これ以後、西欧に対するヴァイキングの大規模な侵攻はないので、この戦いがヴァイキング時代の終わりを告げる事件とされている。

北欧本国でも、ロシアやイスラム世界でも、ヴァイキング時代の始まりと終わりはそれぞれゆっくりした過程として考えられているが、西欧では年代記などに記されている日付のはっきりした事件が画期とされている。

ヘイスティングズの戦いの一幕（「バイユーのタペストリー」11世紀）

この年は同時に、英国史で名高いノルマン・コンクェスト（ノルマン人の征服）の起こった年である。フランス北西部の領主ノルマンディー公ギヨームがノルマン騎士と近隣のフランス人騎士を率いてイングランドに侵攻し、ハーラル苛烈王のノルウェー軍と戦ったばかりの疲弊したアングロ・サクソン軍を破り（ヘイスティングズの戦い）、英国にノルマン王朝を開いた。以後ギヨームはウィリアム征服王と呼ばれる。このノルマン人の英国征服は、ヴァイキング活動とは考えられていない。

フランク帝国の史料では、ヴァイキングは「北の人」（ノルトマンニ）と呼ばれた。北欧語のノルマンのラテン語表記である。北フランス、セーヌ河口地方に九世紀以来、現在のデンマーク、ノルウェーから来たヴァイキングが住みつき、その指導者であったロロというヴァイキングが、九一一年に西フランク王国のシャルル単純王から同地方の支配権を授与された。同地方はヴァイキングの通称「ノルマン」から「ノルマンディー」と呼ばれるようになり、ロロの継承者はのちにノルマンディー公と称されるようになる。

一〇六六年にノルマンディー公であったギヨームはロロから数えて六代目で、公家もノルマン貴族たちも実質は北フランス現地人との通婚によってフランク化しており、言葉もフランス語だった。ちなみにヘイスティングズの戦いおよびそれに至る経緯を刺繡で描いたバイユーのタペストリーでは、ノルマン側はフランク人と表記されている。南イタリア・シチリアに対する征服事業、一一世紀末から始まる十字軍遠征における大きな役割など、歴史上「ノルマン人」が特筆されることがあるが、それらはヴァイキングという意味ではなく、ノルマンディー地方をはじめとする北フランスの騎士たちのことである。

東方および北欧におけるヴァイキング時代

東方のヴァイキング時代は、北欧世界と東方（ビザンティン帝国、およびイスラム諸国とくにアッバース朝）が、東欧とロシアをあいだに挟んで、通商によって結ばれた時代であった。事件発生からあまり間をおかずに記録される性質の史料が現れるのはだいぶ後のことであるが、考古学的研究や北欧で発見されるイスラム銀貨の分布からみると、東方でも西欧とほぼ重なる時期をヴァイキング時代ということができる。

ヴァイキングのふるさと北欧では、ヴァイキング時代とは、外部に向かった攻撃のあるなしにかかわらず、自分たちの社会と文化の一時代区分である。帆走のできる船の開発であるとか、身に付けるものや工芸のデザイン（様式）、埋葬と副葬品の風習など、いわゆる文化のあり方から考えて、北欧ではヴァイキング時代の開始を八世紀の中ごろと考えている。あわせて北欧と西欧では、狭義のヴァイキング活動の有無を問題にすることなく、八世紀中頃から一一世紀のスカンディナヴィア人そのものをヴァイキングと呼ぶことがある。

最近の西欧（北欧諸国を含む）の研究者たちはヴァイキング時代を、北欧、バルト海沿岸の全域とロシアにおいて、至るところで政治的統合体・国家の形成の運動が認められる特別な時代、と考えているようである。諸国民それぞれの一国史的な国家形成過程・時代としてではなく、北欧を含め、いくつもの国家がそのなかから形成されつつある、大地域に共通の時代として考えているのである。

3　ヴァイキング活動

ヴァイキング活躍の技術的前提

掠奪にせよ、交易にせよ、ヴァイキングが故国を離れて外界に繰り出すには、当然のことながら船が必要であった。

北欧は周囲のほぼすべてが海に囲まれ、内陸深くに河川、フィヨルドが入り込み、また多くの湖は海へとつながっており、漁場にも恵まれていたので、移動、運輸、漁業のため、少なくとも三千年前から船が使われていた。船の形は最初期から細長く、その点でヴァイキング船と外見上似ているが、これらは平底船で横波に弱く、マストを張れず、櫂《かい》のみを推進力とした。

八世紀に竜骨（キール。船底の長い中央部に取り付ける、両先端部を上向きに湾曲させた梁）を採用すると、船の前後が胸を張ることによって、横波に対して安定性を獲得し、外海でも帆走が可能となった。この造船上の発展がヴァイキング活躍の技術的前提である。

イングランドにおけるヴァイキング活動の諸局面

西欧では、ヴァイキングの襲撃先はフランク（現在のフランス、ドイツ）、イベリア諸国、地中海にまでわたるが、ここでは『アングロ・サクソン年代記』によってわりあいに系統的にたどることの

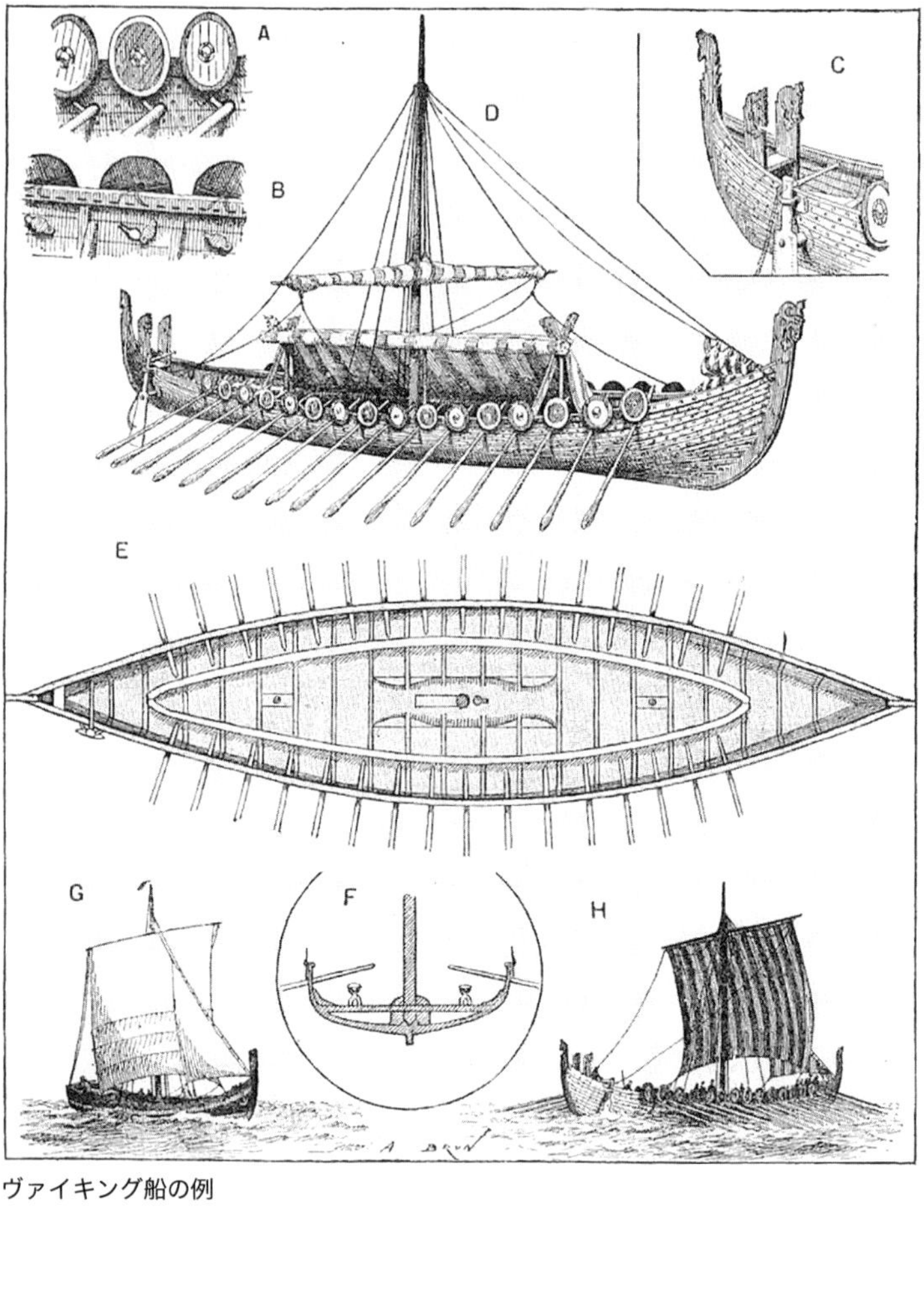

ヴァイキング船の例

できるイングランドを例として、ヴァイキング活動の歴史的変遷（発展とまではいえないにしても、かなり顕著な諸局面）を素描してみよう。

七九三年の襲撃のあとしばらくは、主としてノルウェーから来た一隻ないし数隻の小部隊によって、アイルランドとその島嶼に対する襲撃が行われた。このことが論拠のひとつとなって、リンディスファーン修道院の襲撃はノルウェー人によるものと考えられている。

イングランドに対する襲撃は八三〇年代に再開され、彼らはデーン人と呼ばれている。デンマーク人の意味であるが、年代記の「デーン人」には、ノルウェーやスウェーデンの人たちも含まれていた可能性がある。当時のデンマークは現在のスウェーデン南部を含み、ずっと大きかったのである。デーン人のイングランドに対する襲撃は、はじめは季節的来襲で、航海に適した夏季に限定されていた。やがて八五〇年代から、テムズ川の河口島であるシェピー、サネットなどに数十隻の部隊で越冬するようになった。

デーン人によるイングランド襲撃（『聖エドムンドの生涯と奇跡』イングランド、12世紀）

八六五年を画期にヴァイキングの諸部隊は統合されたらしく、当時いくつかに分かれていたアングロ・サクソン人の諸王国は防衛困難になり、とりわけ最北部ノーサンブリアやその南の内陸部マーシアの東半分、東部のイースト・アングリアではデーン人が優勢になった。とくにグスルムという総大将のもと、デーン人の独立諸部隊が大部隊に編成され、組織的な攻撃がなされるようになると、アングロ・サクソンの独立王国は事実上最南部のウェセックスのみとなった。

八七七年、アングロ・サクソン人は、のちに大王とも呼ばれるウェセックス王アルフレッドのもとで反撃し、ついにグスルムの軍勢を圧倒し、八七八年に和平協定を結んだ（ウェッドモア条約）。イングランドは北西から南東（ロンドン付近）にかけて斜めに走る境界線によって二分され、南西側のウェセックス王国と、北東側の「デーンロー」と呼ばれる、事実上デーン人の独立領域とが並立することになった。このあとグスルムは、デーンロー内の土地をデーン人に分配し、彼らは自給農民となった（本章第4節参照）。

九世紀最末期から一〇世紀にかけて、歴代のアングロ・サクソン王はデーンロー地方を漸次奪回することに成功し、一〇世紀前半には「イングランド王」を名乗るようになった。アイルランドのダブリン地方や北西イングランド（湖水地方やウェストモーランド）を支配していたノルウェー系のヴァイキング王国との戦争や、またノルウェーでの王位争奪戦に敗れた旧王の一族による北イングランド侵入など戦いは続いたが、大局的にはイングランドは、この時代としてはやや安定した独立を享受できた。

一〇世紀末から新たなイングランド攻撃が始まった。個別の首領に率いられた部隊、または現地におけるその連合ではなく、北欧（とくにノルウェーとデンマーク）で百隻以上の大部隊が編成され、ロンドンなどアングロ・サクソン側の重要拠点を包囲して正面攻撃をかけたのである。

デンマーク王スヴェンのイングランド襲撃
（『エドワード証聖王伝』イングランド、13世紀）

これに対してアングロ・サクソン王は、一方ではべつのヴァイキングの首領を傭兵隊長として雇い入れ、他方では多額の退去料を支払って引き揚げてもらう方法を多用した。このデーン人退去料はデーンゲルド（デーン人への支払い）と呼ばれ、同じ名称の、アングロ・サクソン農民への租税となった。

一一世紀初めデンマーク王スヴェンは、スウェーデン地域を含む北欧中のヴァイキング首領たちに呼びかけて兵を募り、大軍を率いてイングランドの占領に着手、十年でほぼ征服を完成した。スヴェンは急死したが、息子クヌッド（クヌート）が征服をやり直し、イングランド王としてアングロ・サクソンの正統な手続きによって戴冠した（クヌート王。在位一〇一六～一〇三五）。

東方世界とヴァイキング（ヴァリャーグ人）

スカンディナヴィア人はバルト海の東と南の沿岸部（今日のフィンランド南部、バルト三国、ポーランド北部、ロシア北西部）、そこからさらに東南方に進出した。

こうした事情は、文字に書かれた史料のほかに、居住地、墓地・埋葬空間と個別の墓など考古学調査によっても確認できる。遺跡から出土した手工業品や外国産の物品のほかに、アッバース朝イスラム圏で発行された銀貨を中心とする外国貨幣が、ヴァイキング時代を通じて北欧と、スカンディナヴィア人が役割を演じた地域で大量に発見されている。ヴァイキング時代の全体が、アッバース朝の銀山開発の成功の時代とおおよそ一致する。ヴァイキング時代のはじまりはロシア年代記における「ヴァリャーグ招致伝承」であると言えなくもないが、終焉はスカンディナヴィア人集団の現地化・スラヴ化に解消されて、自然消滅するかのようである。このスラヴ化の背景にはおそらく、アッバース朝との銀貨を媒介とした関係が途絶して、スカンディナヴィアから東方への新たな人材供給が先細りになったことがあると思われる。

ヴァリャーグ招致伝承

ロシアにおけるヴァリャーグ人（スカンディナヴィア人）に関する最初の証言は、一二世紀初めにキエフのペトロスキー修道院の僧ネストールが書いた『原初年代記』（『過ぎし年月の物語』）である。ただし年代記のつねとして、執筆者自身の時代以前の記事は、慎重に扱わなければならない。

この年代記によれば、九世紀半ばすぎ、北欧からヴァリャーグ人がやってきて、住民であるフィン人とスラヴ人の諸族に小動物の毛皮による貢租を課した。その後、先住民たちはヴァリャーグを追い払った。しかし、それからまもなくこの地方の先住諸民族は北欧に使節を送って、秩序をもたない自分たちを法によって統治するために来てくれと要請したところ、リューリックを首領とするルーシという名のヴァリャーグ集団が渡来した、という。これが最古のロシア国家建設にかかわるヴァリャーグ招致伝承である。リューリックは侯となり、ノヴゴロド以北地方を治めたという。

年代記ではヴァリャーグ、ヴァリャギという表現が北欧人一般、とくに戦士をさすのに使われている。コンスタンティノープルには外国人、とくにスカンディナヴィア人からなる皇帝の親衛隊があって、ヴァランゴイと呼ばれた。最も名高い北欧人ヴァランゴイ隊長は、若き日のハーラル苛烈王である。キエフにもヴァリャーグ人傭兵部隊がいた。ヴァリャーグの語源については諸説あるが不詳である。

ヴァリャーグ人を招致した先住民の一つであるフィン人は、フィン語を話す諸民族である。こんにち国家をなしているフィンランドとエストニアのほかに、いまでもサンクト・ペテルブルク、ノヴゴロド周辺のロシア北西部にはいくつものフィン系諸民族が居住している。年代記の伝える時代にフィン系諸民族が北西ロシアに居住していたことは間違いない。

キエフ公によるコンスタンティノープル襲撃
(『原初年代記』の異本『ラジヴィウ年代記』サンクト・ペテルブルク写本、15世紀)

他方、スラヴ人は南方から北に向かって漸次移動しつつあったが、北西ロシアのノヴゴロド以北では、九世紀のスラヴ人の居住地は考古学上確認されていない。年代記作者は、九世紀には北西ロシアにまだ住んでいなかったスラヴ人を、フィン諸族と一緒に、招致グループに列挙する必要を感じたのかもしれない。すなわち「ルーシ」の起源はスカンディナヴィア人とスラヴ人の合作である、と。

年代記によれば、スカンディナヴィア人は、その一派ルーシが北ロシア（のちにノヴゴロドを中心とする地方）に政治的支配を打ち立てる以前、ヴァイキングとして先住民に対し、リス、テン、キツネなどの毛皮を貢品として要求したという。これらの毛皮は重要な交易商品であり、かつその後のモスクワ侯国を含む北ロシア国家が重要な貢租品目としたものである。北欧人と先住民のこうした関係は、九〇〇年ころの北ノルウェー人豪族が、その北東方面に住む狩猟採集民サーメに対して行ったこととよく似ている（第1章参照）。

「ルーシ」（Rusi）という表現は「ロシア」の古形である。フィン語でスウェーデン人のことをルオチ（Ruotsi）というので、これがルーシの語源ではないか、というのが有力な仮説である。年代記執筆の時代、一二世紀はじめには、ルーシとは、ドニエプル中流域の都市キエフの政治的支配（国家）を担った勢力のことであり、またその「国民」であった。『原初年代記』はここでは、ルーシとは東スラヴ人のあるグループ（部族ないし部族連合）であるポリャーニン人、ついでこれを中心とする

貢納物と引き換えにルーシを招致するスラヴ人（ヴィクトル・ヴァズネツォフ画、20世紀初）

三つの部族の連合体だと記している。

年代記の意図は、ルーシは「キエフ国家」建設にあたって、スラヴ諸族の連合を担ったポリャーニン等々と、大きな軍事力をもったヴァリャーグ人が合同したと主張することであろうか。要約すれば、この年代記に登場するスカンディナヴィア人は、第一に戦士集団であり、政治的支配者でもあるが、もともとは毛皮交易に関心をもってロシアの地に現われたのだ、ということになる。

ドニエプル下流から黒海へ

ビザンティン皇帝コンスタンティノス七世（在位九一三〜九五九）の書いた『帝国統治論』によれば、キエフのルーシは、氷が解けると何百隻という大船団を組んでドニエプル川を南下し、黒海を渡り、コンスタンティノープルを訪れて通商を行ったという。この船はルーシ版図内の各地の豪族がそれぞれ用意したものと考えられ、ヴァイキング船というわけではない。すぐあとに述べるように、人が担ぐところからみて、大部分はずっと小さいと考えるべきである。

キエフから黒海まで下るドニエプル川には、船を漕いで操作することのできない急流がいくつもあり、その名称もこの本に列挙されているが、いずれも北欧語起源と考えられている。この種の航行不可能な急流に対しては二つの対処法があった。急流を迂回するべく船を人間の力で担ぎ上げて陸路を運ぶか、あるいは船を陸上からロープで引っ張るのである。こうしたルートは、ドニエプル川だけではなく、ロシアのもっとバルト海に近いところにも、また北欧内にもある。天然の水系と水系のあいだを担いで移動する場合もあれば、二つの水系を運河（連水陸路）でつなげ、乗員が堤防に並んで船をロープで曳きながら、次の可航水域まで進む場合もある。

船の陸上搬送（オラウス・マグヌス『北方民族文化誌』ローマ、1555年）

彼らの前に立ちはだかったのは自然条件だけではない。陸上搬送の間、敵対集団に襲われると危険極まりない。大船団を組織せざるをえない理由である。また遊牧民がこの地方に移動してくると、ドニエプル川の利用自体を放棄せざるをえない。したがって、キエフを拠点に通商に関心をもつ人々は、軍事力を備えた政治権力にならざるをえない。この点で、ドニエプル中流域のスラヴ人とスカンディナヴィア人は利害を共通にしたといえるかもしれない。

ヴォルガ

北ロシアのヴォルガ源流地方は、最古の北欧人の拠点スターラヤ・ラドガからも近く、遅くとも九世紀初めには北欧人は東南に向かってヴォルガ川を下りはじめたと思われる。中流にはヴォルガ・ブルガール人の拠点ブルガールがあり、川はここで大湾曲して南流し、カスピ海に注ぐ。カスピ海沿岸の南半部はアッバース朝カリフ国である。

バグダードを首都とするこのカリフ国は、ほぼヴァイキング時代と重なる時期に銀山開発に恵まれ、北方のハザール人やブルガール人との通商関係を推進した。スカンディナヴィア人は銀を熱心に欲したので、両者は結果的につながったのである。九二二年にアッバース朝の使節イブン・ファドラーンはヴォルガ河畔に宿営中のルーシとおぼしき商人団に出会っている（ただしこの「ルーシ商人団」が北欧から交易のために直接来たのか、東方にすでに定住している人々かは問題である）。

東欧・ロシアのスカンディナヴィア人遺跡

スカンディナヴィアからバルト海を東南方に越えて最初に着くのが現在のバルト三国とフィンランドであり、そこに大小のスカンディナヴィア人の定住地跡が発見されている。

現在までに確認されている最古のスカンディナヴィア人定住地であるラトヴィアのグロービン（グロービニャ）は、ヴァイキング時代より一世紀も前、七世紀半ばに始まるが、この地での定住はヴァイキング時代にすでに入っている九世紀半ばまで続く。したがって東方へと展開するヴァイキング時代のスカンディナヴィア人の拡大運動の先駆と考えられる。

北西ロシアのスターラヤ・ラドガ、その南の古都ノヴゴロド、およびキエフを中心として、ドニエプル川とヴォルガ川に沿った地域でも、スカンディナヴィア人の居住地、墓地の存在が明らかになり、調査が行われている。

スターラヤ・ラドガは古都ノヴゴロドの北方、ラドガ湖南端にある。ここで八世紀中頃以降、一〇世紀後半まで続く北欧人の居住地跡、墓地、遺物が多数発見された。八世紀後半という早い時期のイスラム銀貨も発見されている。九世紀後半までこの地の定住地遺跡は規模を拡大しつづけ、北欧からドニエプル中流やヴォルガ中下流へ向かう第一中継点としての機能を果たしたと思われる。

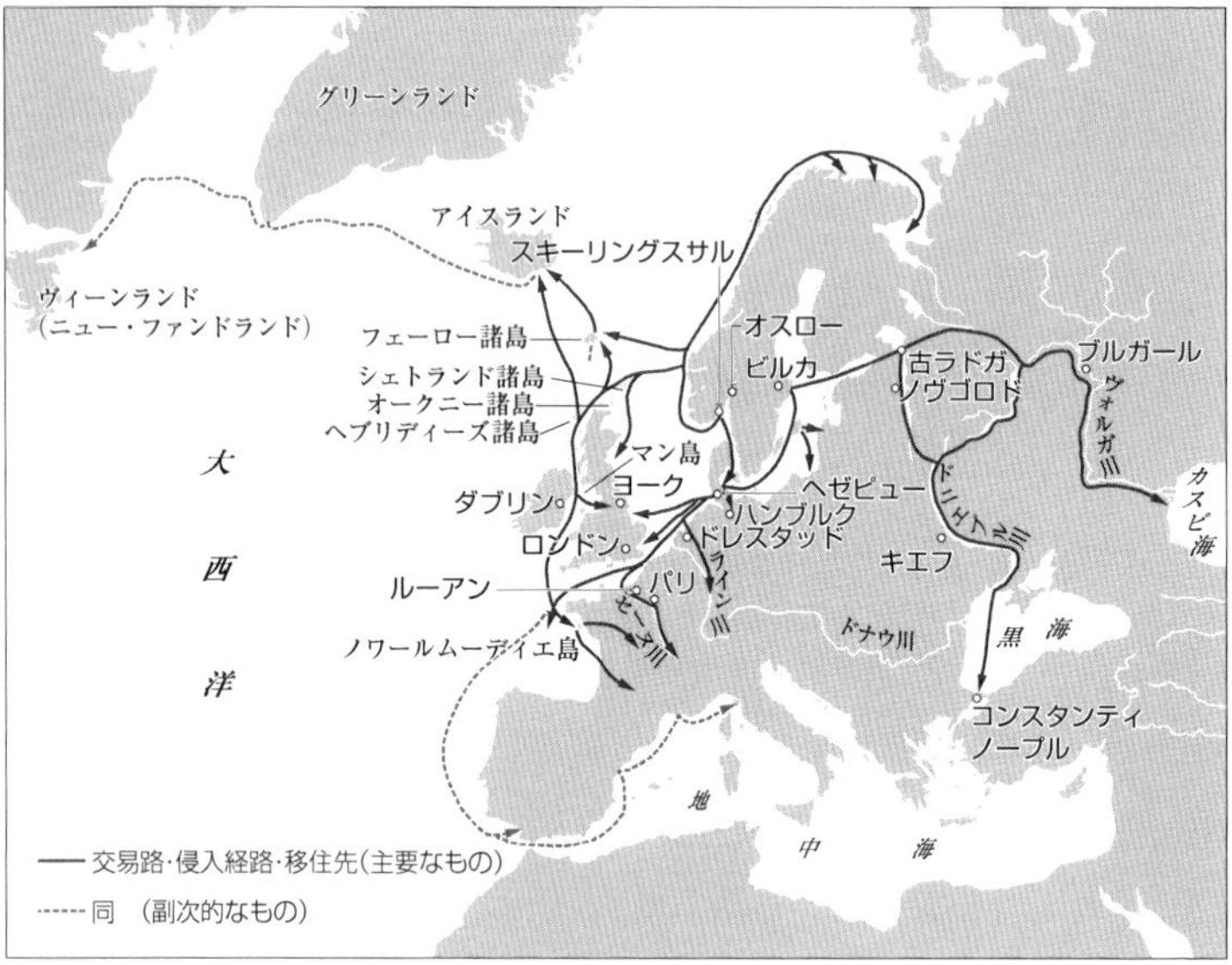

ヴァイキングの活動。ノルウェー人は北海地域、ブリテン諸島（イングランドを除く）を主な対象とし、さらに北大西洋のフェーロー諸島、アイスランド、グリーンランド、アメリカ大陸に植民した。デーン人は西ヨーロッパ各地（フリースランド、イングランド、北フランス）を掠奪、植民した。スウェーデン人はバルト海東部沿岸地方、北ロシアからドニエプル川、ヴォルガ川水系によって黒海、カスピ海方面へ進出した

ただしこの定住地には、多様なエスニシティーをもったさまざまな集団が入り組んでおり、スカンディナヴィア人が一人占めにしたわけではない。

スターラヤ・ラドガ／ノヴゴロドとキエフの中間、ドニエプル北岸にあるグニョズドヴォ遺跡は、ロシア最大のスカンディナヴィア人定住地である。定住は九〇〇年ころからはじまり、九三〇年ころにその拡大が加速し、一〇世紀後半に最盛期を迎える。墳墓（遺体を副葬品とともに焼いた上に墳丘を築く）は一部後世に破壊されているが、総計五〇〇〇基前後と推計される。

キエフまでのドニエプル川沿岸地帯と、ヴォルガ川沿いには、

ほかにもスカンディナヴィア人定住の跡が数多く分布しているが、研究調査はまだ十分ではない。

以前は、これらのスカンディナヴィア人定住地と墓地の主人公たちについて、出土物の傾向から、交易者であるとか軍事的性格をもっていたとかの、特化集団的にみる傾向が強かった。近年は、より一般的な生活者（農民）とみる傾向が強まっている。またさまざまなエスニシティーをもった先住民との混住が指摘され、これはイングランドのデーンロー地帯などの傾向と類似している。

グニョズドヴォ遺跡の出土品

イスラム銀貨

スカンディナヴィアからドニエプル・ヴォルガ両河の中・下流にかけての地域では、八世紀末から一一世紀にわたってイスラム圏アッバース朝で発行された銀貨が出土しているが、出土量は圧倒的にスカンディナヴィアに多い。つまりヴァイキングの故郷と、東南方向のロシアとその周辺、両大河地方の北欧人遺跡所在地の見取り図は、イスラム銀貨の出土分布図との連関が高い。

現代のイスラム諸国では、イスラム商人が銀貨を携え、ヴォルガ川を遡ってスカンディナヴィアまで商業に出かけたと考えられているようである。すでにローマ商人はタキトゥス時代（西暦一世紀）にはバルト海沿岸地方まで出かけて琥珀を買い入れており、五世紀にはゴート人が東ローマ世界へと毛皮を運んでいる。シンドバッドの話のように、商人という冒険家の行動は常識を超えるところもある。

しかし北欧と東方に出土する銀貨の少なくない部分がイスラム商人によって運ばれたというには無理がある。スカンディナヴィア人「商人」がカスピ海までたえず行き来していたと考えるのも同様である。この銀の移動は、経路のすべての民族に関与し、影響を与え、この大経路と拠点の周辺には多様な交通関係があったに違いない。

ビザンティン帝国もスカンディナヴィア人との通商関係にあったうえに、皇帝親衛隊勤務のヴァランゴイは退役に際して金銀貨幣で報酬を受け取ったと考えられるが、スカンディナヴィアにおけるビザンティン貨幣の出土はイスラム銀貨に比べてはるかに少ない。

アッバース朝のイスラム銀貨

4　ヴァイキングとは何であったのか

東西のヴァイキングのあり方を概観すると、西方では掠奪と軍事的侵略の要素が強く、東方では傭兵・交易と軍事的・政治的支配の要素が強い印象を受ける。しかし東西で違った活動を示すスカンディナヴィア人たちは、当人としては同じ存在である。

掠奪戦士から農民へ？

この問題を考えるために、九世紀後半、イングランドのデーン人がデーンローを支配するようになった時点に戻る。

アルフレッド王との和平によって、ヴァイキングの指導者たちは、イングランド内で掠奪を働くことはできなくなった。大軍勢の扶養は基本的に掠奪と調達強要に依存していたので、掠奪なしには食べていけない。軍勢は二分され、半分は大陸に向かい、カロリング帝国内で掠奪戦争を継続した。

グスルムと別れて大陸に渡ったヴァイキングは、ライン河口地帯（いまのオランダ・ベルギー）を本拠とし、掠奪で暮らすプロの強盗団、本物の海賊になった。掠奪以外にはもはや生きていけないこうした種類のヴァイキングは、本論で描かれるようなヴァイキングのあり方からみれば、いわば鬼子であるが、被害者からみたヴァイキングのイメージは、まさにこのようなものであろう。

グスルムと行動を共にしたヴァイキングは、おそらく直属従士団をのぞいて、グスルムから土地を与えられ、農民として自給することとなった。彼らはもともと故郷では農民かその息子だったのである。

このときグスルムが和平を破って戦闘を再開する気持ちをもって、それまで兵をそれぞれの土地で自己扶養させようとする方針だったのか、もはやこれをもって侵略戦争をおしまいにして、兵たちをこの国の農民として定着させようとしたのかを、知る史料はない。そもそもこのデーン人自治区でいかなる統治・生活が行われたかを示す史料がないのである。

しかしヒントになる状況が二つある。一つはグスルムとアルフレッド王の和平の直前、八七六年にイングランド最北部ノーサンブリアで、この地のヴァイキングのリーダーが土地を兵たちに分与して農民として暮らすようにさせたこと、翌年には中央部のマーシアでこれに追随する者たちが現れたことである。

つまり、敗れて和平を結んだからヴァイキングは農民となった、というのは表面上のことで、ヴァイキングの戦士たち、とくに下層は、定着して農民となることをもとから歓迎していたのではないであろうか。ヴァイキングのリーダーが下層の人々に参加を呼び掛けるとき、参加者の将来について、選択肢のなかに農民的定着も入っていたかもしれない。

デーンロー

もう一つの判断材料は、この地方がデーンローと呼ばれていることである。この地域名の前半デーンは「デーン人の」、後半ローは「法」(英語 law は北欧語からの借用語)である。

デーンローという言葉の意味は、たんにデーン人の法が行われる土地、というにとどまらない。北欧の法は社会そのものをも指す。社会とは人の集合体であるが、人々が集まって構成される社会は、人々が共通の法にしたがうことを誓約することによって成立する、というのが北欧型社会契約の特質である。和平を受け入れたデーン人が、みずからの地域(邦)を「デーン人の法(＝社会)」と呼んだことは、彼らが指導者の戦時命令権下にあるのではなく、北欧で普通にみられるタイプの社会関係のもとに暮らすことになったことを、証明とまではいえないが、少なくとも示唆している。

八八五年にグスルムは和平を破って攻撃を再開した。このとき、これら農民となったデーン人の一部が、再度グスルムに従った可能性はある。しかしいずれにしても戦争はすぐ終わり、八八六年には、和平はいままで通りに再確認された。この地のデーン人は最終的に農民として落ち着いたのである。デーンロー農民は特有の言語・慣習を永く保持し、イングランドの多様性の一要素となった。

人はなぜヴァイキングになるのか

指導的人物・呼び掛け人ではない一戦士は、なぜヴァイキング遠征に加わったのであろうか。彼らの社会では、指揮者は自分の一族・家の子に対する以外には、遠征参加を命令する権限をもたない。人々は遠征指導者の呼び掛けに応じたら、戦闘中は命令に従うが、離脱の自由がある。和平を受け入れざるをえなくなった場合、指導者の選択肢は、軍を解散し、それまでの獲得財産を分与して故国に戻すか、現地で自給させるかである。

イングランドを征服したクヌートもまた、正式に王として戴冠したあとは、親衛隊（家人《けにん》、家の子。英語 housecarl、デンマーク語 húskarl）のみを残して、大部分に対しては褒賞を与え、解散して故国に帰した。中部スウェーデンのルーン石（北欧文字ルーンを彫った石碑）に、クヌートから支払いを受けたと刻まれているものがある。

農民として占領地で定住生活に入った戦士たちは、農業生活が嫌ではなかった。なぜ彼らは故国に戻って農民となる道を選ばなかったのであろうか。おそらくそうはできなかったのである。農民として生きていくことは望ましいことであったかもしれない。しかし、そもそも故国では、土地と人口の問題を含め、社会変動や政治的構造変化が進みつつあり、従来の様式では農民生活が難しくなっていたからこそ、故国以外に生きる道を求めてヴァイキング遠征に加わったのではないであろうか。

はじめから農民として生きる道を求めて異国に侵入し、農業用地を獲得することを望んでヴァイキング遠征に加わった、というわけではない。なんらかの新しい生活を求めて異国に侵入し、傭兵となるのもよいし、転じて交易者となるのもよい。そして機会を得て農民となるのも、望ましい選択肢のひとつであったと思われる。

可変的な選択肢

流血の襲撃者と平和な農民は対極的にみえるが、交換可能な選択であった。ロシア方面のスカンディナヴィア人が交易を求めるのも、傭兵勤務に就くのも、ある地方の領域支配を行う政治的権力者となるのも、状況に応じた選択の結果であった。

非軍事的な目的の遠距離航海であっても、途中で食料や飲料水を求めて適当な村や地域などを襲うこと（「岸辺の襲撃」、ヴァイキング襲撃の原型）は、ヴァイキング時代と呼ばれている時代よりもはるかに早く行われており、政治的・法的統合がなされていないかぎり、おとこ（戦士）らしい行動であって、非法行為ではない。またスカンディナヴィア人の未知の土地への移住も、ヴァイキング時代より早くから始まっていた（上述のグロービン遺跡）。

5　ヴァイキングと諸国家の形成

バルト海沿岸とロシア

ロシア最古の国家とされるキエフ・ルーシの成立において、スカンディナヴィア人とスラヴ人がそれぞれどのような役割を演じたか、すでにある史料をどのように解釈しても、また考古学上の資料を眺めても、ただ一つの「正しい」解釈に帰結することは望めそうもない。

さまざまな民族が混住する広大な土地に、外界から軍事の点で優越した集団が現れ、その土地で暮らすためにある一角を占取・領有する。彼らは交易の相手や労働力として、暴力的にせよ、平和的にせよ、先住者と関係をもち、さらに遠方への商品とするために先住民から毛皮などの特産物を貢租として取り上げ、あるいは交換によって手に入れる。人間自体さえ奴隷として売るために捕虜とする——というようなことが起これば、先住民側がリアクションを起こすのは自然なことであろう。先住民側は、攻撃に対しては政治的編成を組織し、抵抗し、通商関係には主体的に対処しようとするであろう。先住民集団のなかに支配的集団と従属的集団が生じ、支配的集団の指導者は、べつの集団から生産物や奴隷を取るかもしれない。ヴァイキング時代に、ロシア以外の土地でも政治権力が成長し、防備を施した集落などが発達するのは当然のことである。

西欧

西欧ではヴァイキングの攻撃に対応して、二つのリアクションが観察される。ひとつは、思いがけぬ急襲に対処できるよう、小さいが攻略の困難な水濠と石造りの防壁と塔を備えた城を作り、少数の軍事的従士を抱えた城主が、救援が来るまで守り抜く戦術である。城塞の有効性はすでに九世紀末、パリ伯ウードがセーヌの川中島（シテ島）要塞を、圧倒的に優勢なヴァイキングに対して守り抜いたことによって明らかであった。

もうひとつは、優勢なヴァイキングに対応できる大部隊を率いて、迅速にではなくとも、襲われ

ヴァイキングからパリを守るパリ伯ウード（ジャン・ピエール・ブランク画、1837年）

た城が持ちこたえているうちに現場に駆け付けることのできる、広域にわたる軍事命令権をもった存在の成長であり、これを担ったのが国王である。これに失敗した地域も少なくないが、英仏をはじめ、小地域の軍事的独立と大地域の上級支配権が追求された。一言でいえば、封建的軍事体制が促進されたのである。

西欧の場合、それぞれの民族なり地域なりの最初の国家形成ではないが、すでに存在した国家の軍事的再編成であった。

北欧諸国

北欧でヴァイキング遠征がなされるようになった背景には、すでにたんなる富農的豪族という存在にはとどまらない地方権力者・小王の成立、発展があったのであるが、遠征先との対応や、奢侈品や銀を獲得したこと、さらに獲得の可能性が目の前に存在することが、本国の政治的編成に大きな影響を与えることになった。

最初のヴァイキング遠征は、豪族的な存在のリーダーシップのもと、一隻の船により単独で行われた。侵略先が警戒し、軍事的対応をとるようになると、遠征の武装力も単独ではなく、周辺に呼びかけが行われ、より大きな豪族やその連合となり、最終的には王権が組織するようになった。

遠征の収益は、一〇世紀後半からデーンゲルドの支払いもあって増加し、末端の参加者は、分配の支払いを受けはしたが、主体性を失い、国内政治的にも実質的に発言権を制限されていった。こうして北欧内部では、のちの三王国の原型となる王権の支配体制が展開していく。

ヴァイキング活動の国家形成的作用は、東だけでなく、西でも、ヴァイキングのふるさとでも、進行したのである。

6 大海原を超えて

島影の見えるよう、できるかぎり沿岸航海の方法で、異文化先住民の地域に侵入したヴァイキングのなかから、海以外は見えない大洋を進んだ人々が現れた。

ノルウェーは北大西洋に面し、ヴァイキング時代以前から漁業と地域間交通のため、人々は造船と船の操作に親しんでいた。八世紀末から、主として沿岸航海で、ブリテン諸島北部へのヴァイキング攻撃を行ったが、同時に、現在の英国領シェトランド諸島、オークニー諸島、ヘブリディーズ諸島に植民（settlement 農民としての定住）が行われた。ここにはケルト系の先住民がいたので、多くの場合、戦闘が生じた。その延長上にノルウェー人は、大海原へと乗り出したのである。

フェーロー諸島

ブリテン北部島嶼部への植民後間もなく、最北部にあるシェトランド諸島とノルウェー西海岸との中間の大洋上にフェーロー諸島が発見され、八六〇年代に植民が始まった。先住民はいなかったが、アイルランド出身の隠遁的なキリスト教修道士が一〇〇年ほど前から住んでいたといわれる。異教徒と共住する気はなかったのであろう、彼らはこの島を去った。衝突は伝えられていない。最初の植民者のひとりは、北欧の名前と、ケルト語の添え名（ニックネーム）とをもっているので、シェトランド諸島など島嶼部のいずれかに住んでいたノルウェー出身者もしくはその二世が、そこから移ってきた可能性もある。

アイスランド

フェーロー諸島よりさらに北にアイスランド島がある。八六〇年代、悪天候などのため漂流したあげくこの島に漂着した者が少なからずおり、そのうちの何人かはこの島の沿海と河川の漁（産卵のため川を遡行する鮭が豊富にいたと記録されている）によって少なくとも一年を生き延び、解氷を待って北欧に戻ってくることができた。こうした人々がアイスランド島の発見者であり、その名が史料（アイスランドのサガ）に書きとめられている。

漁業資源に富み、牧畜も可能な無人島があるといううわさがノルウェーに広まると移住ラッシュが起き、九三〇年ころには植民しつくされた（＝無人の農場適地はすべて入植された）といわれる。農場適地といっても、家畜を飼育できる牧草地があるということである。ごく一部を除き、フェーロー諸島とアイスランドでは穀物栽培はきわめて困難であった。なお、アイスランドにもアイルランド人隠修士がいたが、先住民はいなかった。

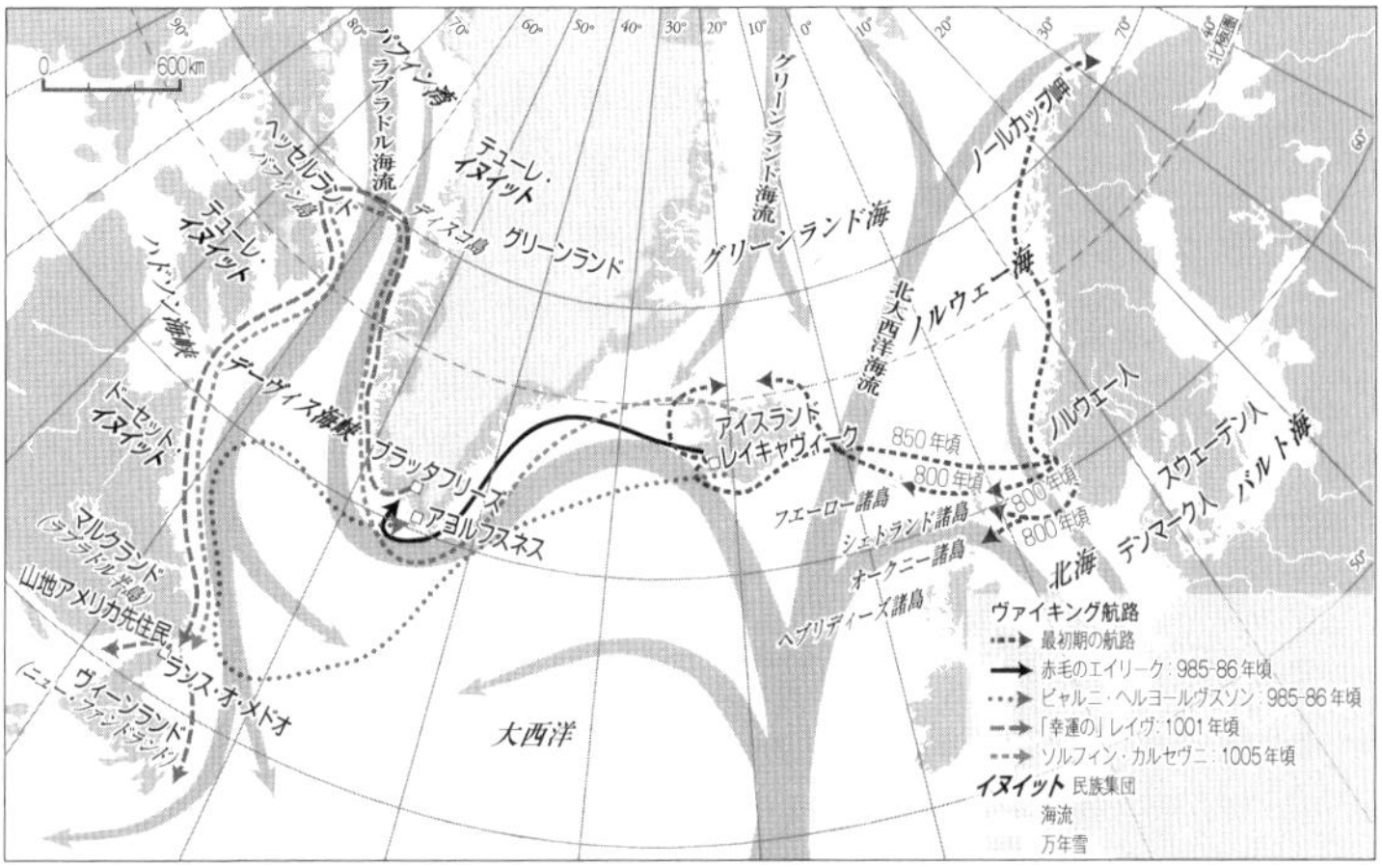

ヴァイキングの航路（J. Graham-Campbell, *The Viking World*, 1980より）

グリーンランドとカナダ

九八〇年代、アイスランドの肉親を訪ねてノルウェーを船出した人物が漂流してグリーンランドを発見し、この体験談をもとに、探検調査が行われた。探検者「赤毛のエイリーク」は居住に適した土地があると宣伝し（最大の宣伝は「グリーンランド」という命名であったかもしれない）、かなりの移住者があったといわれる。一〇～一二世紀ころの北大西洋地域はいまより温暖であった（そのあと小氷河期がくる）。

一〇〇〇年ころにはさらに西方に大陸（おそらく北米、現カナダ東海岸とニュー・ファンドランド島）が、またもや漂流の結果発見され、探検調査された。植民が試みられたが、先住民（アルゴンキン・インディアンか）と衝突したこともあって、まもなく植民は断念された。

新大陸での調査と植民の試みは、『グリーンランド人のサガ』と『赤毛のエイリークのサガ』に伝えられている。探検者たちは新たな可能性を求めて新世界にわたり、定住に適しているかを調べ、予定にはなかった先住民との交易を行い、戦闘を交え、アイスランドとグリーンランドに不足していた木材と陸上小動物の毛皮をはじめ、新世界の産物を持ち帰った。

こうした新世界をめぐるエピソードは、ヴァイキング活動をトータルにとらえるためのヒントである。デーンローで土地を獲得して自活のための農業を始めた人々にとって、それまでの戦闘・掠奪行為と定着後の農民的生活とは、兌換可能な諸活動であった。

彼らは特定の、ただひとつの目的をもって出発したのではない。うわさの新しい土地に、とにかく自分たちが住めるかどうかを探検に出かけ、そして行き着いた先で、必要と思われたあらゆることをなした。そのなかには、西欧やロシアでヴァイキング＝ヴァリャーグの行ったあらゆる要素が観察される。なんらかの国内事情で、新天地にチャンスを求めて命をかけた人々こそ、ヴァイキングの原型ではなかったであろうか。

7　本書のねらい

ヴァイキングである個人はどのような存在であったか、被害者が見たようなただ一つの面ではなく、ヴァイキング的存在の全体像を明らかにしたい。これが本書の目的である。

それを示すには史料が必要である。第1章冒頭に紹介する九世紀末のアングロ・サクソン史料『アルフレッドのオロシウス』「オウッタルの口述」は、あるノルウェー豪族の活動の全体像を示唆するものではあるが、日々の生活を示すとまではいかない。これを補足して、ある個人の、生き生きとした全体像を再現するうってつけの資料、それがアイスランドのサガである。

アイスランドのサガ（saga）は主として一三世紀に書かれた叙述史料である。ヴァイキング時代が終わって二世紀もあとの史料であり、したがって直接の史料ではなく、はたして信頼し得るか疑問が生じるであろう。他方では、そこではあらゆる「事件」が現実の生活を通して叙述されており、文言としては直接的に表現されていない人々の「気持ち」まで読者にわかる気にさせる。それだけにサガは、取り扱い要注意の、厳密な解釈のいる資料である。

同時にまた、アイスランドとノルウェーには、一二世紀末から一三世紀に書かれた法律書や法典がある。そのこと自体はデンマークとスウェーデンにも共通であるが、デンマークとスウェーデンには法に対応するサガが乏しい。法的規定の、難解な、その現実を直ちには理解しがたいような文言に対して、アイスランドとノルウェーでは、それに対応する現実生活がサガに活写されていることがあるので、これに照らして法文の意味が理解される場合がしばしばある（第8章に一例）。こうした事情のため、ヴァイキング時代の個人がどのように生きたかを理解するのに最も適している地域は、アイスランドとノルウェーである。

もう一つの利点は、ノルウェー人が大西洋の無人の島へ向かって進んだ動機が、この序章にすでに述べたように、生活のための土地を求めることにあったことである。ハリウッド型イメージに幻惑されないで、日常生活にそくしてヴァイキングの全体像を観察できる。これが本書で、ノルウェー人とアイスランド人をもって、ヴァイキングという歴史的存在を描こうとしている理由である。

本書は主としてアイスランドのサガを用いて、アイスランドとノルウェーをおもな舞台に、まず個人としての農民の生活現実を、ついでこれら諸個人の相互関係のあり方を提示したあとで、彼らの法的社会の成立を再構成する。筆者は、この社会の形成過程は、大筋においてではあろうが、スカンディナヴィアのほかの国々、とくにスウェーデンにも妥当すると考えている。ほかの国々では法的社会の形成過程を示す史料はないが、その中世社会から遡って過去を推論するときに、アイスランドとノルウェーの事情を参考にしているのである。

最後にノルウェーの事例は、そしてここでは論及できなかったが、アイスランドの次の時代の歴史過程も、この農民間の法的社会関係のうえに、王権が成長してくる過程、王権と豪族たちの対抗関係を指し示している。

最後の諸章は、農民慣行でもあり、義務でもあった接宴、贈与、および軍船の建造、艤装、乗り組み義務（アジアの軍役は陸戦を前提にしている）のなかから、国家を代表する王権の成長と、それに伴って農民の自由が幾分とも色あせていく見通しを描き出すであろう。

第1章　ヴァイキング活動と北欧社会

1　ヴァイキングの生活

アルフレッド大王と会見したノルウェー豪族

アングロ・サクソン人の大王とも呼ばれるアルフレッドは、八八〇年代のある日、ひとりの北ノルウェー人から話を聞いていた。武人であるだけでなく、文人でもある王は、いくつかのラテン語古典を、アングロ・サクソン語に訳させている。そのひとつに、五世紀のスペインの司祭オロシウスの『世界史』がある（以下『アルフレッドのオロシウス』という）。

オロシウスの『世界史』序章は当時知られていた世界地誌であるが、そこにはアルフレッドの時代に最も関心をもたれていた地域のひとつ、すなわちスカンディナヴィアの事情が欠けていた。そこで王は北ノルウェー人の話をもとに、これについて加筆しようとした。スカンディナヴィアに関心がもたれたのは、いうまでもなくヴァイキングのためである。

八〇〇年代は、西ヨーロッパにとってヴァイキングの嵐が吹き荒れた時代であった。イングランドでは、八三〇年代から主としてデンマーク系ヴァイキング（デーン人）の侵入を受け、アルフレッドが八七一年に南イングランドのウェセックス王国の王位を継いだときには、ウェセックス以外は、すべてデーン人の支配下にあった。当時マーシア王国の都市であったロンドンも例外ではなかった。

しかしアルフレッド王は苦しい戦いをねばり抜き、八七八年、デーン人の首領グスルムとのあいだに平和条約を結んだ。これによってイングランドは、南西のウェセックスと、北東のデーンローに二分された。序章でも述べたように、デーンローとはデーン人の法が支配する地域であり、ここはデーン人の自治区となったのである。

アルフレッドがオロシウスを訳出するにあたって、北欧地誌を独自に加えようとした背景には、このような事情があった。そのとき王が情報源としたひとりが、北ノルウェー人オウッタルである。『アルフレッドのオロシウス』のこの部分は、オウッタルがアルフレッド王に語ったことを間接話法によって伝え、「オウッタルの口述」と呼ばれている。

「口述」によれば、アルフレッドはオウッタルの「主君」である。ヴァイキングと闘っているアルフレッドが、スカンディナヴィア人を臣下として話を聞いたからといって、そのスカンディナヴィア人が仲間を裏切ったというような関係にあるわけではない。彼らは何よりもまず個々人として行動したからである。オウッタルの伝えたことは、アルフレッドにとっての敵情ではなく、関心をもたれながら未知の国であった北欧、とくにノルウェーの地誌である。

「オウッタルの口述」は、すべてオウッタル自身の体験したこと、彼自身の生活を語ったものである。そのため「口述」は、単なる地理紹介にとどまらず、この地理的状況のもとで、あるひとりのノルウェー人がどう生活していたかについてのルポルタージュでもある。それによれば、オウッタルは、豪族であり、農民であり、遠征・探検者であり、捕鯨者であり、交易者であり、そしておそらく若いうちはヴァイキングでもあった。ひとりの生活者が農民であり、遠征・探検者であり、交易者であり、ヴァイキングでもあるということは、どのような歴史的な存在なのであろうか。いいかえれば、彼らの社会とはいかなるものであったのであろうか。これは本書全体のテーマでもあるが、ここではまず九世紀末に生きてアルフレッドに会見した個人、オウッタルの具体的な例に即して検討しよう。

農民・豪族・捕鯨者・交易者

「口述」によれば、オウッタルは北ノルウェーのホローガランに住み、この「細長い北へ伸びている国」では、そこより北には荒地があるのみで、「冬には狩を、夏には海で漁をするフィン人しか住んでいない。オウッタルは、スカンディナヴィア半島の北端（ノールカップ岬）をまわり、白海（ロシア北西部バレンツ海の最南部）の奥へ遠征したことがある。そこはビャルム人（今日のフィン人と同系の一種族）が住み、ビャルマランドと呼ばれた。この遠征の目的のひとつは「探検」であり、ひとつはセイウチ猟である。セイウチの牙は、イスラム教徒が地中海を制覇して以来、象牙に代わって西ヨーロッパで需要のあった細工の材料であった。またセイウチの皮は、オウッタルによれば、船用のロープに適している。

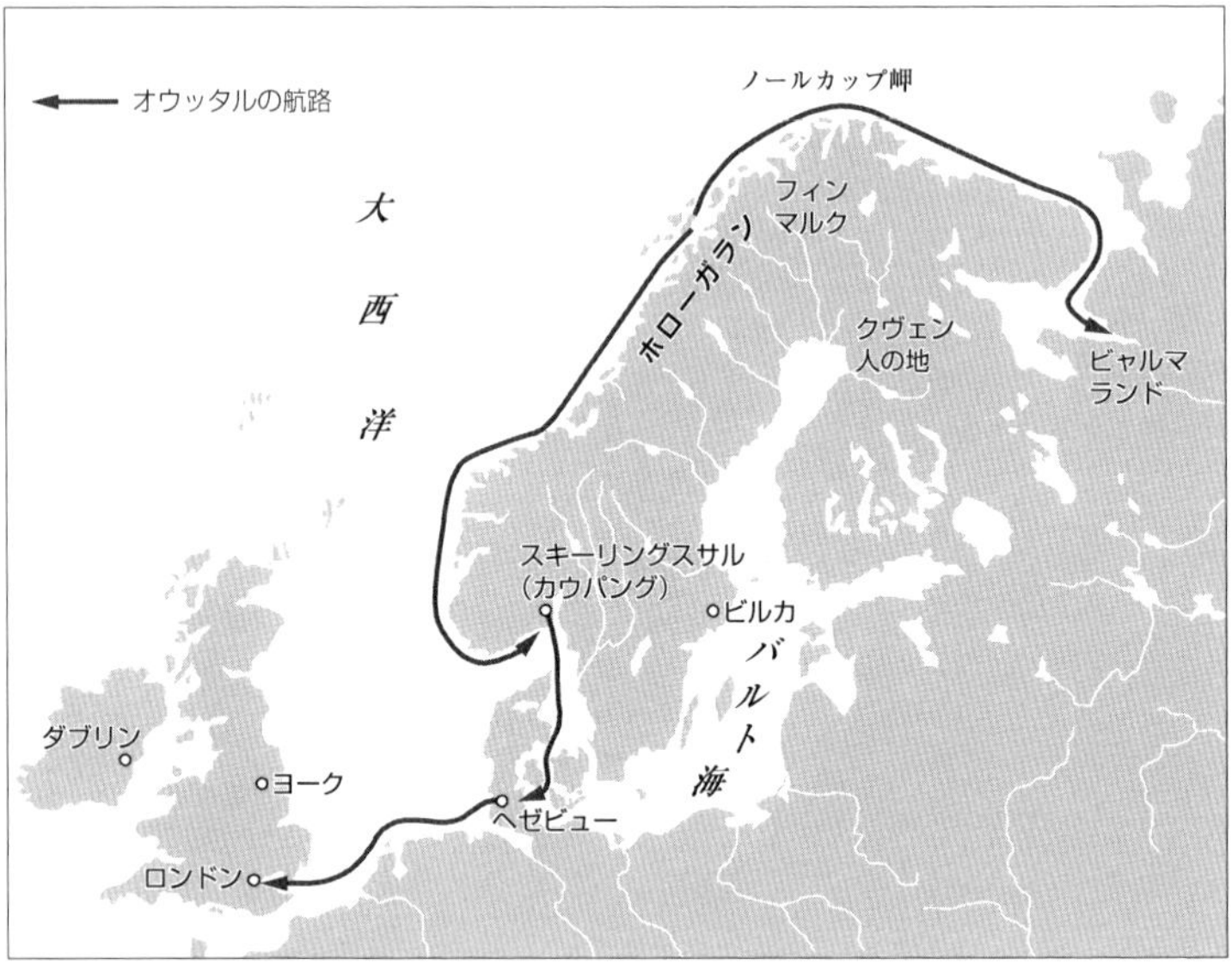

オウッタルの活動

オウッタルは、自分の国では捕鯨を行う。彼は「六人で二日間に六〇頭を捕ったことがある」と語っているが、これは実際に人間六人ではありえない数字であり、おそらくオウッタルのような豪族が六人、すなわちそれぞれ捕鯨を行うチームが六組ということであろう。

彼はまた七二〇頭もの「馴れた野獣」＝トナカイを所有しており、トナカイは「彼ら」すなわち北ノルウェー人の富となっている。

彼はその故国では農民であり、そのなかでは「第一級の人びと」、すなわち豪族であった。家畜としては二〇頭ずつの牛、羊、豚をもち、「小さい」耕地を馬で耕した。「しかし彼の主な収入は、主としてフィン人が彼らに支払う貢租（ガヴォール）にある」。フィン人とここで呼ばれているのは、今日のいわゆるラップ人のことである。貢租は動物の毛皮、鳥の羽毛、鯨の骨、鯨とアザラシの皮で作った船用ロープからなっている。

細長いノルウェー人の土地の東側には荒地があり、これを越えると南にはスウェーデン人の地が、北にはクヴェン人の地がある。クヴェン人は今日のフィン人系の一種族である。オウッタルによれば、クヴェン人とノルウェー人は互いに襲撃しあう関係にあった。

オウッタルは沿岸にそって南方にも航海した。「夜は休み、そして毎日よい風があるならば」、一ヵ月でホローガランからノルウェーの南にある港スキリンゲス・ヘアル（スキーリングスサル）に着き、さらにそこから南へ五日でエト・ヘスム（ヘゼビュー）という交易港へ行った。スキーリングスサルは、ノルウェー南東部の、ヘゼビューはデンマーク（現在、ドイツ領のハイタブ）の、考古学的にもよく知られたヴァイキング時代の交易地である。

ここで非常に紛らわしい、種族名について述べておきたい。「オウッタルの口述」で「フィン人」（Finas）と呼ばれているのは、狩猟採集民族「ラップ人」のことである。他方、ビャルム人、クヴェン人、それに「掠奪と貢租」に出てくるキリヤール人（カレリア人）などは、定住民フィン人の諸族である。この意味での「フィン人の国」がフィンランドである。

農場を拠点とした生産と交易

オウッタルの行動を整理すれば次のようになる。

- 農場経営（牧畜と耕作）
- 捕鯨

●トナカイの群所有
●「フィン人」＝ラップ人からの貢租とりたて
●クヴェン人との相互襲撃
●白海・ビャルマランドへの遠征・探検とセイウチ猟
●交易地スキーリングスサルとヘゼビューへの航海
●アルフレッド王訪問と、王を「主君」とする関係

オウッタルの経営は、農場を拠点とした自家生産と自家消費の系列と、政治的支配も含む、より外へと向かった交易と結合した活動系列とから成り立っている。捕鯨は、牧畜、耕作をなす農場世帯を拠点としてなされた点で、広い意味で農場経営に含めることができる。スカンディナヴィア人は鯨肉を食べた。オウッタルは述べていないが、ロフォーテン諸島の有名なタラ、ニシン漁もなされたであろう。

牧畜・耕作・漁業は、牧畜民・農民・漁民によってそれぞれ別個に行われるのではなく、同一の世帯（農場）の多面的な経済活動であった。このような世帯を、「農民」世帯と呼びたいが、この用語については次章で別に取り上げる。

トナカイの群所有については議論がある。この時代にはノルウェー人が今日のラップ人のように、トナカイの遊牧を行ったという見解、ラップ人を使ったのだとする見解などがある。筆者自身は、この「所有」を、ラップ人のトナカイ遊牧が、ノルウェー人の勢力範囲に入って行われることに対する一種の「課税」と考えている。

ラップ人からの貢租徴収は実力を基礎にしているはずであり、この実力がクヴェン人との相互襲撃や、同じく敵対する可能性のあるビャルマランドへの遠征を可能にしている。すなわちそれは、単なる農場経営に固有に必要な世帯員（家族とせいぜい奴隷）とは別の、家人《けにん》、従士といったものの存在を前提としている。またそれがなければスキーリングスサル、ヘゼビュー、イングランドへの交易行もできないはずである。

2　船と航海

ヴァイキング船の構造

これらの航海はヴァイキング船（いわゆる「長い船《ロングシップ》」）で行われたとは限らない。ヴァイキング時代のスカンディナヴィア人は、より貨物輸送に適したクノル船と呼ばれる船ももっていた。構造上の特質は同じで「長い船」と変わらない。スカンディナヴィア人は紀元前二〇〇〇年ころから、湖、河川のみならず、夏期の内海（バルト海）航海や沿岸航行をしてきた。これがなければ、スカンディナヴィア半島からヴィスツラ河畔へのゴート人の移動も、アングロ・サクソン人のイングランド移住もありえなかった。北欧各地に残る岩絵には、彼らの用いた船が描かれ、それによると船は両舷側にオールをもつ細長い形をし、両端がそってどちら側からでも接岸できるようになっており、一見して、のちのヴァイキング船と類似している。

ヴァイキング船以前のこの種の船のうち、発見された最大のものは、イングランドのイースト・アングリアのサットン・フーで出土した。それは六二〇年代に死んだイースト・アングリアの王の

サットン・フーで出土したヘルメット

サットン・フーの発掘現場

墓で、陸に上げられたこの船全体を土塚が覆っていた。船の型と副葬品のうちの武具（とくにヘルメット）は、同時代の中部スウェーデン出土の墓にみられる船と武具に類似している。サットン・フーの船は、全長およそ二七メートルで、漕手は四〇人であり、大きさの点でも、のちのヴァイキング船にひけをとらない。それにもかかわらず、ヴァイキング船の示す造船上の革命は、竜骨（キール）の採用である。これによって船幅が広がり、横波に対する安定を得てマストをもつことができるようになり、帆走が可能になった。そして帆走によってはじめて遠距離航海が可能となる。

オウッタルが「毎日よい風があるならば」と述べているのは、ほかならぬ帆走のためであり、ラップ人の支払う貢租にある船用ロープも、なによりもまず帆を張るためである。彼らスカンディナヴィア人が、グリーンランド、さらには、コロンブスよりも早くアメリカ大陸（ニュー・ファンドランド）を発見できたのも、帆走が可能になったからである。

ヴァイキング船は、両舷に左右対称にオールをもち、

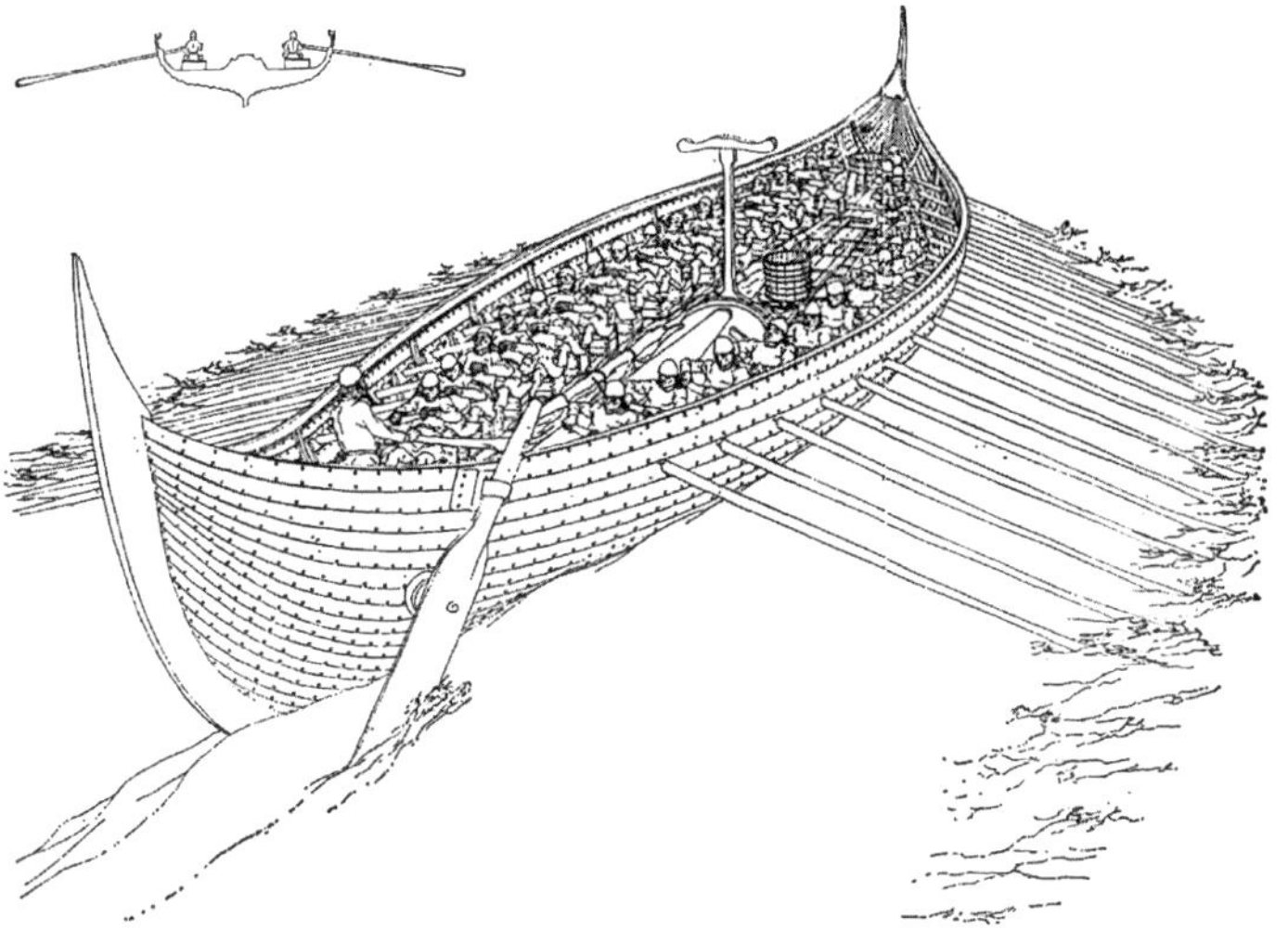

ヴァイキング船と漕手（再現図、アルムグレン編『図説ヴァイキングの歴史』原書房、1995年より）

のちの伝承文学や法規定によれば、片側に二〇ずつのオール穴をもつ型が一般的だったようである。すなわち漕手だけで四〇人である。ほかに舵手が一人いた。船には常設の甲板がなく、漕手用のベンチもない。漕手は自分の荷物箱に腰かけたと考えられている。この荷物箱には、各自の衣料、食料が入っていたと思われる。武器（投槍、刺槍、剣、斧、弓矢、楯、甲冑、鎖かたびら）も、各自が自分のものを持参した。それらは基本的に自分で作ったものである。

甲板のない船の構造は、古典古代のガレー船と比較すると、造船技術上の問題をひとまず別にすれば、社会構造の差異を反映している。ガレー船の甲板は社会的な壁でもあって、甲板上には自由な中堅市民からなる兵士が、船倉には下層民、囚人、奴隷がいた。これに対して、ヴァイキング船では漕手が戦士であった。ヴァイキング時代の北欧社会（＝「北欧初期社会」）にも奴隷はいたが、自由人もまた労働から分離していない。

漕手四〇人用の船は、「二〇座席船」と呼ばれている。すなわち両舷に一対のオール穴をもつ細長い空間が座席で、「部屋」と呼ばれる単位をなしている。この空間は、漕手のほかにもう二名、計四名を収容したらしい。

船による遠征

一二二〇年ころに、アイスランド人、スノッリ・ストゥルルソンが書いた『ヘイムスクリングラ』は、一一七七年までのノルウェー史であるが、そのなかの一篇「聖オーラヴ王のサガ」によると、一一世紀はじめのホローガラン豪族、ビャルケイ島のソーリル・フンドは、一隻の自分の持船に自分の家人だけで八〇人を乗りくませ、これによってビャルマランド遠征をなした（第一三三章）。また、ソーリルはオーラヴ王（在位一〇一五―二八）の動員に応じて、やはり八〇人の家人をもって自分の船に乗りくませている（第二三九章）。

ソーリルより一世紀少し前、同じくホローガランの豪族オウッタルの場合も、正確な人数はともかく、家人＝従士団をもって、ビャルマランド遠征や南への航海をなしたと考えられる。

スキーリングスサル、ヘゼビュー、イングランドへの航海の目的は交易であったと考えられる。主な商品は、ラップ人の貢租によって得られた毛皮と皮革製品であろう。これに、みずから行うセイウチ猟からその牙と皮が、また鯨から得られる皮革が加えられる。ビャルマランドの「探検」も、毛皮入手の可能性を求めてのことであろう。貢租とは別に、ラップ人との正常な交易もありうる。もうひとつ、クヴェン人とノルウェー人の相互襲撃は、もちろん陸上ヴァイキング的な掠奪の可能性もあるが、あいだに荒地を挟んでいるのであるから、中間に住むラップ人への支配をめぐる争い、すなわち貢租要求と交易をめぐる争いと考えたほうが合理的であろう。

こうして貢租、掠奪、交易、自家生産を通じて得られた毛皮と皮革生産物を中心とする品々は、一部が自家消費されたうえで、南方との交易に投じられた。

3　社会関係、家族関係

ヴァイキングの主君と家人

オウッタルがアルフレッド王を「主君」とするような関係は、この会見に際してはじめて生じたものではないと思われる。その理由のひとつは、オウッタルの「フィン人」＝ラップ人からの貢租やトナカイ所有について、動詞は現在形が用いられているからである。したがってオウッタルは、ホローガラン豪族という立場を放棄してアルフレッドのもとへ身を寄せたのではないであろう。また、第二の理由として次のような事情がある。

スカンディナヴィア人は、八世紀末ヴァイキングとして西ヨーロッパの人々の前に姿を現し、まもなくヨーロッパの支配者たちは彼らを自分たちの武力として利用し、また個々のヴァイキングたちと主従関係を結んだ。本国に統一王権がないかぎり、他国の君主に軍事勤務をなすことは裏切りではなく、まったく個人的な行為である。タキトゥスが『ゲルマーニア』に述べているように、ゲルマン人にとって、家柄のよい若者が首長の従士団に加わることは、少しも恥辱とは考えられていなかった。彼らは結婚して落ち着くと、従士＝親衛隊員としては引退するが、以前の主人を主君とみなしつづけた（第一二章）。

おそらくオウッタルは、ヴァイキングなどとしてイングランドなど海外で過ごしたことがあり、アルフレッドの臣下となる機会があったのであろう。すなわち彼は若いうちにアルフレッドの臣下となり、故郷に大農として落ち着いたあとも、交易などのためにイングランドを訪れて王と会ったと考えられる。

サガをいかに読むか

家人の扶養がなぜ必要であり、いかに行われたかについては、「オウッタルの口述」では直接言及されていない。これについては、『エギルのサガ』に描かれたオウッタルと同時代の豪族ソーロールヴの活動が具体的に示している。しかしその前に、まずサガについて説明しておきたい。

サガ（saga）というのは、アイスランドに発達した散文学である。アイスランドは九世紀末から九三〇年くらいまでに、主としてノルウェー人によって植民された島である。この植民時代から一一世紀はじめにかけてのアイスランド人を主人公とする一群のサガは、他のグループのサガから区別されて「アイスランド人のサガ」「家族のサガ」と呼ばれ、その取り扱っている時代を「サガ時代」という。

「アイスランド人のサガ」が書かれたのは、主として一三世紀である。この時代は政治的覇権をめぐる豪族たちの内訌・内乱と、ノルウェー王による干渉・租税要求という外圧の時代であり、一二六二年、六四年においてアイスランドはノルウェー王の宗主権を認め、課税を受けいれ、独立を失う。こうした危機の時代に、アイスランド人のあいだに、植民時代を含む父祖の業績を再構成する文化運動が興ったと思われる。前々節に言及したスノッリ・ストゥルルソンは最大の歴史家、詩人であり、『ヘイムスクリングラ』は歴史書として書かれたサガの最高傑作である。

普通名詞としてのサガは、「語られるもの」「話し」「歴史」「物語となった出来事」を意味する。作者が歴史書として書いたものも、娯楽作品として書いたものも、当時の史料や伝聞に基づいていたとしても、ともに創作であり、いわゆる直接的な史料ではない。また一般的状況・社会関係については、一三世紀の作者がどの程度九〜一一世紀を再現しうるか、そこには一三世紀の現実が反映・混入していないか、という問題がある。したがってサガの内容を歴史学が利用しうるのは、他の史料や考古学などの資料と符合する場合だけである。

聖オーラヴ王がスティクレスタの戦い（1030年）で戦死する場面（『フラト島本』『ヘイムスクリングラ』、アイスランド、14世紀）

サガは生活、ドラマなので、事実、社会的諸関係、状況はきわめて具体的な生きた現実のなかで描かれているという特徴をもっている。具体的であるために、サガの記述をそのまま一〇世紀の現実としてみたいという欲求が読者におきやすい。歴史的事件の発生に際して残されるさまざまな記録（証文、書簡、日記、土地台帳など）と違って、歴史を叙述したもの（叙述史料）はつねに時代錯誤の危険を伴う。

反面、ほかの史料、資料とサガの内容が一致する場合には、サガのもつ具体性という特質は特別の証言能力をもつ。たとえば、法的規定は抽象的であるために、しばしば解釈が分かれる。サガは、かつての法的規定を抽象的にも伝えているが、そのほかに法的生活の現実をドラマとして再現している。したがって解釈に多義性のある法規定も、それに基づく現実の生活描写と照合されて、その意味が明らかになることがあるのである。

「アイスランド人のサガ」のなかでも歴史的信憑性をとくに高く評価されているものに、『エギルのサガ』がある。主人公エギルは一〇世紀アイスランドの詩人、武人であり、スノッリ・ストゥルソンの祖先でもあるので、作者としてスノッリを考える研究者は少なくない。この『エギルのサガ』冒頭部の主人公ソーロールヴ・クヴェルドウールヴスソン（エギルの伯父）に関するサガの伝承は、先にとり上げた史料「オウッタルの口述」と内容上、相互に確認し補完するように符合しており、王権との関係などいくつかの点を保留すれば、立派に史料的価値がある。

掠奪と貢租

ノルウェー西部地方の豪族クヴェルドウールヴは、青年時代をヴァイキングとして過ごし、故郷で父祖の農場を継いだ。その息子ソーロールヴは、父から船と部下をもらって、夏になるとヴァイキング行（ヴァイキング＝掠奪に出かけること）に出ていたが、ノルウェー最初の統一者ハーラル美髪王の求めに応じて、その従士＝親衛隊員となり、従士仲間である若いホローガランの豪族、トルガルのバールズと親友になる。

ハーラル美髪王の統一事業にとって最後の決戦となったハフルスフィヨルドの海戦でバールズは

重傷を負い、王の保証のもとに、全財産と妻をソーロールヴに遺して死ぬ。こうしてソーロールヴはホローガランの豪族となる。ハフルスフィヨルドの戦いは、伝承によれば八七二年、現代の研究者によれば八八五年ころであるから、以下のソーロールヴの話は、オウッタルとほぼ同時代のものと考えてよい。

のちに述べる相続との関連で注意をしておくと、ゲルマン人もこの時代のスカンディナヴィア人も、原則として遺産相続を遺言によって行うことがない。この場合は、若いバールズには生まれたばかりの息子があり、その子が成人するまでは妻（子供の母）が後見人となる。また妻の取り分もある。この妻が再婚すれば、所有権の問題とは一応別個に、この夫となったものが、バールズの財産に対する支配権、現実の用益権をうることになる。王の従士であるバールズは、妻の再婚の相手としてソーロールヴを推して、王の保証を求めたことになる。だからソーロールヴは、ホローガランに赴くと、バールズの妻の父に会って、結婚を申し込むのである。

ソーロールヴの妻は、その父の唯一の子供であった。まもなく、この父が死んだので、ソーロールヴはバールズから譲られたトルガルと、妻の相続したサンネスの二つの農場を経営することになった。上述のようにソーロールヴは、すでに一隻のヴァイキング船をもっていたから、四〇〜八〇人のヴァイキング仲間を家人としていたわけであるが、二つの農場を手に入れて落ち着いたときには、一二〇人の家人を抱えていたと『エギルのサガ』に述べられている（第一〇章）。

農場経営の内容については、タラ、ニシン漁以外にはサガ中に言及がない。しかし「オウッタルの口述」と一致していることであるが、ソーロールヴは「フィンマルク」すなわちラップ人の国へ出かけて貢租を取り、また交易を行った。すなわちソーロールヴは、トルガルの農場へ落ち着いてから、二回の「フィンマルク行」をなしている。一度目は九〇人、二度目は一二〇人を連れてフィンマルク行を行ったソーロールヴは、フィン人＝ラップ人から貢租を取り、市を開いて交易をなした。同時に、第一回のときには「東の方」から来て掠奪したり、ラップ人と交易したりしていた「キュルヴィング人」を襲撃した。第二回のときには、クヴェン人の王と友好関係を結んで、キリヤール人（フィン系の一種族、カレリア人）を襲撃し、それぞれ掠奪品を得た。こうして入手したものは毛皮が中心だったらしく、ビーバー、テン、リスの毛皮についてサガは言及している（第一〇章、第一四章）。

ところで「貢租」は、すべてハーラル美髪王のものであり、一方ラップ人との交易は、王がその臣下に与える特権であったようにサガは述べている。すなわちソーロールヴは二回のフィンマルク行のあと、それぞれ貢租として得たものはすべて王のもとにもたらし、そのほかにも、彼が交易か掠奪によって得たもののなかから、王へ贈物をしている（第一三章、第一六章）。そしてソーロールヴとハーラル美髪王が不和になったとき、ハーラルはソーロールヴから、トルガルの農場と「フィンマルク行」の権利を没収した（第一六章）。したがってラップ人と交易する行為は、王のために貢租を集めてくる仕事とセットになって、王の臣下である豪族に特権として許されていたのである。

この関係、すなわち王の貢租独占と交易権の条件付賦与は、「オウッタルの口述」にはまったく言及されていない。オウッタルもソーロールヴも九世紀末のホローガラン豪族である。したがって『エギルのサガ』においては、一一世紀はじめの聖オーラヴ王以後の事情が、サガ作者によって九世紀末に投影された時代錯誤であるとの解釈が通説である。

筆者は、サガの述べている状況は、ある現実を反映していると考えているが、ここではこの問題にふれる必要はない。いずれにしてもトルガルの農場主（バールズの祖父と父）は、まだハーラル美髪王の登場以前に「ながくフィンマルク行とフィン貢租の権利をもっていた」とサガは述べている（第七章）。したがって少なくともハーラル王以前には、「フィンマルク行」はトルガルの豪族が個別になしていたものであって、王との関係はない。統一王権の成立後、貢租分が王のものとなったというのは、現実には豪族が実力をもって行うラップ人からの毛皮入手（貢租要求、交易、掠奪）の一部を上納することにほかならない。王権との関係を別にすれば、ホローガラン豪族（ここではトルガルの農場主）は、家人を連れた実力を背景に毛皮を得たのであって、オウッタルと同じ状態であったと考えられる。

第一回目のフィンマルク行に際して、ソーロールヴが襲撃した相手「キュルヴィング人」は、ノルウェー人同様にラップ人に関係しようとしていた。したがって「オウッタルの口述」にあるノルウェー人とクヴェン人のように、あいだの山岳部に住むラップ人から貢租を取り、交易をなす権利をめぐってソーロールヴは争ったと考えられる。なおキュルヴィング人については、当時ロシアのノヴゴロド周辺にいたフィン人系の一種族とみる説と、スウェーデン王の役人とする見解とがある。

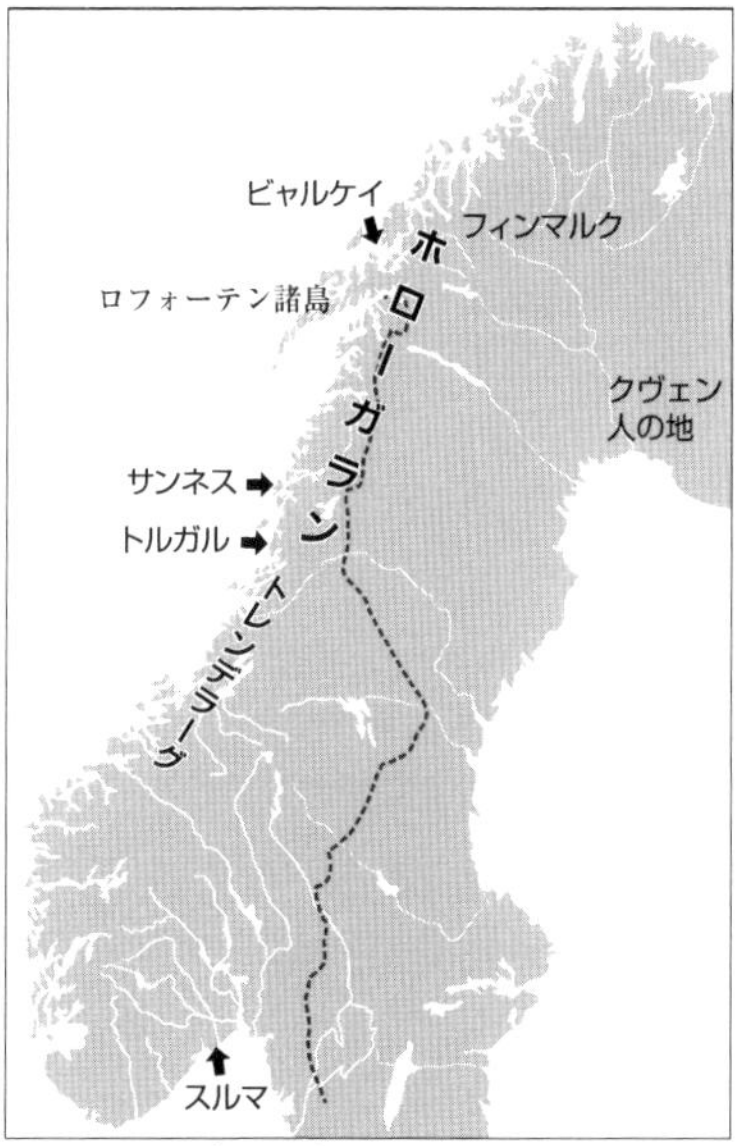

ソーロールヴの活動

第二回目に、ソーロールヴがクヴェン人の王と協同してキリヤール人を襲撃したことも、オウッタルのビャルマランド遠征と同一の性格をもった、毛皮を求めての掠奪行である。

家人の扶養

こうした毛皮入手の諸手段を可能にしているのは、すでに述べた一二〇人という家人であった。ひとつの農場あたりにすると六〇人であるが、これでも標準に対して多いのであろう。サガは最初の冬について、その年は豊年だったので、ソーロールヴはこれらの人数を養うことが容易だったと述べている（第九章）。だから平年並か、不漁・不作のときは、農場生産物だけでは養えないとサガは言外に語っているのである。

したがってソーロールヴは、通常の農場の本来の経営だけでは養えないような、その意味では〈余分の〉家人を抱えているのであるが、しかしこの家人こそが、農場外への遠征などを可能にしているのであり、この遠征などからの、いわば農場外収入が、この家人たちの扶養費用をカバーしているのである。タキトゥスは『ゲルマーニア』第一四章に「多数の扈従は力と戦いによらずしては、これを保養しえない」云々と述べている（訳文は以下、泉井久之助訳、岩波文庫改訳版による）。

毛皮などは、一部は直接、家人や世帯員に使用されたのであろうが、しかし「オウッタルの口述」から示唆されたように、当然交易を予想させる。第一回のフィンマルク行をなした冬の翌春、ソーロールヴは大きな船を建造して南へ航海したと述べられている（第一〇章）。「フィンマルク行」の権利をトルガルの農場ごとハーラル王によって取り上げられたあと、ソーロールヴは、家人たちを養うために経営努力をしている。

帆走するヴァイキング船。11世紀はじめ、ノルウェー王オーラヴ・ハーラルソンがスウェーデン王の娘を妻に迎えるために赴くところ（『ヘイムスクリングラ』1896〜99年の刊本に収められたハールヴダン・エーゲディウスの挿絵。以下オスロー本）

第一に先年、友情を結んだクヴェン人の王とともにキリヤール人襲撃を行って毛皮を得、いまやサンネスのみとなった農場ではタラ、ニシン漁をして干魚をつくり、毛皮と干魚を船積してイングランドへ部下を送り、かわりに小麦粉、蜂蜜、ブドウ酒、衣類をもってこさせようとした（第一七章）。ところが、この船はハーラル美髪王の部下に帰途、奪われてしまう（第一八章）。そこでソーロールヴは、以前と同じように生活するために、土地を売り、一部を抵当にいれ、粉、麦芽その他の必要なものを買わなければならなかったのである（同前）。

翌春ソーロールヴは、バルト海にヴァイキング行に出かける。秋口、デンマークからの帰途にあったハーラル王の臣下の船を積荷ごと奪い、また別の一隻も捕獲した。また前年自分の船を奪ったハーラル王の部下をその住居に襲い、財産を奪った（第一九章）。これらの行為、とくにハーラル王への敵対は、王から受けた侵害への復讐の意味をもっている。しかし経済的には、王に没収された収入の道の代替物がヴァイキング行なのである。

ヴァイキング活動の実像

ソーロールヴの家人あるいは従士の数一二〇人は、サガによくみられる誇張もあろう。一世紀のちの同じホローガランの第一級の豪族ソーリル・フンドさえ、すでにみたように家人の数は八〇人である。しかしこのような従士団を小規模にすれば、それがヴァイキング時代のノルウェーの豪族的農民の一般的な姿であり、またヴァイキング活動の担い手もこのようなものにほかならない。

英語のヴァイキング（Viking）は、ノルウェーとアイスランドの詩や文献にあるヴィーキングからきている。それは、掠奪、海賊行為を行う人々を表す。その語源については、たとえば北欧語の入江、小湾を意味するヴィークに、人を表すイングがついたとする説など多くの見解があるが、言語学上の定説と呼びうる有力な意見はまだない。たとえばヴィークがそのまま地名になっているオスロー周辺部の住民は、ヴィーキングとは呼ばれず、ヴィーグヴェリング（「ヴィークにある人々」）などと呼ばれているからである。

語源の問題以上に重要なのは、ヴィーキングという言葉の用法である。古北欧語では、ヴィーキング（vikingr）という人を表す言葉と、「ヴィーキングに」（おもむく i viking）という行為を表す用法と二つある。そして行為を表す用法のほうが圧倒的に多いのである。

行為を表す用法のほうが人をさす用法よりも通例であるということは、ヴァイキング＝海賊という特殊な社会的存在＝専業集団があったわけではないということに関連している。本書で詳しくその実体を明らかにする「農民」、豪族的農民がその生活の一端として、自分の本来の生活本拠の外

敵船に乗り込むヴァイキング戦士。ラーデのヤール・エイリクの部下がノルウェー王オーラヴ・トリュグヴァソンの船に乗り込むところ。船に乗ったヴァイキングも、陸上の農民の武装も同じで、槍（投槍と刺突用槍）、剣、斧、弓矢を用い、防具としてはヘルメット、鎖帷子または上着、盾。盾は木製で、中央部をはじめ何ヵ所かに鉄の突起がある。西欧に定着したヴァイキングや豪族は、矛などの西欧の武器を積極的に取り入れた（ハールヴダン・エーゲディウス画、オスロー本）

へ掠奪にでかけることが、ヴァイキングのふつうのあり方なのである。

これに対して人を表すヴァイキングは、この「一端」がとくに強調されるべき人々、すなわち掠奪生活が身について生活の中心になってしまった人々、あるいはヴァイキング行為によって名声をえたような人々をさすのに用いられる。前者の場合、「彼はヴァイキングである」といえば、掠奪をこととする乱暴者というよくないニュアンスであり、行為としてのヴァイキングがむしろ称讃的であるのと対照的である。人を表す後者の用法は、個人の添名となっていることが多い。人を表す場合のヴァイキングという存在は、確かに当時の北欧社会がうみだしたものではあるが、しかし社会にとって正常な

ゴクスタ船。ヴェストフォル県サンネフィヨルドのサンネル区ゴクスタに位置する墳丘（haugr）で、1879年に発見された遺構から復元された。

存在ではない。当時の北欧社会――北欧初期社会――にとって正常なヴァイキングというのは、スカンディナヴィア人が農場経営の補充として行うひとつの経済活動なのである。

ヴァイキング行や交易行は家人、従士団の存在を前提とし、またこれらの扶養を目的としている。もちろん家人や従士をほとんどもたない農民もいたのであり、そういう人々がヴァイキング行に出かけるときは、共同で一隻の船をもったり、船を所有する有力者の一行に参加したりしたのである。このような従士、家人の制度が成立するのは、「農民」たちが経済的に自立した単位であるだけでなく、政治的にも自立しており、したがって自分の軍事的な実力によってみずからを防衛しなければならないというところに根拠をもっている。防衛のため、さらに彼らは婚姻や贈与によってさまざまな「同盟」を結び、また「集会」の体系をつくりあげる。

従士団が純軍事的集団として発展すれば、従士団の主人はもはや農民的性格を失い、政治的上層として直接的生産から分離する。九世紀にはそういう存在として各地に、小王やヤールと呼ばれる大豪族が現れた。その延長上に統一王権が成立するのである。こういう従士団をもつ小王・豪族権力は、ヴァイキングや交易を通じて富と力を蓄積し成長した。たとえば、ハーラル美髪王はもともとヴェストフォルの小王であったが、ここで発見された九世紀中ごろのヴァイキング船（現在オスローのヴァイキング船博物館所蔵）とともに出土した外国産物は、その証拠である。

しかしヴァイキング活動の主体となった基本的部分は、直接的生産から分離していない農民たちである。ソーロールヴやソーリル・フンドはその最も大規模な例であるが、彼らも、また単独でビヤルマランドやイングランドへ航海するオウッタルも、農場経営から分離していない。彼らの農民としての性格は、ノルウェーから移住のなされたアイスランドにはっきりと保存されている。これについては次章以下で明らかになるであろう。

第2章 農民——「独立王国」の主人

ヴァイキング時代の北欧社会は基本的には「いえ」の集合である。土地の生産性も人口密度もきわめて低く、農場は互いに接することなく散在した。寒冷なので、自分の家をもつ農場経営者でなければ、どこかの家（農場）に働き手（奉公人）か軍事従士として、あるいは居候として置いてもらわなければ、冬を越すこと自体が困難である。この「いえ」の代表者が「主人」であり、「農民」である。

農民は、農場主人としては、自己の家族員のほかに奉公人と奴隷からなる他者を世帯のなかに抱えていたが、家族の父としては、単婚の妻と子供たちからなる小家族の家父であった。彼は農場経営のうえでは、他の農民と協力関係をもたない独立経営者であった。本章は、この「農民」の意味と生活実態・農場経営のあり方をあきらかにしようとする。

1　農民とはなにか

定着し、世帯をかまえる

豪族を含む独立した農場主のことを、サガは「農民」と呼んでいる。この表現は今日の日本人の常識的な語感からすれば、前章のオウッタルやソーロールヴにはそぐわないであろう。そこで少しこの言葉の説明をしておきたい。

「農民」というのは史料用語ボーンディ（bóndi, búandi, bóandi, 複数形 bœndr, búendr）の訳である。ボーンディは、動詞 búa の動名詞から派生して人を表すようになったもので、búa は「住む、営む、定着する、世帯をもって暮らす」ことを意味している。ドイツ語の bauen（建てる）、Bauer（農民）と同根である。したがってこれらの言葉は、元来は農耕そのものをさしているのではない。狭義の農耕関係を表現する言葉は別にある。たとえば「耕作する（plœgja = 犂〔plógr〕で耕す）」、「耕作者（plógkarl, 耕作をおこなう労働者、雇人）」、「農業（akrgerð, もちろん耕地 akr はラテン語 ager からきている）」、狭義の「農民（akrgerðarmaðr）」、「農耕・野良仕事（akrverk）」などである。これらの表現は、土をおこし、播種し、穀物収穫を得るという狭い意味での農耕に関連している。

これに対して búa, búandi は、ともかく一ヵ所に落ち着いて、そこで世帯を構え、家族を維持すべくあらゆる経済可能性を追求してまっとうに生きること、そしてその主体（家長）を表している。それは消極的には、「定着しない者」の反対語であり、歴史的には定着経済の成立にかかわっているが、この段階では「定着しない者」とは、未成年的な意味での独身者、世帯を構えない生活者

（たとえば商業旅行やヴァイキングで過ごしている者——彼らも通例独身者である）と対比されている。したがってボーンディは、「定着経済を営む者」一般をさし、本来は特定の産業分野（農業）と結びついているのではない。彼は世帯住居を拠点として、あらゆる経済可能性を追求する。

もし自然的条件が許しさえすれば、このような世帯に最も適合的な生業は農耕であろう。西洋は東洋よりも農業において牧畜のもつ意義が高い。北欧の地理的条件は主穀生産にとってきわめて厳しい環境であるため、山間部ならば牧畜が、沿岸部ならば漁業が、農耕と並んで、そしてたいていの場合、農耕よりも中心的に行われた。しかしいずれにしても、経営は定着性をもった家族世帯によって行われ、それゆえ彼らは「定着する者、世帯を経営する者」と呼ばれるのである。

もっとも「定着」という表現は、数世代、数十年という水田耕作的イメージに理解されてはならない。牧畜農業の周期は一年であり、一年ごとに場所を変えても立派な定着である。こうした定着「農民」と対比した存在として、交易者やヴァイキングがあるが、ヴァイキング自身も定着して「農民」となるし、また、定着した「農民」が、補充経済の追求として、定着後交易やヴァイキング行をなすことは、前章にみたとおりである。

このボーンディ、ブーアンディは、はじめは、①家族長（独身者に対比して）、②家長・夫（主婦・妻＝フレイヤ freyja に対比して）、③自由人（世帯メンバーとしての奴隷に対比して）の意味をもった。客からみれば主人がボーンディである。

北欧が法典をもつようになる一二、一三世紀になると、すでに社会変動は、奴隷制の終焉を伴いつつ、「農民」（ボーンディ）の階層分化を相当に進行させていた。かつてのボーンディの上層部は少数の貴族に、下層部はただの農民になる。ノルウェーの四つの地域法典のうち二つでは、ボーンディは右に述べた三つの用法を依然としてもってはいるが、自由な世帯主全体を表現する場合と、上層部を除く自由な世帯主を表現する場合とが出てくる。

中世盛期から近世になると、bóndi, bonde は、都市民に対して、いわゆる「田舎者」の語感をも伴いつつ、地方居住者をさすようになり、また船乗り、商人、手工業者に対比した場合の農民をさした。それはすべての土地所有農民をさしたが、用法によって、借地農民を含めたり含めなかったりしている。なお、現代語 bonde は、北欧のどの国でも職業上の農民、農業経営者を意味している。

こうした言葉の意味の歴史的変遷は、牧畜を含めた広い意味での農業が中世社会の基本的な生業であるから、自然な過程であるといってよい。このような過程は、わが国の、かつては自由な社会的中核人口をさした史料用語であり、現在は日常語で農民を意味する「百姓」についてもあてはまるのではなかろうか。

農民と平民

網野善彦氏は、『日本中世の民衆像』（岩波新書、一九八〇）のなかで、「百姓」という言葉は、本来は漁民や手工業者も含んでおり、農民だけをさすわけではないのに、現代の読者には農民としての百姓という強いイメージがあって誤解されるから、同書では「平民」と表現することにしたいと述べておられる。「平民」という言葉が適当である理由の第一は、「百姓」は実際史料のうえで「平民」と呼ばれていることがあるという事実であり、第二には、「世界史的な身分を示す言葉として、翻訳等を通じて学問的にも定着している」ことである。たしかに古典古代では貴族、平民、奴隷に区別される。すなわち「平民」の語は、その経済的実体にさしあたってかかわりなく、社会の被支配者を自由人と非自由人に分けたときの自由人、社会の下層のなかの上層、あるいは中間的な社会的地位にある人々をさすのに適している。

北欧初期社会のボーンディを「平民」と呼ぶことが適当でないのは、ボーンディがそのような社会的存在ではないからである。第一にボーンディは被支配者ではない。彼らの上には公権力はまだ成立しておらず、王権が形成され、しだいに国家になっていくにつれ、彼らはたしかに幾分か自由を失うが、しかしなお王権・国家権力と人民のあいだの関係は、「社会契約」的である。北欧における中世の王権の、日本を含むアジアの国家、あるいは他のヨーロッパの政治権力との違いは、「農民」のあり方——個々の農民経済のあり方、農民相互の社会的関連・生産様式のあり方——の違いから生じている。初期北欧社会のボーンディは自由独立であり、その「農場」は経済的にのみならず政治的にも「独立王国」——「経済的完全体」——であったといえるのである。

第二に、自由人であってもボーンディになれない人々がいる。それは単身者であり、若いヴァイキングであり、交易者である。そうかといってボーンディは、貴族、平民、奴隷に分類した場合の貴族でもない。たしかにボーンディは奴隷を抱えている。しかしボーンディは彼自身が農民なのであり、労働主体なのである。ボーンディは貴族と平民への分裂以前の、古典古代農民に似ていなくもない。ただし北欧では古典古代的な貴族と平民への分裂は生じなかった。ここではボーンディが、狭い意味での農民になったのである。

筆者も網野氏同様、「農民」という表現がファーマーやペザントを連想させる危険を強く感じてはいる（しいて連想するならフランクリン franklin が近いように思われる）。しかし残念ながら「農民」に代わるよい表現が思い浮かばないし、それにボーンディと呼ばれつつ、しだいに今日の農民になってくることも忘れるわけにはいかない。欧米、とくにドイツの研究書では、しばしばボーンディを表すのに「自由人」が用いられ、史料の訳語にさえ用いられている。しかし自由人は奴隷の対立概念であって女、子供も含むし、自由人を表す言葉は別にある。ボーンディはあくまでも、社会的単位としての経営主体を意味しているのである。

2　散居定住と農場世帯

世帯主と家族と奴隷

ヴァイキング時代のスカンディナヴィアの社会および経済生活の単位は、すでに述べたように「農民」の家、「農場」世帯である。それは、家長＝農民の、自由人家族と若干の奴隷、および解放奴隷などの自由身分の家人からなっている。自由人家族は単婚家族である。祖父と父と子の三世代の同居はありうるが、結婚した兄弟の同居は原則としてない。奴隷の数については一般的なことがいえない。『ヘイムスクリングラ』「聖オーラヴ王のサガ」は、一一世紀はじめの、南西部ローガランのエルリング・スキャールグスソンの世帯について伝えている。エルリングは、当時ノルウェー最大の豪族二人のうちの一人といわれていた。「聖オーラヴ王のサガ」は次のように述べる。

エルリングはいつも三〇人の奴隷を、他の者たちと並んで、家においていた。彼は奴隷たちにその日中の労働を指定したが、それ以後の時間は彼らに与え、夕暮時や夜に利益を得たいと望む者にはそれを許した。彼は彼らに、穀物を播いて収穫を得るべき畑地を与えた。彼は各人の

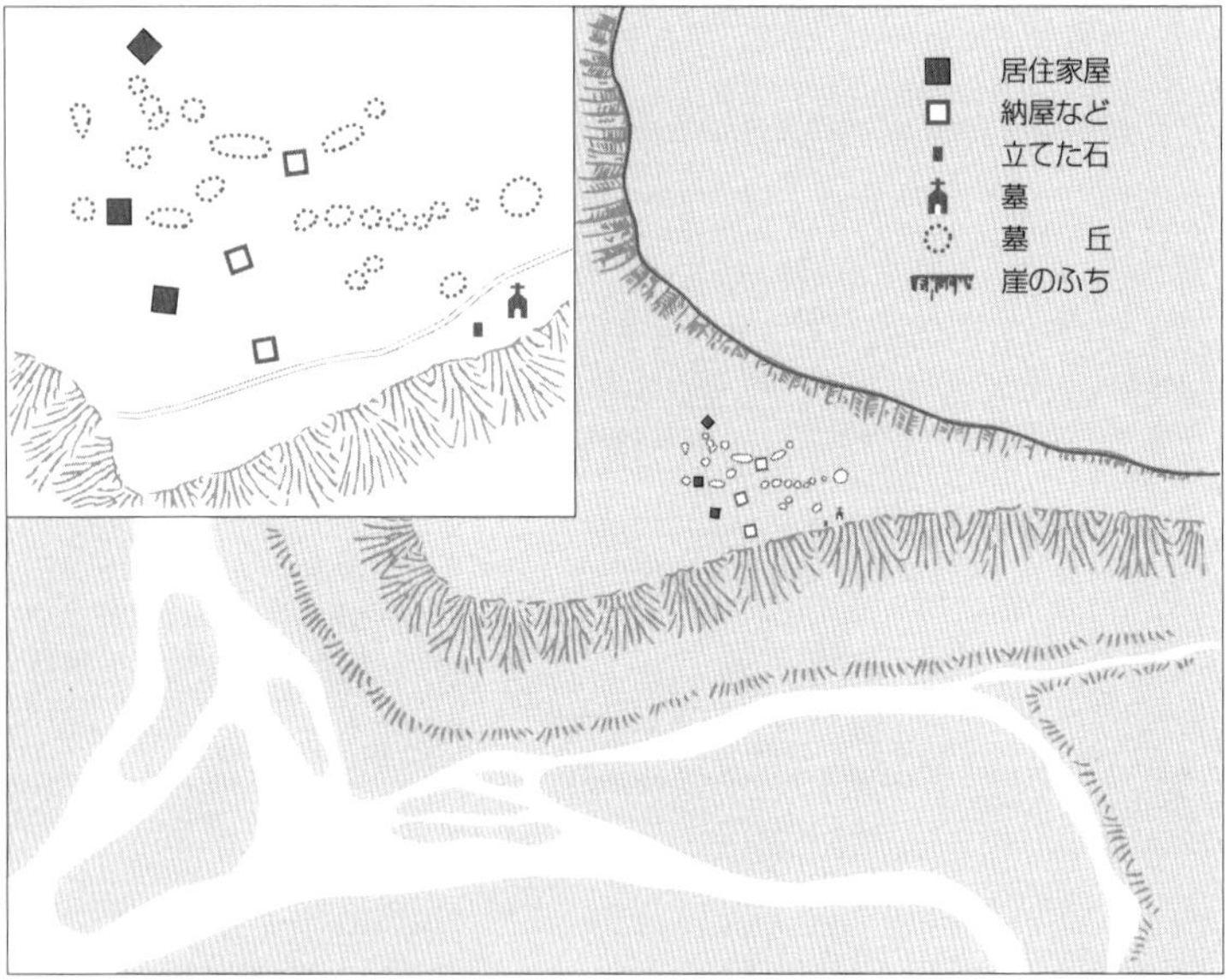

ノルウェー西部のソグンで発掘されたヴァイキング時代の農場。川を見下ろす高台に位置し、居住家屋と納屋などの離れが散在している（J. Graham-Campbell, *The Viking World*, 1980より）

価値をさだめ解放金を設定した。多くの者が一年目か二年で、（そうでなくとも）なんらかの能力ある者はすべて三年目には、自己を解放した。この金をもってエルリングはほかの（奴隷）を買った。彼はある解放奴隷にはニシン漁を指示し、またある者には他の収入の道を示した。ある者は森を墾いてそこに農場を建てた。彼はすべての者になんらかの力となった。（第二三章）

これは最大規模の奴隷をもった世帯に関する伝承であろう。引用文中「他の者たち」というのは、女奴隷をさすと思われるから、奴隷は全部で三〇人以上がいたわけである。反対に、一人の奴隷もいなければ農民としてやっていけなかったのではなかろうか。『ヴィーガ・グルームのサガ』第七章には、アーストリーズというアイスランドの女性の話が出てくる。夫を失って農場主となった彼女には一五歳の息子がいたが、その息子がノルウェーに渡っていたとき、彼女の農場の奴隷たちが羊盗人の疑いをかけられた。この奴隷たちがいなくなると農場の経営ができなくなるという話である。

一二世紀に書かれたと推定されるノルウェー西部地方の法典『グラシング法』は、海軍役（第9章参照）において、船に乗り組むべき順位を定めている（第二九九条）。それによれば、第一順位は独身者、すなわち武器をとれるまでに成人してはいるが、結婚していないで父など親権者の農場にいる者である。第二順位は働き手をもつ農民、すなわち息子など第一順位に該当する家族をもたないが、奴隷などに農場を委ねられる農民である。第三順位（最後）として「一人で働く者」、すなわち成人（一五歳以上）の男子奴隷をもたない農民も、数が足りなければ乗員とならねばならず、その場合には同じような農民三人で組をなし、一人が出征したらあとの二人が出征した者の家畜の世話をするように、それでも足りなければ二人が従軍して一人が他の者の世話をするようにと規定している。

この規定がいつの時代を反映しているかは特定できない。したがって農民が一二世紀に分化しはじめて奴隷をもたない層がでてきたのか、それとも一二世紀以前にもそういう農民がいたのか、これだけでは判断しがたい。しかし武装して遠征する能力をもたない農民は独立しているとはいえない。遠征は留守中の農場経営をどうするかという問題をはらんでいる。成人して結婚すれば別の世帯をなす社会においては、留守中の労働は、主婦の監督下に、奴隷によってなされると考えるべきである。それゆえ法規定は、成人未婚の男子を遠征の第一順位としたあと、成人男子の奴隷を少なくとも一人はもつ農民を第二順位としているのである。したがって、動員によってではなく、自主

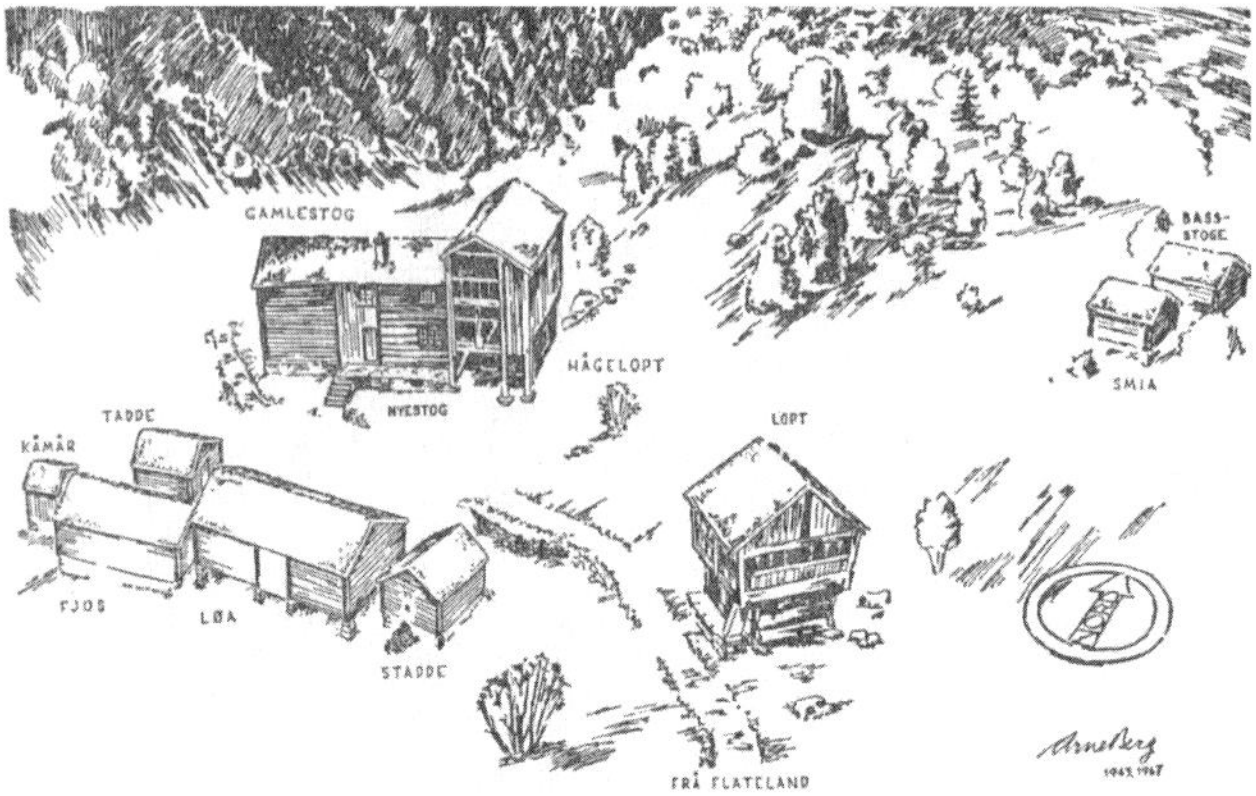

南ノルウェー、東アグデルの農場の1900年ころの景観。左上に母屋、右に接して二階建倉庫、中央にも二階建倉庫、周囲に牛小屋、乾草小屋、離れたところに鍛冶小屋などがある（Arne Berg, *Norske Gardstun*, 1968より）

的にヴァイキング遠征をなした豪族はもとより、遠征に加わっていた農民もまた、少なくとも一人の奴隷をもっていたと考えることができる。

農場の景観

「農民」のもとになっている動詞búaは、住む、定着する、世帯を営むといった意味である。その名詞形としての「農場」を表す二つの単語がある。一つはブール（bœr）で、具体的な農民屋敷、家屋、経営の対象としての農場、財産としての農場（土地、建物、家畜）を意味する。この言葉の現代語形ビュー（by）は、各国において家屋の集合状態としての集落をさすのに用いられている。すなわちデンマークとノルウェーでは都市、スウェーデンでは村落である。ちなみにスウェーデン語の都市はstad、デンマーク語の村落はlandsby（田舎の都市）、ノルウェーには村落そのものがない。ブリテン諸島でも「-by」で終わる地名はデーン人の植民の痕跡である。カークビー（Kirkby）は「教会のある町・村」の意である。

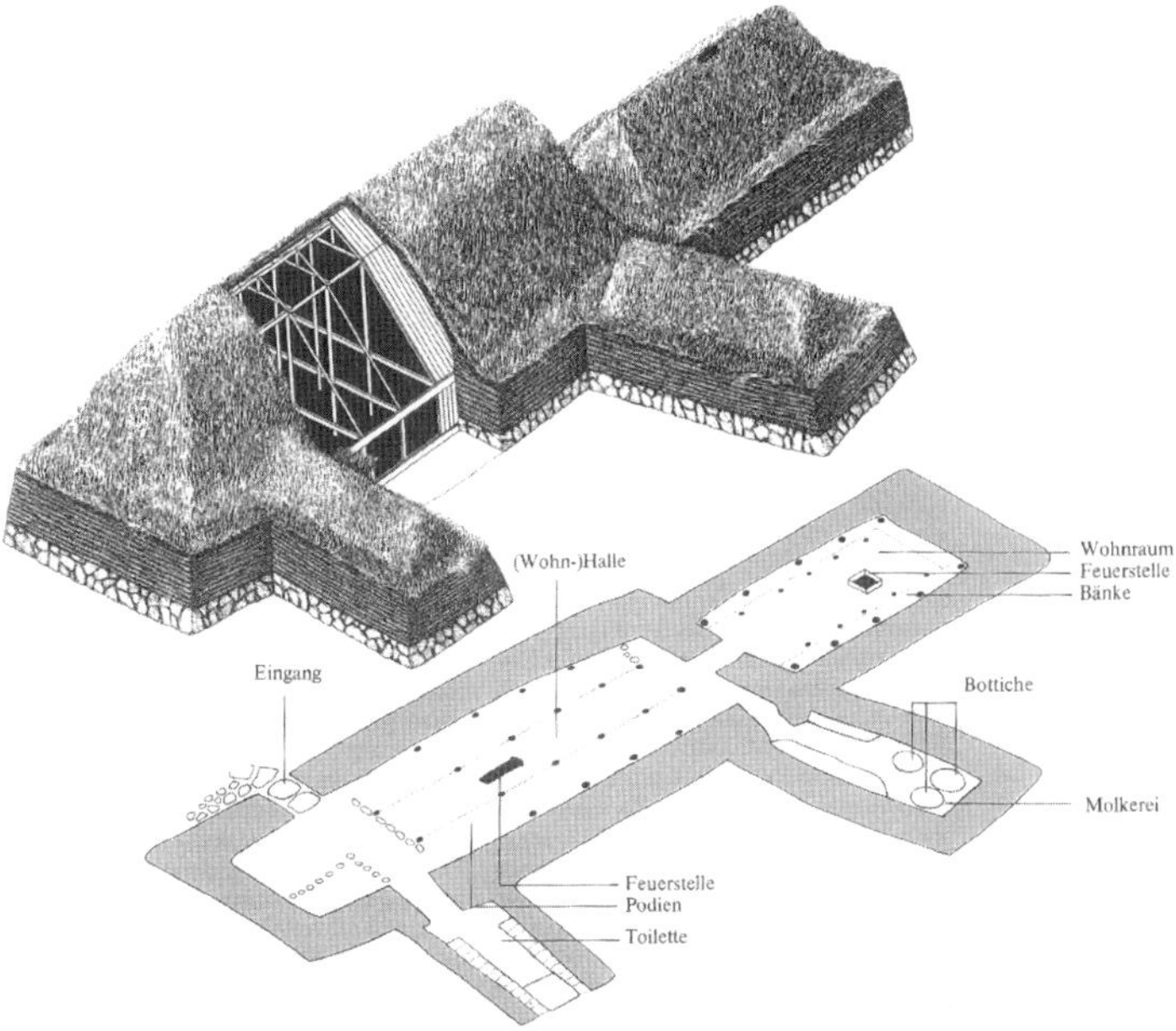

アイスランドのステインク農場（11世紀）の復元図（J. Graham-Campbell, *The Viking World*, 1980より）

もう一つの「農場」表現はブー（bú）である。これは、牧畜・農耕を伴う世帯経営、生活と経営の場としての農場、家政、家などを表す、生活を全体としてとらえた、より抽象的な概念である。これら二つの「農場」は、日本語の「イエ」の二重の概念にほぼ相当するであろう。「農場を建てる」という表現は、ブールを用いるかブーを用いるかによって、一方は建造物としての農場を物理的に建てることを表し、他方は、「農民」として世帯を構えること、定着農民としての生活をはじめたという社会的な内容を表している。

　空間、領域としての農場は、石積みなどによって囲いこまれる。囲いこまれるのは居住用家屋、家畜小屋などすべての建造物、家畜の侵入を阻止したい耕地・牧草地（innmark「内畑」）である。家畜小

ホール内部の再現（ロフォーテン諸島ボルグのヴァイキング博物館）

屋から囲い地の外まで家畜の通り道がやはり石積みによって仕切られ、家畜が「内畑」に侵入するのを妨げていることもある。つまり囲いは牧畜経営の技術上の必要から生じたのであって、隣りの農場との関係からではない。囲いこみ地の外側には畑（útmark「外畑」）、荒蕪地、牧場、草地などがあり、隣りの農場との境界に近づくほど経済的に粗放な土地となる。隣りとの境界はしばしば共同放牧場や共有森林となっている。

囲いのことをガルズ（garðr）といい、現代ノルウェー語ではイェーレ（gjerde）というが、この派生語ガール（gard）、ゴール（gård）が、ノルウェー、デンマーク、スウェーデンでは中世以降の農場を表すようになる。すなわち農場とは囲われたものなのである。

もうひとつの農場関連用語にトゥーン（tún）があり、これも囲われた空間を表す。ドイツ語や英語の「垣」（Zaun, tun → town）と同根である。主としてスウェーデンにあるトゥーナ（Tuna）、あるいは -tuna 語尾の地名は、大農場を起源とするものである。

ここで農場の例をひとつあげてみよう。アイスランド南西部ステインクの農場は、一一〇四年のヘクラ火山の噴火によって火山灰に埋められた。そのため発掘によって、当時の農場建物の全構造が保存・確認され、本来の位置付近に復元されている。建物は一七×六メートルの長方形の建造物（母屋）と、その奥に接続して建て増しされたより小さい一室からなる。入口は、母屋の長辺の端よりにあり、入って右手に干魚などの貯蔵室があって、左手（つまりこの母屋の大部分）はスカーリと呼ばれる大ホールになっている。ここは仕事、生活、接待の飲食、睡眠のすべてがなされる主な居室である。今日なお北欧各地の野外博物館には、一八世紀の農家が保存されているが、それらにみられるように、長い部屋の壁面には、作り付けのベンチがあり、仕事場ともベッドともなる。世帯内のプライバシーは基本的に問題とされていない。建て増しされた部屋は、居間であり、食事室であり、婦人の仕事場でもあった。この農場世帯は二〇人ほどの構成員をもっていたと推定されており、ちょうど平均的な農場と考えられる。

アイスランドよりも古く、スカンディナヴィア人に植民されたフェーロー諸島での発掘住居も、基本的に同様の構造を示している。ある農場は二二×五・五メートルの母屋と、それに平行する一五×三・五メートルの家畜小屋をもっていた。

アイスランドは、ヴァイキング時代にノルウェーから植民されたのであるから、これらの考古学的知見は、ヴァイキング時代、すなわちあとに述べる農場分裂以前のノルウェーの農場のあり方をも示していると思われる。二〇人の世帯員が移住者＝農場主に伴われたのである。

彼らは基本的に単婚生活を営んだ。タキトゥスは『ゲルマーニア』にきわめて少数の上層部は複婚をなすと述べているが（第一八章）、サガの伝えるかぎり、一人の妻以外は妾であって、相続の権利はその子に生じない。家族形態としてみるかぎり、農場世帯は複合家族ではない。

一二世紀はじめにアイスランド人が祖先の植民事情を書き記した第一級の史料『植民の書』には、本書第1章に述べたソーロールヴの友人、ケティル・ヘーングの植民が伝えられている（第三四四章）。それによると、ケティルには五人の息子がいたが、つぎつぎに独立して「農場を建て」、フラヴンという息子がケティルのあとを継いだ。『エギルのサガ』第二三章によれば、フラヴンはケティルの末子とされている（第二三章）。すなわち新しい農場を建設する余地さえあれば、息子たちはつぎつぎと独立した。父親が健在であれば末子相続にもなり、父親が死んだときに息子たちが未婚であれば長子相続になる傾向があったと、常識的に考えられる（相続については第3章を参照されたい）。家族形態としては単婚であるが、世帯としてはほかに単婚小家族的な保護を失った傍系親族（寡婦、身なし子――とくに女性――、結婚せずに父・兄弟を失った婦人など）、奴隷、解放奴隷、家人を抱えていた。

地名にみる定住の発展

ノルウェーでは、囲いこまれた農場空間に余裕があれば、その空間内に新農場が建てられたようである。しかし人口がその農場に包摂される限界を越えれば、新世帯は外に新農場を建設した。まず元の農場の周辺に耕作適地があれば、元の農場ほど肥沃でなくとも、そこに開墾がなされる。

ノルウェー西部ホルダランにリンオースという半島がある。この半島にある、ベルゲン市の真北二〇数キロの地点に、セイム（Seim）という教区、農場がある。セイムもしくは同系統の農場名は、ノルウェーに約三〇あって珍しくないが、ホルダランのセイムは、地名学が定住地発展史に寄与した好例である。

この地には中世に「王の農場」（王の直営農場、第7章参照）があり、古墳が残っている。『ヘイムスクリングラ』「ホーコン善王のサガ」は、ホーコン善王が死後ここに立派な塚を建てて葬られたと伝えている（第三二章）。『ヘイムスクリングラ』など中世の文書は、この地名をSæheimrと表記している。sæは「海」であろう。-heim (r) は、ヴァイキング時代のはじめまでよく用いられた農場名語尾である。このセイム＝セーヘイム農場の周囲に、-land 語尾をもつ地名（農場）が七つ、これを取り巻くように分布している。

ノルウェーでは最も肥沃な土地には、単成語地名農場があるのが普通である。たとえば Haug（塚）、Bø（住地、農場）、Åker（耕地）などである。土地は肥沃なところから開墾、占取されていったに違いない。合成語地名は語尾によって分類され、特に -vin, -heim, -land, -stad, -set, -rud の六つは頻度が高く、この順序で土地の肥沃度が減少するので農場建設もこの順になされたと判断されている。したがってセイム＝セーヘイム農場とその周囲の七つの -land 地名農場は、セーヘイム農場を母農場としてつぎつぎに娘農場がまわりに建設されていったのだと考えることができる。

ノルウェーでは、-vin, -heim 系地名は、比較的肥沃な土地に分布しているが、-land, -stad 系地名は、あまり肥沃とはいえない土地に分布している。アイスランドには -vin 系地名はなく、-heimr, -land 系地名は少なく、そして非常に多くの -staðir（ノルウェーの -stad）系地名があり、その数は、それぞれ二八、七七、一一六五である。したがってアイスランド植民は、ノルウェーで -staðir, -stad 地名が農場名として用いられていたころ、すなわちノルウェーに肥沃な土地が不足してきたころに行われたと推定できる。

肥沃でない土地への定住は、定住地の外延的拡大が行き詰まりはじめたことを示し、古い社会関係、農場世帯の変動を遅かれ早かれひきおこすであろう。アイスランドへの移住は、相対的土地不足がノルウェーにすでにはじまり、それに伴う社会変動が起きようとしている時期に、しかもそれを回避する方向での、新世界への外延的拡大としてなされたというべきであろう。

農場の生産活動

「農民」が、農耕はもとより、牧畜を含む広義の農業という特定の職業・生業を表現していないように、「農場」も単に農耕・牧畜の行われる場所というわけではない。もちろん農耕・牧畜は行われた。しかし農場は特定の産業部門と結びついているのではなく、「農民」が世帯をもって生活する中心なのであって、農民はここを拠点にあらゆる経済可能性を追求した。

自然環境に大きく左右され、さまざまなヴァリエーションをもつが、農場の基本的生業は、牧畜、農耕および漁業である。現在デンマーク領下に高い自治権をもつフェーロー諸島では、今日に至るまで漁が主な仕事であるが、住民は「農民」と呼ばれ、「農場」に住んでいる。北欧全体として穀物は主として大麦、オート麦、小麦などが作られたが、アイスランドでは小麦は栽培されなかった。北欧の犂耕《りこう》の歴史は古く、スウェーデン南西海岸の岩に刻まれた牛耕の図は有名である。

スウェーデン南西部ボヒュスレーン、タヌムにある青銅器時代の牛耕図

第1章で取り上げたオウッタルは、馬耕が行われたことを証言している。『植民の書』は、最初のアイスランド植民者インゴールヴの兄弟ヒョルレイヴが、アイルランド人奴隷に殺されたことを伝えている（第八章）。この奴隷「反乱」は、牛がいないので犂を奴隷たちに曳かせたために起こった。しかしノルウェーでは大平野がなく、トレンデラーグ地方などごく一部を除いて、主穀生産は主要な産業部門ではなかったし、アイスランドでは、南部の海岸部を除いてきわめて低調であった。

農業の中心は冬期家畜飼料としての乾草つくりであった。家畜――羊、牛、馬、豚など――こそがノルウェー人やアイスランド人の主な資産だったのである。これらは夏のあいだは山で放し飼いにされる。「山の牧場」あるいは「夏の牧場」は山小屋から管理された。羊と牛は食物だけでなく羊毛と皮革を提供し、羊皮紙と子牛のなめし皮は、サガ文学の物質的基礎である。

3 自然志向型の農民経済

パン作りは婦人の仕事とされ、手臼で粉をひき、長いトレーでこね、鉄の板にのせて直火で焼く。左端は織機。想像図（J. Graham-Campbell, *The Viking World*, 1980より）

貯蔵経済

北欧全体について、中世を通しての農場経済の特色のひとつは、「貯蔵経済」ということである。牧畜と漁業が、新鮮なバター、チーズ、ミルク、肉、魚を供することはいうまでもない。しかしいっそう重要なことは、それらの収穫期は年間の一定時期に決まっているということである。家畜は、夏が終わって――北欧人は基本的には一年を夏の半年と冬の半年に分けた――、山から農場の家畜小屋に戻されたあとは、夏のあいだに生産して貯えられた飼料（ほとんど乾草）で飼育される。が、飼料はたいていの場合、家畜数に対して不足した。そこで秋に家畜は越冬用と屠殺用に分けられた。後者は一部その場で――「秋の宴会」、

グスタフ・ヴァーサ（ヤーコプ・ピング画、1542年）

ヨハン３世（ヨハン・バプティスタ・ヴァン・ウトヘル画、1582年）

結婚の宴など――飽食されるが、大部分は乾燥、塩漬、燻製の方法で保存食に加工される。動物にとって一年生きることは、冬を越すことを意味した。このためスカンディナヴィアでは、年数を数えるのに冬をもってした。

　バターやチーズでさえも、美味のためよりは保存のために作られ、塩味のたっぷり効いたものであった。中世スウェーデンの租税は主としてバターと塩漬肉で支払われ、ノルウェーではバター、干魚、皮革が中心であった。この場合バターは、少なくとも向こう一年は腐らないことが期待されていたわけである。

　スウェーデン王グスタヴ・ヴァーサ（在位一五二三～六〇）は、デンマークからの独立の英雄であり、その長い治世によって、近代国家の祖型をつくることに成功した啓蒙的な君主である。彼は、こうした歴史的使命を果たす君主によくあるタイプで、あらゆること――軍事、外交、内政、宗教、文化、教育、経済――を一人で処理しなければならず、またその能力をもっていた。彼は国家財政とともに、王室財政についても驚くべき詳細な指示を与え、その手紙などは一六世紀社会経済史の貴重な史料となっている。王領地・王城に雇われている召使いの食事は、王領地の借地農によって地代として納入された現物で賄われたのであるが、グスタヴ・ヴァーサが王室経営について出したある手紙は、新鮮なバターは売却して王室収入を増やし、召使いたちには三年目のバター（！）を与えよと指示している。グスタヴの子ヨハン三世（在位一五六八～九二）の在位中のある一年間に、王領地と王城に雇われていた人々は、一人当り一〇一・六キロの肉を与えられたが、そのうち九九キロまでが塩漬肉と乾燥肉であった。一六世紀でさえそうだったのである。

　魚も、大部分は乾燥、塩漬にされた。これらは一般的な意味で保存食であるとともに、沿岸「農民」にとって、酪農製品や穀物と交換する手段であった。北ノルウェーはのちに、タラ、ニシンの塩漬と干魚を西欧に輸出した。今でもそうである。もっとも第1章で『エギルのサガ』に述べられているソーロールヴの対イングランド干魚輸出（一〇世紀初頭）は疑わしいが、いわゆるニシン貿易の積出港となるベルゲンが一〇七〇年に交易港として建設される以前から、干魚の輸出は始まっていたと思われる。

　またスカンディナヴィア人は、麦芽からエール（ビール）をつくった。エールはアルコール飲料としての役割をもっているし、デーン人の地域を除けば、概して北欧では水が飲めるから、水代わりというわけではない。しかし航海用飲料水としてはエールが飲まれた。エールは

葬宴の乾杯。10世紀末、デンマーク王スヴェンは父王の相続の葬宴を開き、職業ヴァイキングの首領たちを招待し、強いエールを飲ませて、ノルウェー侵攻を誓うように誘導した（ハールヴダン・エーゲディウス画、オスロー本）

保存飲料であり、また壊血病を予防した。

ヨハン三世はフィンランド総督時代、父王グスタヴ・ヴァーサに手紙を送り、前線の兵士が一人一日当り二・七五クォート入りのビール一缶（約三・一四リットル、日本の大ビンビール約五本分）しか与えられていないが、これでは生きてゆけないと苦情を述べ、その結果一倍半、日曜日には二倍に増量された。二倍といえば大ビン一〇本分である。軍隊の飲料水代わりとしてだけ考えるなら三リットルもあれば十分と思われるであろう。実は北欧のたっぷりと塩のきいた保存食が辛いため、大量の水分が必要なのであった。アルコール含有量はわれわれのビールよりかなり少ない。

無分業の世界

北欧の初期社会では、古いタイプの農民経済のもとでは一般にそうであるように、分業は身分的には成立しなかった。紡糸、織布は婦人の家内仕事であった。九世紀中ごろの豪族の婦人を葬ったヴァイキング船（オーセベル船、オスローのヴァイキング船博物館所蔵）は、貴婦人の副葬品として紡糸用具を乗せていた。

鉄の製錬、鉄鍛冶は家長の仕事である。『エギルのサガ』によれば、アイスランドの標準では大豪族というべきスカラグリーム（第1章のソーロールヴの弟）は、「立派な鉄鍛冶工で、冬には赤鉄鉱をたくさん溶かした」（第三〇章）。農民は家の建築、船の建造、家具、武具、農具その他の製造、エール作りなどを自分自身でできたし、また実際に相当程度やっていたのである。

ヴァイキング時代に西欧から掠奪されてきた捕虜奴隷が、西欧の手工業技術をもった手工業奴隷とされていた可能性は大いにある。しかしそれはあくまで世帯内の仕事に編入され、産業として特化することはなかった。『ニャールのサガ』には、職を求める男が得意な仕事を問われて、「自分は農夫（akrgerðarmaðr）である」と答えるくだりがあるが（第二六章）、これは労働としての農耕が自分の得意仕事であると述べているのであって、職業として（身分として）農民だといっているのではない。

建造物と囲いこまれた土地としての農場は、定着世帯が生きていくための場である。しかしより広い意味では、農場は定着世帯が生きてゆくことそのものを表現しているということができる。「農民」はその主な生業がなんであったとしても、自分自身を決して農夫、漁民、手工業者などと自覚しはしなかった。世帯をもってその主人として生きてゆくことが「農民」たることであり、農場経営なのである。そしてかかる農民的存在・農場を、軍事を含めて防衛するのは、なによりもまず自分の実力であり、また同じような他の農民との同盟によってなのであった。われわれが「サガ」などを通じて知っている復讐や贈与は、そのひとつの表れである。

9、10世紀ころのノルウェーの武器一式。左からヘルメット、鉄製の剣、槍の穂、斧の刃
（J. Graham-Campbell, *The Viking World,* 1980より）

一個の農場内部ですべての生活必需品が生産されたわけではない。しかしすべての経済的活動（交易を含め）が、農場を拠点とする農民の主体的経営としてなされ、すべての社会的関係は農場の独立を基礎に行われた。その意味で各農場・家は、自足的であり、「経済的完全体」、経済的にも政治的にも独立した王国なのである。

第3章 土地を求めて——植民と相続

1 新世界の発見・探検・植民

アイスランドの発見

スカンディナヴィア人が、ヴァイキングとして西欧に記録されはじめるのは八世紀末からである。しかしその直前から彼らはその故郷を離れて移住しつつあった。ノルウェー、とくにその西部、南西部地方からは、オークニー、シェトランド、ヘブリディーズをはじめとするブリテン諸島の島嶼部への移住がなされ、そこからスコットランド、アイルランドへの掠奪、攻撃が行われ、ダブリンにはノルウェー人の定住地ができた。

フェーロー諸島は九世紀の第一・四半紀に発見され、先住者であったアイルランド人の隠遁的な修道士たちを追い払ったスカンディナヴィア人によって植民された。アイスランドは、伝承によれば、フェーロー諸島に行こうとしてノルウェーを船出した男が、漂着することによって発見された。発見者は、ラテン語で書かれた一一八〇年頃の『ノルウェー王古史』では「商人」(mercatores)と記され(第三章)、一二世紀はじめのテキストをもとに書かれたとされるアイスランド植民史『植民の書』では、ナッドッズという「ヴァイキング」が発見したと書かれている(第三章)。彼らはこの島を「スネーランド」(雪の島)と呼んだ。

アイスランドに上陸するヴァイキング(オスカー・ヴェルゲラン画、1909年)

アイスランドは北極圏にほとんど接する。もとより寒気は厳しいが、高緯度にしては予想外に暖かいのは、メキシコ湾流に洗われているためである。この島は元来無人島であった。最初に住みついたのは、フェーロー諸島と同様、アイルランド人の修道士たちで、彼らはスカンディナヴィアからの移住者によってパパと呼ばれた。一一二五年ころに書かれたアリ・ソルギルスソンの『アイスランド人の書』によれば、彼らは異教徒のそばに住むことを望まずに立ち去ったが、アイルランドの書物、ベルおよび錫杖を遺していったという(第一章)。

最初の移住を試みたのはフローキという「ヴァイキング」であったと、『植民の書』は述べている(第五章)。アイスランドに上陸したフローキ一行は豊漁の魚とりに夢中になってしまい、乾草つくりをしなかった。そのため家畜は冬を越せず、一行は非常な辛苦の末、三年後にこの島を脱出した。アイスランド（イースランド「氷の島」）という名称は彼の命名で、彼の挫折感がよくでている。ちなみに客観的に「氷の島」であるのはグリーンランドであるが、この島は九八〇年代にアイスランド人エイリークが発見し、植民した。彼は人々の移住をそそるためにグリーンランドと命名したのである（『アイスランド人の書』第六章）。

土地を求めて無人の島へ

最初にアイスランドへの移住・植民に成功したのは、インゴールヴというノルウェー西部の農民で、直接の動機は殺人のために故郷にいられなくなったのである。八七〇年に住めるかどうか探検に出かけ、八七四年に永住したと伝承される。それから、ノルウェー王ハーラル美髪王が、ノルウェーからの出国を制限しようとするほどの移住ブームがおき、『アイスランド人の書』は、六〇年でアイスランドは植民されつくしたと述べている（第三章）。一二世紀後半のノルウェーの歴史書『ノルウェー史』はこれを「五〇年」としている。絶対年代についてはともかく、アイスランド植民はノルウェー最初の統一者、ハーラル美髪王の治世と重なっておこったのである。

『エギルのサガ』など植民者の移住に言及しているサガは、移住の動機をハーラル美髪王の圧制のためだとしている。『植民の書』は三八六人の植民者を記し、そのうち四七人について移住の理由に言及しているが、三三例（約七〇％）は、ハーラル美髪王もしくはその同盟者であるラーデのヤールの「圧制」を原因としている。

ヤール（jarl、英語 earl）は、のち王に委任されて地方を統治する貴族の称号（公）となるが、はじめは自然発生的な豪族のタイトルのひとつであった。ラーデは北ノルウェー、トレンデラーグの大農場のことである。ラーデのヤール家ははじめハーラル美髪王の統一事業の協力者であったが、ハーラル以後はむしろ王権に対する競争者、対抗者となる。

理由に言及のない植民者が大部分であり、これは土地を求めて移住したのであろうから、アイスランド植民はゲルマン人の通例の人口増による移住のひとつと捉えることはできる。これはゲルマン人の民族移動で最後の成功例である。スカンディナヴィアの住民は、いつでも人口増を移住＝民族移動という形で解決してきたのであるが、アイスランド植民の場合はノルウェーにおける最初の統一王権の成立に結びついており、王権は国家形成にいたる歴史的過程の代表者である。すなわち、地名学などを利用した定住発達史研究によれば、ヴァイキング時代のはじめ、ノルウェーの西部地方では相対的な土地不足に達している。

相対的土地不足というのは、それまでの定住の仕方、農業のあり方では、新しい定住地がもはや得にくい、ということである。つまり従来よりも人々が互いに接して居住したり、生産性の低い土地が開墾されたり、粗放な牧畜農業ではやっていけなくなることを意味する。ここからひとつには植民衝動が生ずる。ノルウェー系のヴァイキング活動に土地獲得の性格が強いのはそのためである。外へ出ていかない場合は土地をめぐる争いや、社会の経済的な搾取関係、農業の内包的発展が生じ、これらはより強い社会的結合を要請する。

九世紀末以来の統一王権成立過程は、このような社会的変動を基礎としている。アイスランド植民はそれ自体は土地を求める運動なのであるが、移住者の主観のうえでは、古い豪族的農民の自立が統一王権からの干渉にさらされたと感じた結果であり、そのため『植民の書』などに書かれた個々人の移住の動機は、ハーラル美髪王の「圧制」のためとされているのである。

古い社会関係の保存

もうひとつ重要なアイスランド植民の特質は、それが漸次的で平和的な移動だったということである。移動先に先住民、とりわけ自分より文化的に進んだ大人口をもつ先住民がいる場合には、移住者は軍事的に結集した集団を構成しなければならない。ゲルマンのいわゆる民族大移動の例のように、文化的には先住民の中に埋没し、社会関係は長期にわたる軍事的編成のために変質し、生産者の共同体は支配者の共同体に変わってしまう。アイスランドが事実上無人島だったことは、植民者に軍事的緊張を強いなかったのである。

約一週間の船旅は、他の場合であれば、移住のための特別な組織を必要としたかもしれない。しかしアイスランドへの移住がはじまった時期はヴァイキング時代であり、スカンディナヴィア人はすでに（主として沿岸航海を好んだとはいえ）遠距離航海をはじめていた。もともとそうした航海のひとつで生じた漂流から、アイスランドは発見されたのである。

したがってアイスランド植民は、当時の北欧の社会的組織と技術をもって行われ、特別の飛躍を伴ったものではない。それは、古い社会関係を変更するどころか、かえって変化しつつある社会関係を拒否して古い関係を保持しようとする人々の移住だったのである。こうしてわれわれは、アイスランド植民時代（九世紀末〜九三〇年ころ）、「サガ時代」（九世紀末〜一〇三〇年ころ）を、第1章に述べたような九世紀末〜一〇世紀はじめのノルウェー社会と同じモデルと考えて研究することができるのである。

荷物を積んだクノル船の復元図。クノル船は船倉が広く深く、海上航海・貨物輸送に適するが、走行性はいわゆるヴァイキング船に劣る（J. Graham-Campbell, *The Viking World*, 1980より）

2 移住組織、土地占取、土地配分

世帯も家畜も神も伴って

ノルウェー人のアイスランド移住は、いわゆるヴァイキング船よりも、クノル船と呼ばれる貨物輸送により適した船をもって行われた。家畜を含めた世帯ぐるみの移動だったからである。

『植民の書』第二九章、『エギルのサガ』第二七章によると、ソーロールヴがハーラル美髪王に殺されたあと、弟スカラグリームと父クヴェルドウールヴは、ソーロールヴから奪ったクノル船に乗って航海していたハーラル美髪王の部下と王の幼い従兄弟たちを襲って殺し（血の復讐）、その船ともう一隻の自分たちのクノル船計二隻でアイスランドへ向かう。各船に三〇人が乗り、それぞれ父と子が指揮をとったという。

途中でクヴェルドウールヴが死に、ホローガラン人のグリームという男がその船の指揮をとる。彼は父と祖父の名をあげられており、歴とした自由人だったことは明らかである。クヴェルドウールヴの遺言にしたがい、死体は棺に入れられて海中に投じられ、それが漂着したところに棺は引きあげられ、石積みし、その付近にスカラグリームは居を定めた。

ソーロールヴの友人であり大伯父でもあるケティル・ヘーングも、ソーロールヴの中傷者（トルガルの農場を継いだ男たち）を襲って復讐したあとアイスランドへ渡ったが、『エギルのサガ』によれば、妻子や自由人の仲間六〇人を二隻のクノル船に乗せて移住した（第二三章）。

『植民の書』が伝える最大規模の世帯は、ローガランの「王」ゲイルムンドである。彼は、ブリテン諸島へヴァイキング遠征しているあいだにハーラル美髪王による故郷の征服が行われたので、新天地を求めて移住する。自分の農場を西アイスランドに建てたほか、北部海岸に四つの農場をつくってそれぞれ自分の奴隷に経営させた。その四番目の農場を経営、管理したアトリという奴隷は、さらに自分の下に一二人の奴隷をもっていた。そして自分の農場からこれらの奴隷が経営する農場へ行くとき、ゲイルムンドは八〇人の世帯員を連れて行ったという（第一一五章）。また、彼は八〇人の自由身分の家人を含む大勢を抱える大農場を営んだと述べられている（第一一三章）。もちろんこれは例外的な規模であり、また永続しなかった。しかしアイスランド人のサガは、奴隷の他に自由身分の家人を何人かもっている農民の例を多く示しており、故国での従士団をすっかり解散してしまったわけでもないらしい。

クヴェルドウールヴの棺の話に関連して、植民と家の宗教に触れておこう。『植民の書』第八五章と『エイルビュッギャ・サガ』第四章は、もう一人のソーロールヴという人物の植民を語っている。彼は西ノルウェー、ホルダランのモストゥル島でソール神を崇拝する豪族であった。ソーロールヴ・モストラルスケッグという彼の名は「モストゥル島のひげのソーロールヴ」という意味である。彼はアイスランドに近づくと、まずソール神の像を刻んだ「高座の柱」を海中に投じ、ソール神の漂着するところに自分も上陸し、その付近に農場を建てることを誓う。彼は自分の取る土地をソール神に捧げ、像の流れ着いた岬を「ソール岬」と名づけた。

「高座」というのは、農民・豪族・王の広間において主人と主客が向かいあって座る椅子であり、柱とはその椅子の背の支柱である。ここでは主人の高座の柱であり、それだけですでに家長のシンボルである。これに刻んであるソールなどの神像はしたがって家的統合を宗教的に象徴し、祭祀権と家長権の一体性を示している。この柱を海に投じて漂着する所に、神意にしたがう行為として農場を建てる。クヴェルドウールヴの棺も本質的に同じ機能、意味をもっていたと思われる。神像などを海に投じて、その漂着先に農場を建てる習慣は、結果的に漂着物の多い海岸をわがものとする効果をもっている。

土地の占取と分配

スカラグリーム、クヴェルドウールヴの一行六〇人は、棺に象徴されるひとつの家・農場世帯のみからなっていたのではない。スカラグリームもソーロールヴ・モストラルスケッグもあとで同行者に土地を分けているが、その同行者は別の独立世帯をなす親族や友人である。しかし最初の土地占取はリーダーによって全体としてなされる。

スカラグリームは海と川によって自然に区切られた広大な土地を「取った」（『植民の書』第三〇章）。この「土地を取る（nema land）」という表現は、無人の土地を自分のものとする行為をさす。名詞landnám は土地占取・植民という行為・関係と、占取された土地との両方を意味する。土地の領有を主張するためには、シンボリックな聖別がなされる。『植民の書』によれば、ヘルギという植民者は、自分の取ろうとしている土地の境界をなす河口ごとに大きな火をおこして、すべての地域を神聖化した（第二一八章）。また、ヨルンドという植民者が、自分の取った土地の周囲を火を持ってまわったと述べている（第三四六章）。

さて、スカラグリームは父の棺の漂着した土地の付近に農場を建て、「それから彼の領域（ヘラズherað──「地域」）を仲間たちに分配した」。また、のちに多くの人々が彼の同意のもとにそこで「土地を取った」。すなわちここに述べられているのは、第一に移住チームのリーダーが同行者に対して土地を配分することと、第二にあとから移住して来て無人の土地を見出せない人々への土地分配（彼らの土地占取の承認）である。

土地を分与された第一番目の同行者は、クヴェルドウールヴの死後その船を指揮したグリームである。『植民の書』は、以下第三一章から第六七章まで、スカラグリームの「取った土地」内に定住した人々について述べている。この中にはスカラグリームとは独立してあとから来て、スカラグリームの同意をえて植民した人々も含まれている。スカラグリームの妻の父ユングヴァルのように、移住第一冬をスカラグリームのもとで過ごし、翌春に彼の勧めで土地を取った人々もいるし、スカラグリームの娘と結婚して土地を与えられたソルフィンという男もいる。この男ははじめスカラグリームの長子（伯父の名をとってソーロールヴと名づけられる）のヴァイキング行に旗手として参加した

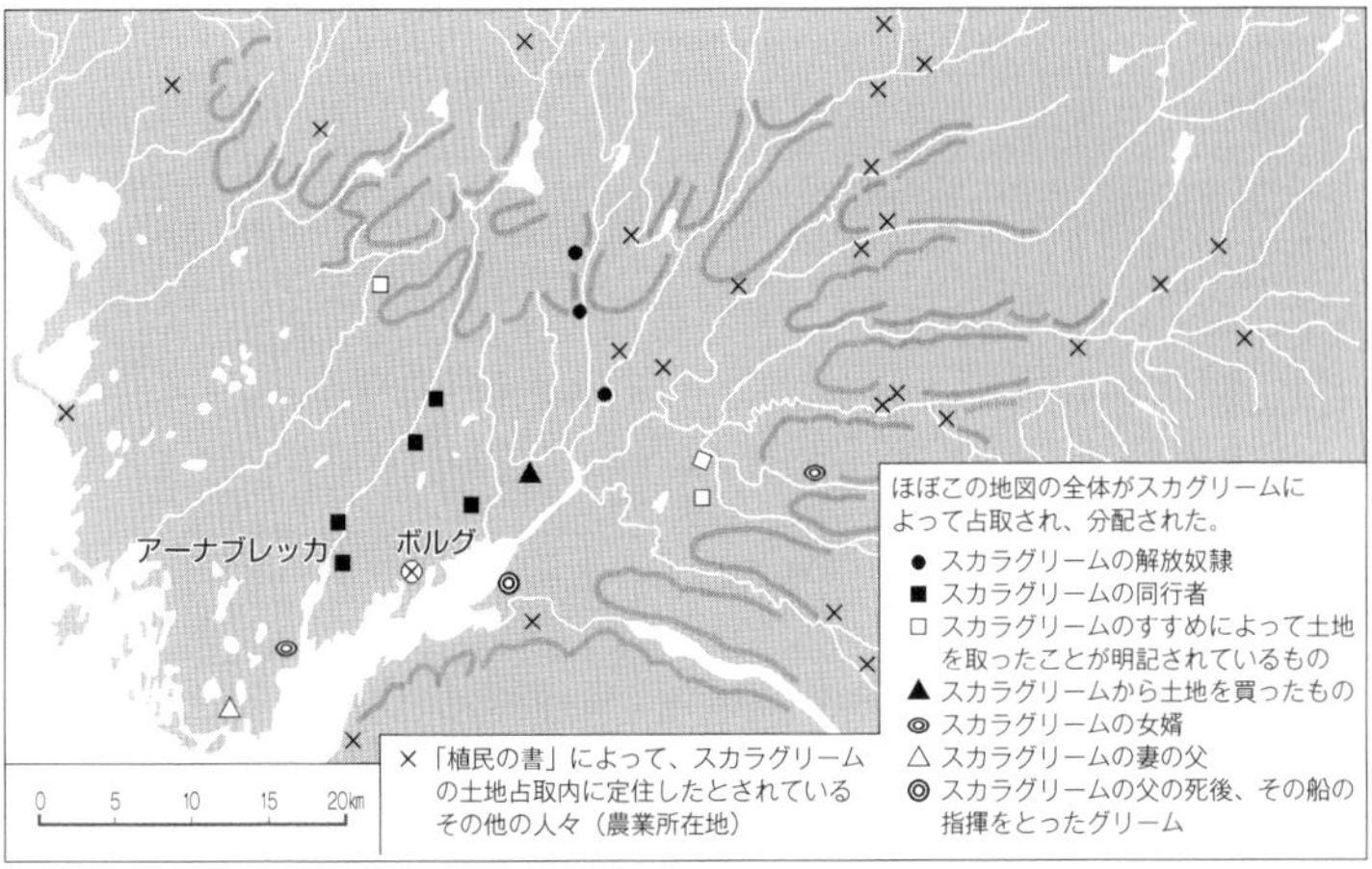

スカラグリームの土地占取と分配

経歴をもつ。また、彼の「取った土地」内に定住した多くの人々は、スカラグリームとの関係を言及されていないので、あとから来て彼の同意のもとに「取った」り、買ったりしたものと思われるし、またそうした人々からさらに買った人々もいる。

これらのあとから来た人々を除いて、「スカラグリームが土地を与えた」と記されているのが同行者であり、グリームの他に六人の名があげられている（『エギルのサガ』では八人。第二八章）。これとは別に『植民の書』は、三人の解放奴隷が土地を与えられたとし、一方『エギルのサガ』は、そのうちの二名と別の一人計三人を、スカラグリームの大農経営との関連で住居を指定された家人として名をあげている。すなわち鮭とりや山の羊番に便利なように配置したのである（第二九章）。

各船に三〇人ずつ乗ったという『植民の書』を信じるならば、スカラグリームとホローガラン人グリームと六人の同行者の八世帯は、平均七〜八人からなっている。もとよりスカラグリームに、奴隷など、より多くが集中していたと思われる。
タキトゥスは『ゲルマーニア』においてゲルマン人の土地占取と分配を述べている。

耕地は先ず耕作者の数に応じて、全体として占有せられ、ついでただちに耕作者のあいだに、地位に従って分配される。分配の容易さは、土地の広さが保証する。（第二六章）

この文章については多くのことがいわれてきた。土地占取・分配のあり方は、集団の性質、共同体の形態を決める最も基本的な要素であるからである（岩波文庫の訳も、旧訳版と改訳版では大きく違っている。筆者は旧訳版の解釈をとっており、ここでもそれを引用した）。タキトゥスの文言から彼の真意を再現することは困難であり、また彼の真意を知りえたとしても、それが西暦一世紀のゲルマン人の現実を正しく伝えているという保証もない。しかしいま述べてきたスカラグリームの土地占取と分配は、ここに引用したタキトゥスの記述と矛盾しない。移住団のリーダーたるスカラグリームが、「耕作者の数に応じて」＝移住団全体の必要に応じて、全体として土地を取り、神聖化する。それから「地位に従って」すなわちリーダーとのさまざまな関係に応じて、しかも彼らの世帯の大きさなどに基づく必要に応じて、分配される。
ここには完全に同等な人々の共同体もなければ、隷属農民を率いる貴族もない。

国家なき個人的土地所有

オウッタルやソーロールヴ、アイスランドのスカラグリームは、いずれも自分の農場の経営者であり、個人的な土地所有者である。「個人的」という意味は、第一に集団的所有ではない、ということであるが、第二に共同体や国家によって保証されているのではなく、そこに個人的に「土地を取」り、「農場を建てる」ことによって生活するということである。共同体がないわけではない。しかし共同体があって個人があるのではなく、自立的農民としての個人があって、互いの所有を保証しあうものとして共同体を構成するのである。国家はまだない。もし国家があったら、最初の発見者、最初の移住者はアイスランド全島を私的所有の対象としたか、あるいは彼の属する国家の領土として、みずからはその代官的支配者となることも可能だったであろう。『植民の書』は「国家」にかかわるみっともない話を伝えている（第二八四章）。

　アイスランドの発見者の一人に数えられているガルザルという人物の息子ウニは、ハーラル美髪王から「ヤール」の地位を約束されてアイスランドへ渡った。すなわちハーラル王はこの島を属領とする意図をもっていたと考えられる。しかしウニはその意図を行く先々で見抜かれて目的を達することができなかった。この話は悲喜劇をもって終わる。彼は一一人の同行者とともに二度定住に失敗して三度目にレイズウールヴという農民のもとで冬を越すべく迎えられるが、レイズウールヴの娘ソールンと愛しあい、娘は妊娠する。春、ウニは仲間ともども脱走するがレイズウールヴに追跡され、仲間の幾人かを殺され、彼は連れ戻される。どうやら正式に結婚させられたらしい。レイズウールヴには息子がなかったからである。ウニは再度逃走し、ついにレイズウールヴに、仲間もろとも皆殺しにされる。ソールンの生んだウニの息子は、レイズウールヴのあとを継ぎ豪族（ゴジ。第5章参照）となった。すなわちハーラル美髪王の試みは、アイスランドの農民社会の一要素に吸収されてしまったのである。

スカラグリームの同行者への土地分与は、臣下への下賜ではない。新世界へ移住した人々の土地占取に対する、移住団指揮者としてのリーダーシップである。彼から土地を分与された同行者の一人に、アーニという男がいた。彼の住んだところはアーナブレッカ（「アーニの斜面」）と呼ばれた。そこはスカラグリームの農場ボルグと、一本の小川で隔てられている。アーニの息子オヌンドとスカラグリームの息子エギル（二代目同士）は、幼いころから親しく、航海も冒険もともにした。

しかし三代目、オヌンドの息子ステイナルとエギルの息子ソルスティンは、境界付近の牧草をめぐって争う。ステイナルは他の豪族たちの支持をえて裁判集会（第5章参照）にソルスティンを告発・提訴する。集会の場でエギルはオヌンドに呼びかけ、それぞれの息子を説得して父同士が和解にもっていこうではないか、裁判判決によらずにエギルの下す決定にすべての者がしたがうという誓約を皆がするように説得しよう、と提案した。

オヌンドは自分に対するエギルの友情を信じていたのでこれに賛成し、不信感をもって渋る息子たちを説得して和解するようにもっていき、エギルは望んだ誓約をうることができる。そのうえでエギルは、ステイナルとオヌンドが住んでいるアーナブレッカの土地は、彼の父スカラグリームがオヌンドの父アーニに与えたものであることに注意を喚起しつつ、ステイナルがアーナブレッカとボルグ（スカラグリームからエギル、エギルからソルスティンへと受け継がれた農場）の土地との境界である川を越えて放牧したのは、ボルグの土地を奪おうとするものであると述べて、オヌンド・ステイナル父子に対してアーナブレッカからの無償の退去を裁定する（『エギルのサガ』第八〇〜八二章）。

このプロセスにおいてエギルは明らかにオヌンドをペテンにかけた。もし和解によらずに公式の判決によったか、和解であっても第三者調停であったならば、違った結果が出たものと思われる。

つまり土地境界争いの黒白の如何を問わず、オヌンド・ステイナル父子の無償退去にはならなかったはずである。このエピソードによれば、かつての同行者アーニに土地を分与した植民者スカラグリームの権威が、二代目の人々のあいだになお認められる。しかしわれわれはそれ以上に、むしろ対等の土地争いをなすアーニの三代目に、その土地に対する完全な権利をもって経済的に自立している農民像をみるべきであろう。ステイナルが対等な権利と実力をもっているからこそ、エギルはペテンを用いたのである。

個人的土地所有による農場経営については、すでに第2章でその内容を示した。法的権利については、共有関係と相続慣行が個人的土地所有の性格を明らかにする。

3　山の放牧地、採草地、浜辺と海

不分割共有地

個人的土地所有の基礎は、散居定住に基づく経済的完全体としての家、農場経営である。この種の農民社会にも共有はあるが、それは共同体そのもののためにあるのでもなければ、そこで共同の労働が行われるのでもない。それは個人的土地所有者＝農民によって直接利用される。アイスランドのサガや法律書の示す共有の形には、隣人共有、株的共有、「共同体」所有などがあるが、その利用はいずれも個人的であり、農民経済の直接的な補完物となっている。

隣接する二つの農場の中間にある土地や、あるいはほぼ等しい距離にある山や林は、不分割のまま双方の農場に利用されることがある。主として採草地、放牧地、伐採林あるいは漂着物を取得する浜などからなるこの種の共有地は、分割可能であるのに不分割にしておくほうがよいか、もしくは少なくとも不分割にしておいて双方とも不都合がないような場合に成立する。

ニャールとグンナルはそれぞれの農場の中間にある森を共同で所有し、分割せずに各人が好きなように伐った（『ニャールのサガ』第三六章）。

ウールヴァルとソーロールヴは山の方に牧草地を共同でもっていた。二人はそこで別々に働いた。しかしある日ソーロールヴはウールヴァルが刈り取って乾しておいた草を自分の農場に運び、争いになる（『エイルビュッギャ・サガ』第三〇章）。

この二例はいずれも不分割にしていても分割しても、どちらでもよいような土地利用であり、各人が自由に利用し、労働の成果は自分のものとなる。あとの例のトラブルは共有から生ずるのではなく、他人の労働の成果に対する侵害から生じた。このような共有は、ひとつには共有地利用が各農民の直接的経済補完であるから可能なのであって、たとえば木を伐って炭を作ったとしても、それが自家用であれば問題にならないが、それを販売するというような利用の仕方を一方がすれば、共有は解消するほかない。二つにはこの種の共有は「土地が余っている」こと、人間に対して資源の余裕があることを前提としている。前節に述べたステイナルとソルステインの境界争いは、はじめの段階では境界があいまいであったか、一応境界が明確であっても越境利用を相互が行ってもかまわないほど余裕があったのかもしれない。

『グレッティルのサガ』には、境界と越境利用をめぐるトラブルの発生過程が示されている。北アイスランドに定着したオヌンドは先住者エイリークの助言で土地を取り、またエイリークからいくらかの土地を与えられたが、漂着物については取り決めなかった。「当時それは非常に多く、誰でも欲しいだけとれたからである」(第九章)。しかし人が増え、不漁がおこり、漂着物も乏しくなると、オヌンドとエイリークの息子たちは争い、鯨の漂着物をめぐって殺し合いまで演じ、結局問題の土地を等分し、それぞれの浜への漂着物に対する独占権を明確にする(第一一章)。

これは共有の解体だけではなく、所有権そのものも実は争われているのであるが(これについては第8章「贈与」に再論する)、その問題を一応離れて、漂着物が人間に対して十分であるあいだは相互入会慣行がなされていたのであり、「土地が余っている」状態の終末とともに争いが生じている。ニャールとグンナルの共有林にしても、余裕がなくなれば分割するであろう。

この種の共有は相続からも発生しうる。ある農民は農場のほかに、別のある土地(岬)と、ある島、計三ヵ所に不動産をもっていた。その死後二人の息子、ソーラリンとグルームはそれらを共有にしておいた。というのは一人だけが結婚して農場を経営し、もう一人は外国交易に従事して、アイスランドにいるときは兄弟の農場に同居していたからである。のちにこの独身者が結婚すると、二人は話しあい、もとの農場を新婚世帯が取り、前から世帯をもっていた兄弟は岬の土地へ移って新農場を建て、島は共有のままにしておいた(『ニャールのサガ』第一三章、第一四章)。

不可分割共有地

不分割型の共有について、さらに別の例をみてみよう。ある農民が死んで遺産が二人の相続人に分割されたが、この二人は直接の兄弟でなく姻戚関係を介してはいるが他人だったので、農場そのものを二つに分割した。その際最良の畑は共有にしておいて一年交代で利用した。もちろん収穫はすべて利用者のものである(『ヴィーガ・グルームのサガ』第七章)。この例はもはや「土地が余っている」状態ではなく、不可分割地共有に近くなっている。

アイスランド人は夏期に山で放牧する。このときに家畜、ことに羊は多くの農民の所有するものが混在する。そこで不可分割の共同放牧地（afrétt(r)）が形成される。アイスランド北東端の海に突き出した丘陵部はいまも Afrétt と呼ばれている。これは隣接する農場の中間地域というわけではないが、放牧権者（入会権者）は限定されている。

不可分割型の隣人共有のひとつに持株的な共有がある。アイスランド北西部のスカガフィヨルドにドラング島という切り立った小島がある。殺害の罪によって追放になったグレッティルという人物がこの島に逃げこんだ。そのときこの島には、対岸に住む二〇人以上の農民たちに属する八〇頭の羊がいた。特定の羊に持主がいるのではなく、島に対する権利・持分を各人がもち、羊の総数に持分を一〇〇分比にして掛けたものが株主たる農民の所有する羊である。持分比率は一定ではなく、ソールズの息子たちと呼ばれる豪族が最も多くもっていた。

グレッティルがこれらの羊を屠殺して食べたことが知られると、農民たちは、すでに殺してしまった羊のことはかまわないから島を退去するようにグレッティルに申し入れる。この島は年間を通じての放牧地ともいうべきもので、分割して利用することができない。のち農民たちは、グレッティルが退去しないので、自分たちの持分をソールズの息子たちに売却する（『グレッティルのサガ』第七〇〜七二章）。すなわち、この共有は個人的所有の変形である。そして持分に対する処分権は、共有を必ずしも隣人間の関係ではなくする可能性をもっている。

北西部にビトラという海岸がある。この浜辺に、あるとき鯨が漂着した。この浜辺の漂着物に対する権利をもっていた人々が鯨を解体しているところへ、権利をもたない乱暴者が押しかけ、すでに切り取られていた鯨肉を力ずくで奪ってしまう。権利をもっている人々は、損害を各人のこの鯨に対する権利の割合になるように、残りを分割した（『エイルビュッギャ・サガ』五七章）。これは土地共有そのものではないが、利用権の株的共有である。もうひとつこの話で重要なのは、権利をもたないで他人の労働の成果を横奪した乱暴者は、権利をもつ人々のうちのある者たちよりも、ビトラ海岸に近く居住していたという事実である。ここでは「共有」は個人的所有そのものであって、入会的隣人共有ではない。

共同体的共有

以上に述べてきたのは個人的所有の変形であるような共有である。これに対して「共同体」（地域、または全島の）所有もある。アルメンニング（almenningr、ドイツ語アルメンデ Allmende と同じ）と呼ばれるものがそれである。

この言葉の意味自体は「万人」ということで、すべての者の権利、もしくは義務を表す。ノルウェーでは軍事的動員もアルメンニングと呼ばれた。ノルウェーにはアルメニング、オルメニンゲンなどの地名が多く、たいていの場合、一定地域内の農民に共有される採草地、牧場、漁業基地としての島、あるいは共有農場があったことから来ている。アイスランドにもいくつかのアルメンニング地名化の例があるが、最も有名なものは北西の端にある海岸の一部、アルメンニンガル（Almenningar〔複数形〕）である。その利用は漂着物の拾得で、多くのサガに言及されている。『誓約兄弟のサガ』第七章と『グレッティルのサガ』第二五～二七章は、同一の事件を違った主人公の側から描いている。厳しい冬のある年のこと、人々は北の海岸に出かけて鯨肉を手に入れよう

鯨の解体と運搬（『ヨーンスボーク法典』（13世紀）の16世紀の写本）

とした。ソルギルスという農民が東のアルメンニングで鯨を発見し、解体作業をしているところへ、ソルゲイルとソルモーズという義兄弟の誓約をかわした乱暴者の一行がやって来る。農民ソルギルスはそのときすでに半分を解体していたが、まだ切っていない部分の半分を提供しようと申し出る。すなわち労働に応じて取ることにしよう、ということである。義兄弟たちはこれを拒否し、次の二者択一をソルギルスに迫った。すなわちすでに切り取った部分をソルギルスが保持し、解体していない部分はすべて義兄弟に差し出すか、もしくは切り取った部分も残りの部分も全体として半分ずつ分配するか、である。

ソルギルスはこれを拒否し、戦闘となって命を落とす。この事件は全島集会（第5章参照）に提訴された。被告側（義兄弟）は、共有地ではだれでもが獲物をうることができることを主張したが、原告側は死んだソルギルスが解体されていない部分の半分を提供しようとしたと反論する。全島集会の「法を語る者」（第5章参照、任期三年の唯一の「官吏」、必要な者に法の知識を与える）は、農民（ボーンディ）は単身者よりも優先権があると述べる。これによって被告側は敗れる。

集会というのは第5章に述べるごとくアイスランド農民の共同機構であるから、農民はこの集会への出席の権利義務をもつなど、「公」的生活の構成員である。したがって共同体的関係において「農民」がまだ独立世帯をもたない単身者より優先権をもつのは当然である。この当然の優先権が共有地利用に適用されたとすれば、この共有地は共同体的所有だということになる。そしてこの共有地は成立事情が知られている。

この章のはじめに言及した最大規模の移住者ゲイルムンドは、自分の直営農場のほかに四つの農場をもち、奴隷に管理させた。その三番目の農場は、『植民の書』が書かれた時代には西のアルメンニングにあった（ソルギルスと義兄弟が争ったのは東のアルメンニング、したがって東西合わせてアルメンニンガル〔複数形〕となる）。それを管理した奴隷はビョルンという名で、ゲイルムンドの死後、羊を盗んだとされて有罪となり、その罰金として彼の土地が共有地となったという（『植民の書』第一一五章）。彼はゲイルムントによってか、その死後に解放されて土地を与えられていたことになる。

網による魚取り（オラウス・マグヌス『北方民族文化誌』ローマ、1555）

共有地はその多様なあり方にもかかわらず、その利用はいずれも農民の家経済、農場経営の直接の補完として個人的に行われる。ここでは共同のため、共同体のための労働は行われない。共有のあり方自体が多くの場合、個人的土地所有の変形であるか、あるいはそこに労働に基づく取得という個人的所有の基本原則が貫かれている。

アルメンニングは諸個人の無制限利用の対象であって、日常的には「所有」ということは意識されない。共同体外からの利用を阻止するときにはじめて、アルメンニングは所有として顕在化する。相対的な人口増のみが困難をもたらすのであって本来は事実上無所有である。それゆえ沖あいの海もまたアルメンニングと呼ばれる。すなわち干潮時に浜からタラの群が目撃されうる距離を越えた沖の海では、そこに面した海岸線の土地所有にかかわりなく漁をすることが「万人」に認められていた。ただし、この万人は共通の法をもつアイスランド人に限定される。もっともアイスランド人以外がアルメンニングとしての海にやって来てタラ漁をなし、したがってこれを追い出す必要がはじめて生じたのは二〇世紀になってからである。

4 遺産相続の慣行

遺言によらず兄弟均等に

ヴァイキング時代の北欧社会では農場が経済的完全体であるという、所有と経営の個人主義的傾向は、相続慣行にも表れている。相続の問題はこれまで主として法的研究の対象であった。ここで相続を問題とするのは、相続はなによりも生産手段の所有の継承であり、そこに所有と経営のあり方が反映しているからである。すなわち、相続が実際になされる姿から、所有と経営の主体について追求するのがここでのテーマである。

タキトゥスは『ゲルマーニア』で、ゲルマン人のもとでは母方の親族が大きな意義をもっているが、しかし相続人は直接の息子であり、また彼らは遺言書を作らないと述べている（第二〇章）。またフランク人の部族法典のひとつ『サリカ法典』は、相続について次のように規定している。

一、誰かが死んで子息を遺さざりし場合、彼の母がなお生存するときは、彼女が相続財産を承継すべし。
二、母が存せず、しかして彼（被相続人）が兄弟または姉妹を遺したる場合には、彼らが相続財産を承継すべし。
三、彼ら（兄弟姉妹）が存せざりしときは、母の姉妹が相続財産を承継すべし。
四、しかしてこれら親系の中誰にても最近親たる者が、相続財産を承継すべし。
五、土地についてはただし如何なる相続財産も婦女に帰属すべからずして、男性、兄弟たる者にすべての土地は帰属すべし。（第五九章、久保正幡訳）

これらに対してサガはいかなる相続慣行を示すであろうか。第一に初期北欧社会では、タキトゥスのいうように、相続は基本的に遺言によらず、自動的な順位によってなされた。第二に遺産は嫡出の子供たちに、証人の評価によってできるだけ均等に相続された。子供のいない場合、遺産は死者の兄弟姉妹、さらにそれを媒介としてその配偶者のものとなったが、分割相続であって団体的ではない。第三に婦人も相続に実質的に関与している。しかし農場経営にかかわる財産は、『サリカ法典』もいうように、基本的に相続しない（第五九章の五）。ただし男子親族がいなければ別である。

相続は血族内にではなく家族内に
相続の順位と婦人の地位についての好例は、『ラックスデーラ・サガ』が提供している（第一七章、第一八章）。

ソルステイン関係系図

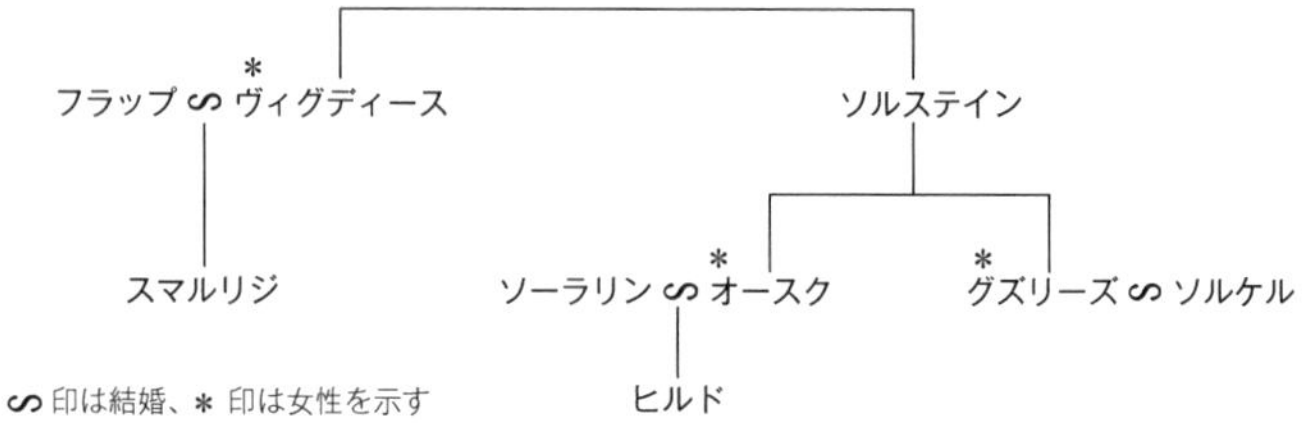

ソルステインという男に姉（妹）ヴィグディースがおり、フラップという農民と結婚してスマルリジという息子を得た。フラップが死んでスマルリジが相続をしたが、これも死んだので全財産がヴィグディースのものになった。しかし彼女は農場経営をするつもりがなく、兄弟ソルステインのもとに身を寄せ、ソルステインが農場を経営した。ソルステインには二人の娘がいた。いずれも結婚していたが、その一人オースクはその夫ソーラリン、娘ヒルドとともに父ソルステインと同居していた（系図参照）。ある日ソルステインは娘オースク、その夫ソーラリン、孫娘ヒルドとともに船の転覆によって溺れ死ぬ。ソルステインのもう一人の娘グズリーズの夫ソルケルは、現場にいて助かった唯一の男の証言によって、ソルステインの全財産を継承しようとする。

その証言とは、最初に死んだのがソルステインで、以下ソーラリン、ヒルド、オースクの順だというものである。ソルステインが死んだ時点でその財産は二人の娘に行く。娘の財産は夫の管理財産となる。もしその次にオースクが死ねば、夫のソーラリンの死後、その財産はソーラリンの親族に相続される（ソルケルの取分は二分の一になる）。ソルステイン、ソーラリン、オースク、ヒルドの順序の場合には、最後のヒルドの死後その財産が父母双系の親族へ行くから、ソルケルは四分の三取ることになる。ソルステイン、ソーラリン、ヒルド、オースクの順序のときだけ

ボルグとソルグリーム関係系図

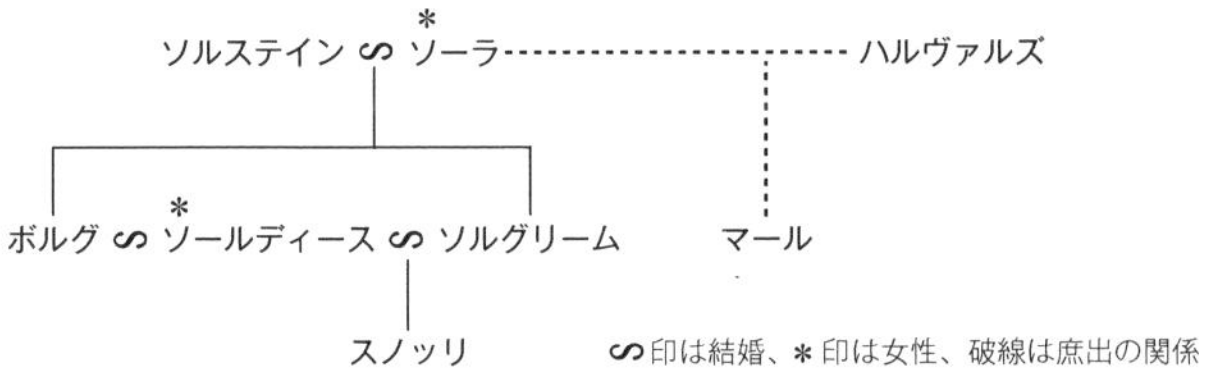

財産はすべて（グズリーズを経て）ソルケルのものとなるのである。

　誰が聞いてもいかがわしいこの話は、ただ一人の証言に基づいており、はたしてソーラリンの親族から異議申し立てがなされ、神明裁判（芝土をおこしてトンネルをつくり、その下を歩いて土が落ちなければ潔白である）まですることになる。もっともフラップの農場はフラップのおばけが出るのでソルケルは荒れるにまかせておいた。

　このエピソードは、相続が団体的にではなく個人的に、より大きな血族内にではなく家族内に行われること、息子のない場合は娘に相続権があり、娘が結婚していれば彼女は媒介的に機能してその夫に継承されることを示している。

　なお、はじめに述べたように、サガは史料そのものではない。『植民の書』などからソルステイン、娘オースク、別の娘の夫ソルケルなどが実在だったことは確認できるが、ここに述べられた事実や親族関係は確認できないし、夫の名なども誤りと考えられる。しかしサガの聴衆にこの話は納得をもって受け入れられたのである。

嫁資は女性の生前相続

　婦女が通例農場を相続しないのは、女はフレイヤ（freyja 主婦。Freyja は愛と豊穣の女神）であって農場経営者＝農民（bóndi ＝ húsbóndi ハズバンド）

ではないからである。したがって特殊な状況下では、主婦が農場管理を行う可能性は排除されていない。

『エイルビュッギャ・サガ』によれば、ソルステインという大農（さきのソルステインとは別人）がわずか二五歳の若さで溺死し、妻ソーラと幼い息子二人、ボルグとソルグリームが遺される（第一章）。ソルステインは本章の「移住」の項で述べたソーロールヴ・モストラルスケッグの息子で、ヘルガフェルという大農場を経営していた。当然遺産は幼い二人の息子のものであり、そのまだ若い母が管理しなければならない。サガによれば、ハルヴァルズという人物が彼女を助け、同棲し、マールという息子もできる。これは正式の婚姻ではないが、しかしソーラは農業経営をひき受ける男を必要としたのである。

ソーラの息子の一人ソルグリームは成人して、ソールディースという女性と結婚するが、亡父の遺産（ヘルガフェル）はそのままにして、妻のほうの家に住んでいた。その息子スノッリがまだソールディースの胎内にいたあいだにソルグリームは殺される。ソールディースは亡夫の兄ボルグと再婚し、ボルグは父ソルステインの遺産であるヘルガフェルの農場を経営する（系図参照）。

この再婚の件だけを取り出すと、『サリカ法典』その他の部族法典などにしばしばみられる規定、寡婦は夫の親族と再婚すべしが想い出される。通例この種の規定は、家産が血族（夫の「氏族」）から姻族（妻の「氏族」）に流出しないための措置とされ、血族内結婚を禁ずる古代ギリシア人が跡取り娘に限り族内婚をすすめることと同様、家産の氏族内相続を証拠だてる材料のひとつにされている。しかし北欧初期社会では、相続は血族ではなく家族の内部におこる。

ソルグリームの遺児スノッリは、伯父であり養父でもあるボルグと折合いが悪く、一六歳になったときボルグに、遺産の分割を要求する。ヘルガフェルの農場は溺死したソルステインの二人の息子に（均等の）権利があり、その一人ソルグリームの権利はスノッリに継承されているのであるから、この要求は正当である。ボルグとスノッリはヘルガフェル農場を分割しない仕方で遺産分割することに合意し、スノッリは金をボルグに支払い、ボルグが退去・移転する。

この分割に必要な財産評価についてのエピソードはおもしろい。ボルグはヘルガフェルが欲しく、スノッリを欺こうとして、自分で土地の半分に銀六〇エイリル（＝オンス）という安い値段をつけて、金を払って土地を取るか、土地を放棄して金を取るかをスノッリに選ばせる。こうすれば、若いスノッリは金がないので土地を手離すであろう、その場合ボルグは安く土地を手に入れられるであろうと考えたのだと、サガは述べている。ところがスノッリは金をもっていて支払うのである。

オーラヴ・トリュグヴァソンとシグリーズの結婚（エーリク・ヴェーレンスキョルド画、オスロー本）

このあとスノッリの母ソールディースは、ボルグとの離別を宣言して息子とともにヘルガフェルにとどまる。なお離婚は、妻の側の宣言によって簡単になされる。夫側に離婚される原因のあることが証明されれば離婚は正式であり、妻は持参金、夫からの婚姻に伴う贈物を持って別れることができる。証明されなければ財産を持ち出すことはできないが、しかし別れること自体はできる。この件の場合は、ボルグがソールディースの頰を一度なぐったことがあるというのが、離別の原因として彼女から申し立てられ、証人によってこの事実は確認され、ソールディースは自分の取分をもってスノッリに合流する。このときスノッリはまだ一六歳であったが、スノッリの叔父にあたるマール（ソルステインの死後ソーラが正式でない結婚によって生んだ息子）が、多くの家畜を連れてヘルガフェルに移り、スノッリの農場管理をひき受けたという（以上、第一四章、第一五章）。

息子と娘がいる場合、娘は嫁資・持参金の形で生前贈与を受ける。花嫁は生家からの嫁資、その評価額の半分にあたる夫からの「付け加え」（全体の「三分の一」と表現される）、および初婚の場合に翌朝夫から贈られる贈物（ドイツ語のいわゆるモルゲンガーベ「後朝《きぬぎぬ》の贈物」、古北欧語では「リネン金」。リネンはここでは花嫁のかぶるヴェールのことである）によって経済的に保障される。正式の離婚に際しては、これらに加えて夫婦で獲得した財産（結婚後増加した家畜）の半分を受け取った。嫁資が生前贈与であることを示しているのは、娘が結婚しなければ父が、父の死後はその遺産相続者（彼女の兄弟）が、彼女を扶養すること、初婚についてはこの保護権者が決定権をもつこと、しかし再婚以後は（すでに生前贈与を受けているので）彼女の意志のみで決定できたことである。

庶子の権利

分割相続が原則とされたが、フロンティアが残っているかぎり、彼らは農場を分割しないように配慮した。一人が土地・建物を継げば、もう一人は家畜その他の動産を受け取った。次の例は二人の嫡出子と一人の庶子をもつ農民の相続である。

ホスクルドという大農には、正式の結婚からえた息子ソルレイクとバールズのほかに、ノルウェーで買った女奴隷から得たオーラーヴという息子があり、ホスクルドはオーラーヴを最も愛していた。ホスクルドは死に際して、二人の正嫡子に対し、庶子のオーラーヴに財産の三分の一をやってよいかと尋ね、バールズは同意するが、ソルレイクは拒否する。そこでホスクルドは法に従い「一二エイリル」(＝一マルク半)を生前贈与する許可を求め、二人の嫡子は証人のもとで誓約をもってこれを認める。そこでホスクルドは一マルク半にあたる黄金をオーラーヴに贈る。ソルレイクはこの結果に不満であったが、オーラーヴはソルレイクに向かって、証人のもとでこの贈与を認めたのであるから、この財宝を返すつもりはないという。そのあとホスクルドは死んで、二人の嫡出子は遺産を分け、弟のバールズが家屋敷を、ソルレイクは動産(家畜)の多くを取った(『ラックスデーラ・サガ』第二六章)。

庶子への贈与については説明を要する。庶子には一マルク半の銀を贈与する権利が農民にあった。この「権利」は、嫡出子にはそれを拒否することができない。あるいは贈与を受けた庶子から取り戻せないという意味である。

もっともわれわれは、物語の舞台である九六〇年代の法慣行を直接知ることはできないが、のちの法律書から推定するわけである。ホスクルドは単に「一二エイリル」と述べて息子に銀一二エイリルと思い込ませ、(言質は与えず)証人を立てて誓約させ、金一二エイリルを贈与したのである。金銀比価はほぼ八対一である。エイリルはオンスに近い。一三世紀ノルウェーでは一マルクが二一四グラムだった。ホスクルドの行ったトリックによってオーラーヴがえたものは、はじめにホスクルドの望んだ、遺産の三分の一に近かったのではなかろうか。金一マルク半(＝一二エイリル)は銀九六エイリルである。

農場の値段についてみれば、先に述べたヘルガフェルという第一級の農場の半分が(安く見積もられた例ではあるが)銀六〇エイリルであった。同じく先に述べたフラップ農場は、これを手に入れたソルケルからホスクルドの息子オーラーヴが買い取る。このとき、おばけが出るので荒れるにまかせていた農場だったとはいえ、わずか銀三マルクであった（『ラックスデーラ・サガ』第二四章）。

庶子への贈与については、一二世紀ノルウェーの『グラシング法』に規定がある（第一二九条）。すなわちオーダル農民（終章参照）はその奴隷生まれの息子に三マルクを贈与でき、レンドマン（王の役人である豪族）は六マルク、「農民」は一二エイリルを贈与できる（なお、この一二九条全体は第8章「贈与」により詳しく取り上げる）。

これらの例から、遺言は例外であり、分割相続権者への自動的な相続がなされること、血縁団体にではなく個人に相続されること、婦人は農場経営（軍事的防衛も含まれる）上困難であるので不動産は継承しないが、しかし正当なる相続人であること、娘しかいない場合には彼女を通じて遺産はその夫（死者の姻族）に行くことなどが、確認されるであろう。

王位継承と農民相続慣行

なお、付け加えておかなければならないのは、王位継承法と農民の相続慣行の関係である。アイスランド以外のスカンディナヴィアで成立した王権は、王族にとっては家産であったから、王位継承法と農民の相続原則には関連があるはずである。ノルウェーでは、はじめ正嫡・庶出の区別なく、王権・王位は分割相続され、一二世紀の半ばすぎ、教会の干渉もあってようやく正嫡一人相続が成立する。分割相続から一子相続への転換は、農民のもとでの同様の過程と結びついていると思われる。それはのちに長子相続になる。

正嫡原則はどうだったであろうか。明らかに教会は正嫡原則に関心をもった。それでは庶子が農民のもとでも相続から排除されたのは、キリスト教の影響の下、一二世紀――『グラシング法』の書かれた時代――で、庶子の相続を排除するサガの記述には、一三世紀の法慣行が反映しているのであろうか。法を含む史料的根拠をもつ結論はここで下すことができない。

しかし筆者は、若干の奴隷や家人をもつ自由人の単婚家族よりなる散居制の農場にとって、奴隷の子が家産相続する資格をもつことはなじまないように思う。なぜなら、このような家、農民家族の所有と生命を保障し合っているのは、家と家の同盟であり、その最も強い安定した同盟は婚姻によって結ばれたそれであって、正式の結婚、したがって正嫡子の相続ということが農民社会に適合的だと思われるからである。これについては本書第5章～第8章の全体が状況証拠となるであろう。

ハールヴダン黒王からノルウェーを受け取るハーラル美髪王（『フラト島本』14世紀）

以上述べてきた相続慣行は、散居定住、自由人の単婚家族を中心とする農場世帯、土地の個人的所有という所有・経営形態にふさわしい。「農民」とはこのような農場の経営者であり、世帯主であった。彼は世帯員を指揮してあらゆる経済可能性を追求した。この「経済的完全体」は、自給自足的という意味ではないが、しかし自分の世帯に必要なものはすべて農民＝主人が自分の行動によって入手した。自分の農場で生産されないものは他の農民との交換により、自国で生産されないものは交易により、また必要ならば掠奪によって。この観点からは、交易もヴァイキング行為も、農民の補充経済の追求なのである。

第4章　商人なき交易

農場は、すべてをそのなかで自給自足するというわけにはいかない。農民は世帯維持に必要なものを外部からもたらさねばならず、通例そのためには農場の余剰生産物を持ち出さねばならない。北欧各地に今日みられる民芸品の多く――赤と青のバラ模様で飾られたノルウェーの木工品、スウェーデンの木の馬（ダーラナヘスト）など――は、もともとは農民の日用品、子供のおもちゃであったものが商品化したものである。今日それぞれ大産業となっているスウェーデンの製鉄・冶金、ノルウェーの製材も、出発点はそれぞれの原産地に生きる農民の補充経済の追求であった。農民はこれらを、自分のところでは生産できない必要品と交換した。交換をめぐってここでもさまざまなタイプの「商業」や「商人」が生まれた。しかし北欧初期社会、ヴァイキング時代（一一世紀はじめまで）には、貨幣、専門商人（商人身分）、都市は成立しない。

1　小農民の商い

農民の行商

『ニャールのサガ』に、グンナルという農民が、他地区のフルートという豪族と、自分の正体を隠して話を交わす必要があるので、小物を売るカウパ・ヘジンという男に装って会う話がある（第二二章、第二三章）。カウプ（kaup）は「取引、商売」、ヘジンはよくある男性名で「商人《あきんど》ヘジン」というくらいの意味である。グンナルはフルートの農場近くで小物（木工品、鍛冶製品）を商い、わざと買い手の農民とトラブルをおこし、豪族フルートが仲裁するように仕向ける。この話は、農民というものが一般に木工、鍛冶を自分で行いうるものだとしても、価格、出来映えなどの点で折合いさえつけば、他人の作ったものを取引によって手に入れることもあったことを物語っている。しかし、農民たちに既製品をもたらすこのカウパ・ヘジンのような存在も、専業の商人、あるいは専業の鍛冶工、木工というわけではない。彼らもまた自分の住居においては小農民であったと思われる。

集会とビール売り

『オルコヴリの話』という小話がある。これはソールハルという力のないアイスランド農民が、非常に有名な六人の豪族をへこますという（おそらく事実ではない）喜劇なのであるが、このソールハルの生活のあり方（＝農民的存在形態）はまことに興味深い。

彼は自分の名前のついた屋敷「ソールハルススタジル」に住んでおり、小なりとはいえ農民である。彼は林を所有しており、炭を焼き、また木工と鉄鍛冶にすぐれていたという。彼の農場は全島集会（全島レベルの「民会」、第5章参照）の開催地に近く、彼はいつもエール（ビール）を造り、集会出席の人々、とりわけ有力者に売って歩いた。オルコヴリというのは、いつも頭巾を被っていた彼に付けられたあだ名で、「エール頭巾」という意味である。この例でも、エール販売が行われていたからといってエールの専業醸造者や専業商人が当時必要とされていたわけではないし、また買い手の方も、二週間も滞在する全島集会でもなければ、自分のところでエールを醸造する農民たちなのである。

カウパ・ヘジン型の行商と並んで、人の集まるところには市《いち》が立った。北欧、とくにノルウェー、アイスランドには、都市はもちろん人家の集中さえなかったから、集会のあるところに市が立った。オルコヴリの話のように、裁判集会や、また宗教的集会は、自然な市の機会である。ただしここでなされる取引は商取引だけではない。結婚の下相談（これも「取引（kaup）」と呼ばれる）、仇討の相談などあらゆる社交・情報交換の行われる機会なのである。

北ノルウェーの『フロストゥシング法』第一章の三条は、フロストゥシング集会における酔っ払い規制である。そこでは「エールは売るため、その他のために持ち込まれてはならない」と規定されている。この条項は大司教エイステインのイニシアティヴで定められたことが明記されている。エイステイン・エルレンズソンがニダロス（フロストゥシング地域の都市、現トロンハイム市）の二代目大司教となったのは、一一五七年とされている。したがって一二世紀中ごろまでのノルウェーでは、立法・司法の集会は飲酒の機会でもあり、エールの販売もなされていたのである。

2 市の立つ日

ウプサラ神殿での冬至祭（カール・ラーション画、1911年）

犠牲祭

一〇七〇年代に『ハンブルク教会史』を書いたアダム・フォン・ブレーメンは、中部スウェーデン、ウップサラにおけるスヴェーア人の犠牲祭について報告している（同書四巻第二六、第二七章）。それによればここにはオージン（ウォーダン）、ソール（トール）およびフレイ（フリッコ）の三神を祭る神殿があり、九年に一度すべてのスヴェーア人がここに集まって、大犠牲祭を行う（人身も含む）。

スノッリ・ストゥルルソンは『ヘイムスクリングラ』「聖オーラヴ王のサガ」第七七章において、異教時代にウップサラで行われた犠牲祭について述べている（彼は九年ごととは報告していないが）。それによると、平和と王の勝利のための犠牲祭にスウェーデン中から人々が集まり、この同じ時と場所に全スヴェーア人の集会が開かれ、ここに市が立って一週間続く。キリスト教時代にはいっても、ここでログシング（立法集会。第5章参照）と市は続けられた。今日（一二二〇年ごろ、スノッリの執筆当時）

キリスト教はあまねくスウェーデンに拡がり、王はウップサラに居住しなくなり、かつてはゴイの月（異教時代の月、二月一五日から三月一五日）に行われた市は「聖燭節（kyndilmessa）」（聖マリア御潔《きよ》めの祝日、二月二日）に移され、三日間しか続かなくなったという。

同様の、九年に一度の人身を含む犠牲祭について、一〇世紀のメルセブルク司教ティートマールによる『年代記』第一巻の九章も、デンマークのライアで行われると記しているが、このときも市が立ったに違いない。

裁判集会も宗教集会も、人が集まるだけでなく、そこでは商取引に必要な「平和」が神聖に保持されるのである。

アイスランドでは外国（とくにノルウェー）から船が来ると、商人の上陸地がそのまま市となり、「平和」はその地域の豪族に委ねられた。『ヘーンサ・ソーリルのサガ』などいくつかのサガは、商品の価格（最高価格）も豪族（地域＝ヘラズの三人の有力者。実際上、ゴジ。ゴジについては第5章参照）が決めたらしいことを示唆している。外国商人は通例、夏に来島し、豪族のもとで一冬を過ごして翌夏、島を離れた。

領域境界と市

地域（国）内集会だけでなく、「国際」的な、すなわち政治権力の境界地での集会も、市・交易の機会である。スウェーデン南西海岸部ボヒュスレーンは、一六五八年二月のロスキレの和議によってはじめてスウェーデン領となったもので、それまではノルウェー＝デンマーク領であった。このボヒュスレーンにあるブレン諸島はかつてノルウェー人とデンマーク人の境界であり、市が立った。『ラックスデーラ・サガ』はこの市の様子を伝えている（第一二章）。

ホスクルド（相続に関し一一〇頁で言及）は建材を求めてノルウェーに渡る。彼はノルウェーのホーコン善王の従士だったといわれる。その冬を自分の親族のもとで過ごしたホスクルドは、ブレン諸島へ行く。ホーコン善王がそこへ出かけたからである。ここでは三年に一度「王たち」（おそらくノルウェー王とデンマーク王であろう）が集まり、この地方の豪族たちの問題を裁決した。すなわちこの付近の豪族たちに共通の係争などを裁く上級権力が、二つの異なる王権であったので、王たちが集まって協議したものと思われる。

この集会にはあらゆる国から人々が集まり、市が立ち、飲酒や遊び（ゲーム）やあらゆる種類の楽しみがあった。ホスクルドはこの集会にでかけ、デンマークに住んでいる親族たちに出会っている。彼は市で「ロシア人ギリ」と呼ばれている商人から女奴隷を買う。この女奴隷が前章で問題とした、ホスクルドの庶子オーラーヴの母となる。

「ロシア人」とあだ名されるギリという商人はロシア帽をかぶっている。これはテンなどの毛皮の帽子に違いない。彼はスウェーデン人かゴトランド人か、ロシア方面と毛皮について交渉をもつ商人であったと考えられる。また女奴隷は口がきけないふりをしているが、アイスランドへ連れて行かれ、オーラーヴを産んでから彼に話しかけているところをホスクルドに聞かれ、アイルランドの王女であることがわかる（第一三章）。彼女はアイルランドで捕虜とされた。おそらくヴァイキングに掠奪され、ギリにまわりまわって買われて商品とされたものであろう。ギリは、ロシア方面の毛皮と、西方のヴァイキングに捕えられた奴隷という、当時の二大商品を扱っていたわけである。

3　遠隔地交易

ゴトランド島の農民商人

「商業」、交易を担った人々は、いくつかのタイプに分けられる。オルコヴリ型の国内農民が補充経済として行う行商人タイプを別として、遠隔地商業を担った第一は、オウッタル、ソーロールヴ型交易者である。

彼らは自分の農場生産物も商品生産化したかもしれない。しかし彼らの主要な対西欧輸出品は毛皮と皮革製品である。それらは「フィン人」＝ラップ人からの貢租、彼らとの交易、クヴェン人、ビャルム人との交易および掠奪によって得られた。彼らはそれを南ノルウェー、デンマーク、そしてとくにイングランドにもたらし、代わりに「必要なもの」（穀粉、布、蜂蜜があげられている）を購入した。彼らは物々交換によって遠隔地間の物資を交流させた点で、交易者としての機能を果たした。しかし彼ら自身の経済生活からいえば、専門化した商人ではなくて「農民」であった。このような交易者の農民的性格は、北欧初期社会から中世に広く一般的であった。最も著名なのはゴトランド島の「農民商人」（ドイツの経済史家F・レーリッヒによる呼称）である。

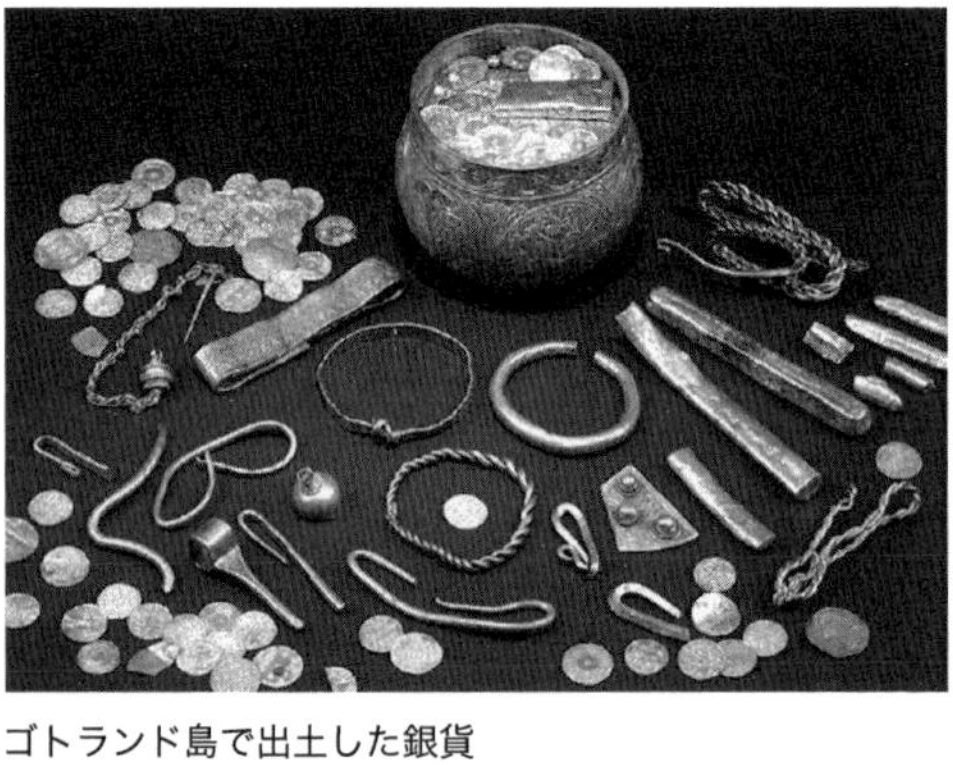

ゴトランド島で出土した銀貨

バルト海の島ゴトランド（スウェーデン領）は、銀貨出土で有名である。北欧には、紀元一、二世

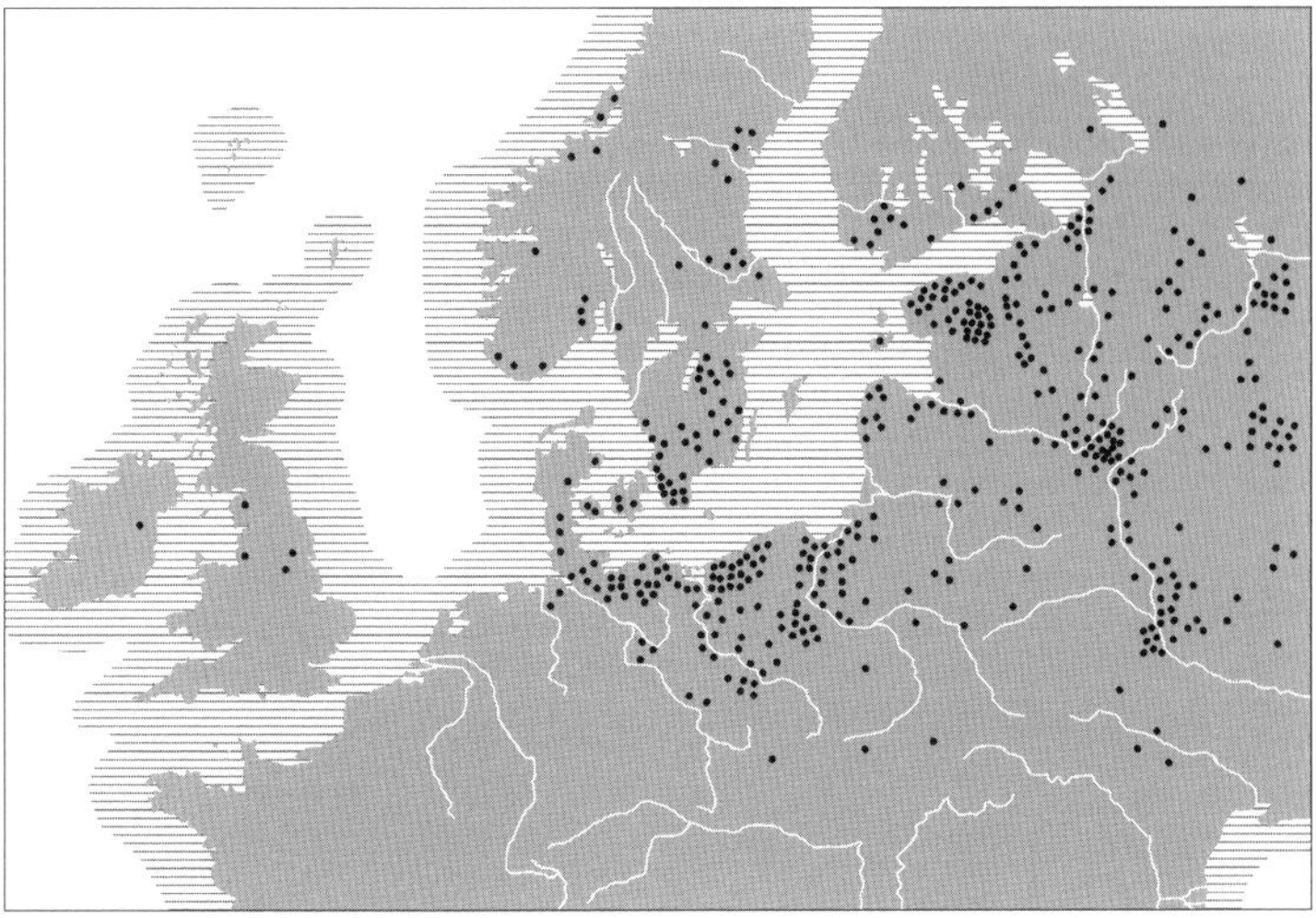

ヨーロッパにおけるイスラム貨幣の出土。(E. G. Oxenstierna, *Die Wikinger*, 1979より)

紀のローマ銀貨が全部で七千枚ほど出土しているが、そのうち五千枚はゴトランドに出土する。また、ヴァイキング時代には、北欧各地に埋蔵宝と呼ばれる銀財貨の意識的な埋蔵・隠匿がみられる。つまり偶然の遺失物や墓の副葬品とは別の埋蔵である。イスラム銀貨など外国貨幣は、スカンディナヴィア人にとっては銀地金と同じなのであった。これがヴァイキング時代を過ぎると減少するのは、自国の貨幣発行の開始とともに、銀の地金流通がなくなるのが一因で、もう一因はヴァイキング活動自体がなくなるためである。埋蔵宝は銀の腕輪(その切断されたものがあるのは地金重量が量られた証拠)をはじめとする銀製品および外国銀貨であり、外国銀貨の大部分はイスラム銀貨である。北欧全体で約一〇〇〇〇件の埋蔵宝のうち、七〇〇〇件はゴトランドで発見されている。したがってゴトランドが、手段・方法は問わず、客観的に当時の「国際的」な物資移動の北欧における中心地であった

ノヴゴロドの市場（アポリナリー・ヴァスネツォフ画、1909年）

ことが明らかである。

　ヴァイキング時代以来のゴトランド人のバルト海交易は、発掘など考古学的調査によってはよく知られているが、それは地理的な好位置のおかげであろう。中世になると文献上も交易は証明される。ゴトランド産の食糧と馬が輸出されたが（とくにのちの沿バルト海ドイツ騎士団領へ）、中部スウェーデンから鉄を輸入し、武器などの鉄製品に加工して輸出したように、加工および仲介貿易にその特色がある。スウェーデン本土、フィンランド、ロシアから毛皮、ワックスを得てこれを西欧およびイスラム世界、ビザンティン帝国へ輸出した。ヴァイキング時代には奴隷もビザンティン帝国、イスラム世界へもたらした。北ロシアのノヴゴロドにおかれたゴトランド人の商館は、毛皮取引をほとんど独占したといわれる。またリューベックの建設者ハインリヒ獅子公と結ぶことによって、北海、イングランド、ノルウェー商業に大きな支配力をもった。

　しかしゴトランド商人は、かかる仲介貿易にもかかわらず、故国においては「農民」であった。彼らの商業支配は農民の追求する補充経済がもたらしたのであって、いわば「自由競争」の結果である。これに対して、のちのハンザによるバルト海商業の制覇は、軍事を伴っての競争者の排除、すなわち政治的独占である。ハンザの台頭とともにゴトランド農民商人は、リューベック市との長い協力、対抗の過程を経て、最終的には封じこめられてしまうのであるが、それは都市ヴィスビューと農民の関係を通してみることができる。

ゴトランドの都市的集落ヴィスビューには、一二世紀以来ドイツ人がしだいに来港し、定住するようになるが、一二二〇年代には「定住ドイツ人のギルド」が組織される。リューベックはスウェーデン王を経済的に従属させていたが、一二八八年、ヴィスビューをゴトランド島の他の部分から分離させてスウェーデン王の直領とさせた。他の部分はスウェーデンの一部ではあるが（スウェーデン王の宗主権を認めるが）、自分の法機構をもっており、自治的であった。リューベックはついで、ハンザ都市ヴィスビュー市民以外のシュトラールズントの通過を禁止した。シュトラールズントはバルト海から北海への唯一の海上出口であるから、これによってヴィスビュー市民ではないゴトランド農民商人は、西欧市場から排除された。同様の措置は、北ロシア毛皮市場においてもとられた。すでにノヴゴロドのゴトランド商館を掌握していたハンザは、一三六六年ノヴゴロドからハンザ同盟都市の市民以外を排除することによって、ゴトランド農民商人からノヴゴロド毛皮市場を奪

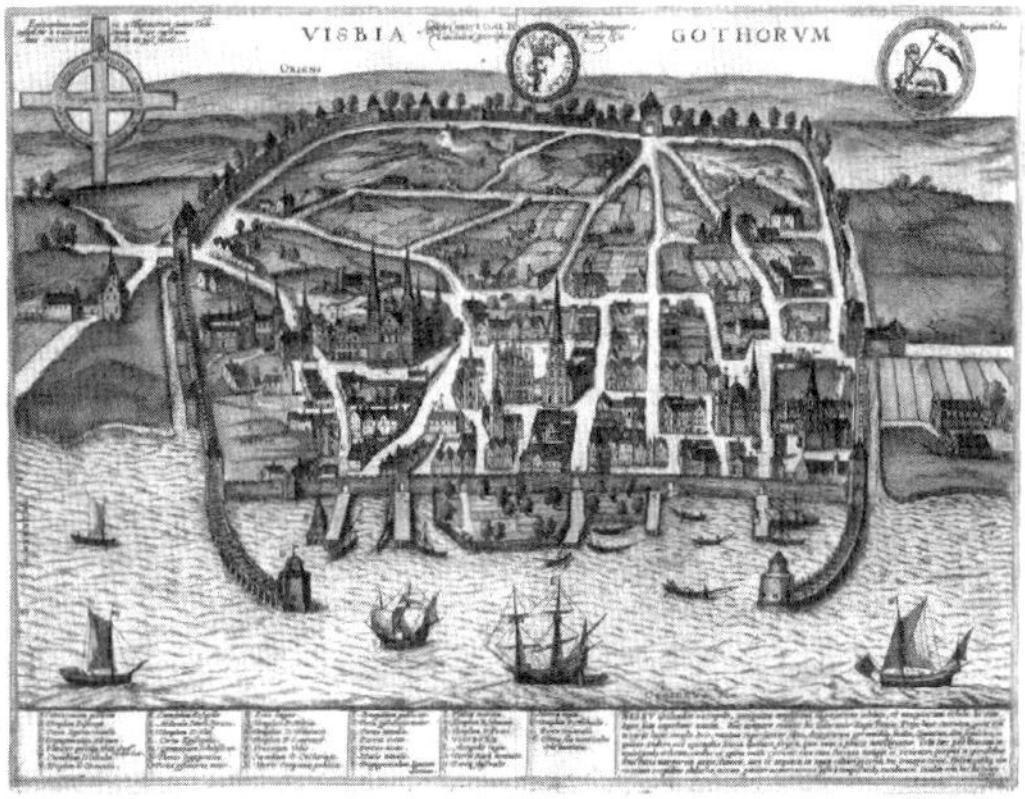

海側からみたヴィスビュー（ブラウン『16世紀世界都市図集成』1598より）

ったのである。

北欧では、西ヨーロッパと異なり、中世都市によって農民の商業・交易への関与が一律に禁じられることはなかった。とくにヴァイキング時代から初期中世まで（～一二世紀後半）、基本的には農民商人こそが唯一の商人形態であった。この交易は、単なる必要物を購入するために、自分の農場余剰を代わりに売るといったものではない。最終的に必要物を入手するにしても、自分の生産できない遠隔地産物を、掠奪を含めた方法で入手し、それを売却する。彼らのもとへの外国銀貨の蓄蔵は、いわゆる「商業利潤」「運搬利潤」によるものであり、物資移動という観点からみれば、これは「商業」であろう。しかし担い手の社会構成的性格からいえば、彼らは商人身分ではなく農民である。

商業でひとやま稼いで農民となる

ホスクルドが女奴隷を買った相手、「ロシア人」とあだ名されたギリは、どのような性格の商人であろうか。サガでは、ホスクルドの評価として、ギリは、「カウプマンナログにあった者のうち最も富裕であるといわれている」。カウプマンナログのログという言葉は、もともとは法ということであるが、固有の法・掟をもつ団体（一定の法が妥当する地域――デーン人の法が妥当する地域「デーンロー」など――、結社）、さらに仲間、団体一般にまで適用される。したがってカウプマンナログは「商人団体」ということになり、実際中世のハンザのギルドをさすのにも用いられた。しかし「カウプマンナログにある」とは、この場合「カウプマンである」というのと同じ表現で、単に「商人の道にあるもの」、「商人であるもの」の意味である。すなわち「商人組合」（谷口訳『アイスランドサガ』三二〇頁）や「商人ギルド」（Magnus Magnusson & Hermann Pálsson tr., *Laxdæla Saga*, Penguin Books, 1969, p. 64）に属していたもの、という訳は時代錯誤的であり、この時代の北欧には、まだ都市法も商人団体も成立していない。

「商人ギルド」はなくても商人はいた。ギリ個人についてはこれ以上追跡できないが、ギリのように海外で行動したかもしれない「商人」は、サガに珍しくない。

一一世紀はじめのソルケルという男は、「航海」をしてアイスランドとノルウェー等の海外を往復する交易者であったことが伝えられている（『ラックスデーラ・サガ』第五七章）。このソルケルは、前章の「相続」についてふれたヘルガフェルのスノッリ（首長となってスノッリ・ゴジと呼ばれる）の親族でもあり友人でもあった。スノッリはソルケルに、航海をやめて「落ち着く」ことをすすめる。「落ち着く」とは、住居をもって定着すること、すなわち、ヴァイキングや航海者としての浮草生活をやめて、自分の家をもつことをさす。ソルケルはスノッリがどんな女性を妻としてすすめようとしているのか、たずねる（第五八章）。落ち着く＝航海する商人であることをやめる＝結婚（世帯をもつ）である。ソルケルは、のちアイスランドを代表する豪族のなかに名を列ねている（『ヘイムスクリングラ』「聖オーラヴ王のサガ」第一二四章、第一二六章）。

シグトゥーナで発見された秤（ストックホルム国立博物館蔵）

同様に『ニャールのサガ』も、「航海者」＝商人は、

ロフォーテン諸島でのタラの干物

定着して農民になることを述べている（一三章）。一〇世紀後半、グルームとソーラリンという兄弟がアイスランドにいた。ソーラリンは九五〇年ごろから九六九年にかけて、アイスランド全島集会の議長役「法を語る者」（第5章参照）をつとめた。二人は父の遺産を分割せず、ソーラリンが農場を経営し、グルームは海外交易に従っていた。グルームは、アイスランドで越冬するときにはソーラリンの経営する農場に滞在したのである。グルームは交易行をやめて落ち着きたいと考え、結婚する。そのあと兄弟は遺産を分割して別々の農場をもった（この話は九九頁の第三パラグラフでも触れた）。

ソルケルやグルームは、生涯の若い前半を商人として過ごし、富も蓄えるが、しかし最終的には「農民」として落ち着くタイプを示している。彼らは明確に、商人として「国際的」に活動した。しかし致富と農民的定着への過程という観点からみれば、若いあいだをヴァイキングとして暮らし、やがて引退して農民となる者と同じである。第1章のソーロールヴの父クヴェルドウールヴもそうであった。ヴァイキング「身分」がないように、商人「身分」も存在しない。老後の扶養は、農民として家をもち、跡取りをえてのみ可能なのである。そうであるからこそ娘しかいない場合、彼女が農場の相続人となり、しかも結婚すればそれは夫のものとなるのである。

こうした「身分」欠如の社会、非分業の農民の世界を示す好例は、『バンダマンナ・サガ』の主人公オッドである。オッドは北アイスランドの農民の息子だった。父と仲が良くなく、一二歳のとき、漁網、漁具と一二エルの毛織布（「ヴァズマル」と呼ばれる。アイスランドの家庭で織られ、衣料品としての加工がなされていない。幅が一定なので長さで計られる。アイスランドの主要輸出品のひとつ、また島内の貨幣商品のひとつ）を持って家出をし、漁場へ出かけ、そこで働く人々の仲間となる。彼は非常に「運が良」く、いつも大漁であった。運が良い、ということはサガのテーマのひとつであり、彼らの交易者、ヴァイキング、あるいは漁民としての運命は、幸運に支配されている。はじめは信用で借りて漁をしていたのが、三年のあいだに借りをすべて返してなお立派な商品が残るようになった。

オッドは北西部に品物の輸送をするようになり、大きな船の一部の権利を買い、北部から木材と鯨と魚を運んだ。しばらくして彼は船全体の所有者となる。ついには、彼は外国へ行く商船を一人で一隻所有し、積荷の大部分も自分のものとするようになり、外国へ干魚を輸出した（第一章）。こうして交易で大変豊かになったのち、友人たちのすすめもあって北アイスランドに土地を買い、屋敷を建て、農民となる（第二章）。オッドは豪族（「ゴジ」）になったのちにも一度、外国へ交易旅行に出かけている（第三章）。すなわち、オッドは、農民の子から、漁民、商人の生活を経て致富し、農民的豪族となるのである。ここには、生業による固定的身分はみられない。

「商人」とあだ名された王

『ヘイムスクリングラ』「ハーラル美髪王のサガ」によれば、ハーラル美髪王には多くの息子があり、それぞれ王の称号をもち、各地を支配圏として互いに争った。南東ノルウェー、ヴェストフォルの小王ビョルンは戦争を好まず、交易をこととしたので、兄弟たちから「商人」（遠距離航海をする商人）と呼ばれた。彼は（おそらく九三〇年ごろ）商都テンスベルで、「血斧」とあだ名された兄エイリクに殺された。エイリクはバルト海にヴァイキング航海に行った帰途であった。「商人」と「血斧」では正反対の性格のあだ名である。しかし、王としてはまだ一般租税ももたないで財源を外に求めるかぎり、交易も掠奪も同じことである。それは両方とも、農民経済と同じ構造をもった王家財政の補充経済なのである。

オウッタルやソーロールヴの行った対ラップ人への貢租要求や毛皮交易は、はじめから王権の関心を示すところであり、一一世紀はじめ以来しだいに王の独占物となる。北ノルウェー豪族は、これに抵抗した。一一一一年から一一一五年のあいだに出されたノルウェー王の法は、次のようにいう。

彼ら（ホローガラン人）は、聖オーラヴの時代にもっていたように、共有・入会（アルメンニング）の権利を許される。外（島嶼部）でも上（山岳部）でも、南でも北でも、しかしウメニャルスンド（ホローガラン南境）より北のすべての「爪のある品物」（＝毛皮）は王のみが買入権をもつ。

（『フロストゥシング法』第一六章第二条）

これはおそらく、聖オーラヴ王（在位一〇一五～二八）の時代に奪われたさまざまな権利を、ホローガラン農民が実力で取り返す闘争があり、その結果出された法令であろう。王権は毛皮交易だけは、ほかの何を譲歩しても確保したかったのであろう。もちろん農民・豪族たちは、実力で毛皮交易を行い続けたものと思われる。

4　都市と交易地

ヴァイキング都市

「商人」ビョルン王の交易拠点であったテンスベルは、ノルウェー最古の都市といわれる。おそらく九〇〇年前後にさかのぼるこの港市が、今日まで都市として存続した最古の都市であることは確実である。問題はそれ以前の交易港である。

第1章に言及したスキーリングスサルは、考古学の示すところによれば、九〇〇年代のはじめには交易港としての機能を終えており、テンスベルがその後継者であろう、と研究者たちは考えている。「オウッタルの口述」にスキーリングスサルと並んで「港」としてでてくるデンマークのヘゼビューは、一一世紀まで連続し、ノルウェー王ハーラル苛烈王（在位一〇四六〜六六）によって破壊、炎上させられた。のち、シュライ湾対岸に新しい港市が建設される。これが中世都市シュレスヴィッヒである。

もうひとつの重要なヴァイキング時代の交易中心地は、中部スウェーデン、メーラレン湖中のビルカである。考古学的研究によれば、ビルカもスキーリングスサル、ヘゼビュー同様八〇〇年ごろから機能しはじめたが、一〇世紀中ごろから衰退しはじめ、しだいにメーラレン北岸のシグトゥーナに中心が移動し、さらにそれはストックホルムに引き継がれる（一二三頁の地図参照）。

このようにヴァイキング時代の交易中心地はみな、地理的に同じ場所においては中世都市へと直接的に成長しなかったのである。これらの交易地は、考古学的研究によれば、西欧の手工業製品

ヘゼビューの市内（再現図、アルムグレン編『図説ヴァイキングの歴史』原書房、1995年より）

（ガラス器、陶器、毛織物、剣など）と、主としてイスラムの銀貨を出土しており、居住地は、冬期を含む連続定住を示している。それにもかかわらずこれらのヴァイキング「都市」は、次の点で西欧型の中世都市と異なっている。

すなわち西欧型の中世都市の経済的特質のひとつは、商業もしくは手工業の各部門へ専業者が結集して団体を構成し、ほかの部門や農業とのあいだに分業関係をもつことである。これに対してここでは、住民は農漁業と分離せず、周辺農民とは、商工業に従事するそのかかわりの深さの点でしか区別されないこと、いいかえれば「都市」住民が商工業に専業化して周辺の食糧生産住民と分業関係にあったとはみなしがたいことである。ビルカとスキーリングスサルでは、住民は交易、航海、手工業の比重が高い「農民」であると考えられる。

ヘゼビューは、都市化の徴候はどこよりも高い。しかしこの土地も、周辺に農業上の後背地がなく、農村部との分業は認められない。九五〇年ごろ、スペインのコルドバからヘゼビューを訪れたイブン・ヤァクーブというアラブ人もしくはユダヤ人は、この町の住民は貧しく、主食は魚であると報告している。考古学は、この地に豚・羊などの家畜が飼われていたことを示した。

西ヨーロッパ型の中世都市は、北欧では発達が弱かった。アイスランドにはついに成立しなかった。ノルウェーの中世都市は、ほとんど王のイニシアティヴによって商都として成立した。これらはテンスベルをはじめとして今日まで連続はして来ているが、都市としての初期の地誌的研究によれば、西欧都市との対照的な特徴が示される。それはテンスベル、オスロー、ベルゲン、トロンハイムの最初期のプランは、ヨーロッパ中世都市の特徴であるマルクト広場をもっていない、ということである。「市街」は、海岸線に平行する一本ないし二本の主道路沿いに、それと垂直に海岸へ連なるいくつかの小道に平行して並んでいる家屋群であり、その大部分は倉庫であった。ヴァイキング時代の「都市」は貨物集散機能をもち、王侯・豪族の交易拠点であり、農民的住民もまた交易に関心をもったであろうが、しかしこれらの場所そのものはマーケット機能を、少なくとも中心的機能のひとつとしては果たしていなかったのではないであろうか。

交易に関わりのある地名

オスロー、ベルゲン、トロンハイムは、その成立の初期、サガや法典ではカウパングと呼ばれている。この言葉は、いうまでもなく「取引（kaup）」と関連している。これらはやがて都市 by となり、やがて固有の地名をうるのであるが、ノルウェーではその他に七ヵ所、カウパングという普通名詞がそのまま地名となっている例がある。このうち、交易港機能をはたしていたことが考古学的に確認されているのは、ひとつはスキーリングスサルであり、もうひとつは西部地方のカウパングであるが、この地名をもつ場所はいずれも、今日ではなんらの交易的性格をももたない。もっともあとの方のカウパングは、今日ソグネ・フィヨルドのフェリー・ボートの発着場になっており、この交通上の位置が中世初期には重要であったに違いない。

カウパング以外にも交易に関した地名として Lahelle, Hlaða, Torg, Bjarkøy がある。はじめの二つは、「倉庫」とか「積み込む」といったことに関連しており、代表例にコヌンガヘッラ（Konungahella「王の倉庫」、現スウェーデン領コングヘッレ Konghelle）、北ノルウェー最大の豪族、ヤール家の拠点農場ラーデ（Lade, 古形 Hlaðir—複数形）がある。

トルグ（torg）はスラヴ語の torgŭ からの、おそらくフィンランドを経由した、借用語である。スラヴ諸国語では現在トルグは市場《いちば》をさしている。そしてフィンランドをも含むスカンディナヴィア諸国の都市には、トルグ（デンマークではトーヴ torv）と

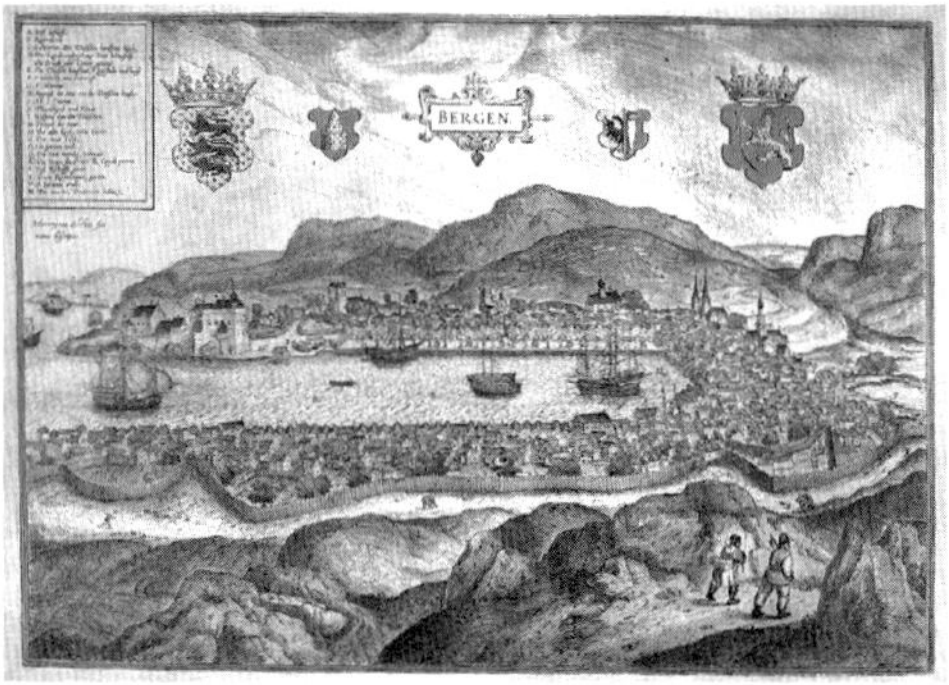

カウパングのひとつベルゲン（16世紀）

呼ばれる広場があって、それはドイツ諸都市のマルクト広場と同じ機能を果たしている。すなわち、教会や市庁舎に面した青空市場の立つ空間である。ストックホルム旧市街（ガムラ・スターン）のストールトリエ（Stortorget 大広場。ただし少しも大きくない）、コペンハーゲンの歩行者天国の出発点コンゲンス・ニュートーヴ（Kongens Nytorv「王様の新広場」）、オスローのドーム教会前の最も古い市場街ストゥールトルヴェ（Stortorvet）、ベルゲンの波止場に面した、有名な朝市の立つトルイェ（Torget）、同じく朝市の立つヘルシンキのカウパトリ（Kaupatori）等々。これらのトルグ広場では、主として

市郊外の農民が、野菜、果物、卵、花を、また漁師が魚を持ってやって来て、市民に売る市が立つ。

しかしここで注意されなければならないのは、フィンランド語のトリ（tori）である。この言葉は、フィンランドがスウェーデンの政治勢力下に入り、その影響下に都市がつくられていく過程で広場に適用された。フィンランド諸都市の道路をカトゥ（katu）と呼ぶのが、スウェーデン語のガータ（gata）の転訛であるように、広場トリも、スウェーデン語のトリイ（torg）から来たのである。とこ

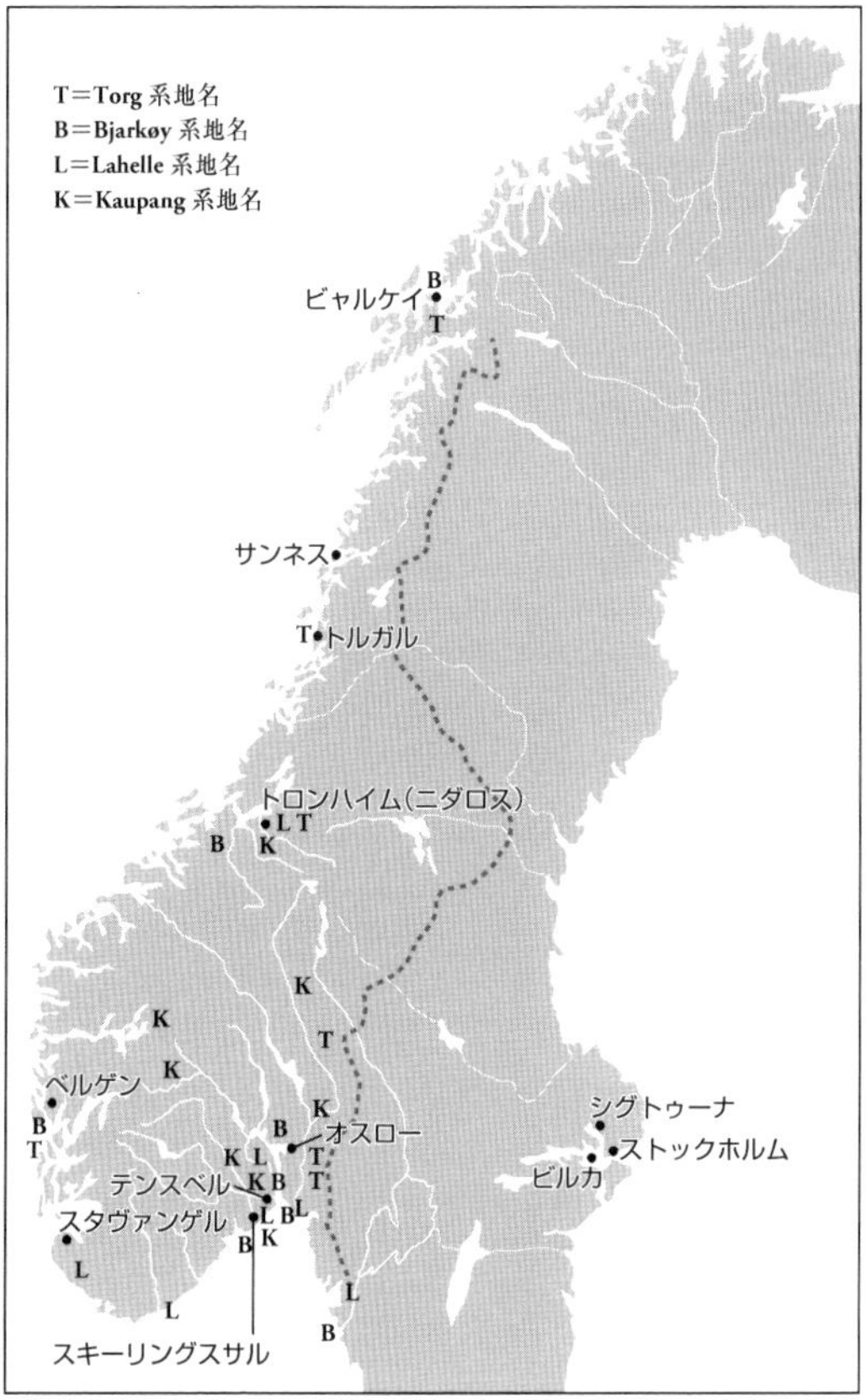

ノルウェー中世初期の交易地
（P. S. Anderson, *Samlingen av Norge av og kristningen av landet 800-1130*, 1977 参考）

ろがさきに述べたように、トルグ、トリイの語は、もともとはフィンランドを通ってスウェーデンやノルウェーに伝わった。スウェーデンからフィンランドへの逆輸入がはじまる前に、トルグがフィンランドで地名化した例は、西海岸のトゥルク（Turku）である。のちトゥルクはスウェーデンに占領され、トゥルクからオーボと名称も変えられ、中心街にはマーケット広場としてのトリがつくられた。しかしもともとは、トゥルクの町自体が、なんらかの意味で交易に関連していたからこの地名がついたのである。その場合の交易は、のちのマーケット広場での交易——直接生産者と直接消費者の交渉——とは異なるものであったに違いない。

ノルウェーには、今日の都市内の広場とは別のトルグ系地名（農場名）がいくつかあって、これらは都市内マーケットとは別の種類の交易に関係した跡である。そのうちホローガランの島トルイエ（Torget）は、中世史料ではトルガル（Torgar）と呼ばれた。このトルガルこそ、第1章でソーロールヴがバールズより継承した農場トルガルにほかならない。

バールズは、ハーラル美髪王の全国統一（九世紀末）にさきだち、すでに三代にわたって「フィン人」＝ラップ人との交易をなしていた。ソーロールヴの「フィンマルク行」に際して、彼は「フィン人」とのあいだに市を立てた。この市は、本章ですでに検討したような、集会などの機会に立つ市ではない。異なる民族、異なる共同体に属する者同士の、交易だけを目的とする市である。この市が、「フィン人」によって（スラヴ語を借用して）トルグと呼ばれたのではないか。トルガルの農場名は、このような「フィン交易」にたずさわるノルウェー豪族によって名づけられたと筆者は考えたい（トルガルはトルグの複数形）。のちにトルグという言葉が、都市内でマーケットの開かれる広場のことになるにせよ、今日残る非都市的なトルグ地名は、交易に関係した豪族がもっていた農場につけられているのであって、これらの地名をもつ場所自体でマーケット交易が行われたことを示すものではない。

同様の関係を示すのがビャルケイである。中部スウェーデンの交易地ビルカ（Birca, Birka）は、メーラレン湖中のビョルケー（Björkö）という島の北西部に遺跡となっている。ビルカは、九世紀後半ブレーメンの二代目大司教リンベルトの筆になる初代の伝記『聖アンスガール伝』、および一〇七〇年ごろのアダム・フォン・ブレーメンによる『ハンブルク教会史』におけるラテン語表記であり、もともとは島の名そのものなのかもしれない（島名古形はおそらくBiarköy）。ビョルケーは常識的には「白樺（bjørk）の林のある島（øy, ey, ö）」という意味であろう。ビルカには『聖アンスガール伝』などによって、フリースランド人の商人が定住していたことがわかっているので、フリジア語のbirk（交易）、berek（〔法的〕領域。ドイツ語Bereich）からの転訛説もある。

ところが中世の都市法が制定されるに先立って、取引に関する規定が北欧各国ないし各法的自治領域で定められるのであるが、この最古の交易・商取引法は、古ノルウェー語で「ビアルケイヤルレーット（biarkeyiarréttr 古スウェーデン語では biærköarrætter）」と呼ばれた。すなわち「ビアルケイ（白樺島）の法」である。現存する最古の「ビアルケイの法」は一二世紀のニダロス（現トロンハイム）に関するものである。ニダロスは、カウパングと呼ばれたことはあっても、ビアルケイ、ビャルケイなどとは呼ばれたことはない。

したがって「ビアルケイの法」の「ビアルケイ」は交易一般をさし、特定の交易地をさしているのではない。そして北欧のいたるところにビャルケイまたはそれに近い地名が分布し、そのいくつかは文献上、あるいは考古学上、交易に関連したことがわかっている。現在のところ北欧の学者たちは、中部スウェーデンのビルカから、この言葉が交易に関係した土地にもたらされたと推測している。

ノルウェーで最も有名なビャルケイ系地名は、ホローガランの島ビャルケイである。この島の豪族ソーリル・フンド（犬のソーリル）は、一一世紀はじめの政治史的に重要な人物であるが、『ヘイムスクリングラ』「聖オーラヴ王のサガ」第一二三章などによれば、彼がラップ人やビャルム人の土地に出かけ、交易と掠奪によって毛皮を得たことが知られる。この場合もトルガル同様、ビャルケイ島そのものが交易地だったと考えることはできない。ただ、交易をなした豪族の農場がそこにあったということである。

5　物資流通は商業とは限らない

必要なものは贈物で調達する

ヴァイキング時代のスカンディナヴィア人は、船に乗ってヨーロッパじゅう、さらにはイスラム地域とも交渉した。そのことは結果として、人間だけでなく物の交流をも促進した。彼らは客観的には世界各地の産物を運搬・移動させ、主観的にはそれを通じて財産をなした。しかしそのうちの多くは、今日われわれが考える商業や交易の方法によらなかったのである。

農民たちは、自分で生産できないものを外部から求めねばならない。たとえば、アイスランドでは木の生育がきわめて悪く、植民後ひと通り伐採すると、もうあとは流木を拾うか輸入するしかなかった。とくに建材はそうである。くり返し述べた『ラックスデーラ・サガ』のアイスランド人ホスクルドは、建材を求めにノルウェーへ行く。彼は銀三マルクで女奴隷をマーケットで買った。ところが木材のほうはホーコン王を訪れ、王から必要なだけ贈与される。このときホスクルドは、黄金を一・五マルクも受けており、これが前章（一一一頁）で、彼が庶子オーラーヴに贈与した黄金である。

同じく『ラックスデーラ・サガ』第七四章によれば、かつて交易者であり今は落ち着いて農民となっているソルケルが、教会用建材を求めてノルウェーの聖オーラヴ王を訪れ、息子とともに冬じゅう王のもとに滞在し、高価な贈物を受けたうえ、春になると王から木材をもらいうけて帰国する。しかもそのときソルケルは、木材の寸法まで注文をつけている。

ほかにも木材を必要としたアイスランド人がノルウェーを訪れて王侯や知人からもらう話は多く、買ったり、あるいは贈与に対して対価を支払う話はない。これはわれわれの常識にいう交易ではない。この社会では、客として認められた人間は、必要なものはあっさりともらってしまうのである。この社会においてきわめて重要な社会関係創出機能をもった贈与一般については、第8章に述べる。たとえば、ホスクルドやソルケルが王から受けた金銀がそうである。それとは別に、ここで問題としているのは、好意のしるしやサーヴィスに対する支払いとしての贈与ではなく、誰かが欲しがっているものの調達方法としての贈与である。タキトゥスは『ゲルマーニア』にいう。ゲルマン人のもとでは、

ゆき去りがけに、客が何かを要求したとき、承諾するのが習いであり、反対に主人側からもまた同様に気やすく、何かを要求することができる。彼らは贈物を喜ぶ。しかし与えたものを考

量に入れ、あるいは受けた贈物のために束縛されることはない。(第二一章)

第8章では贈与の「有償性」が検討される。がしかしまず、無償の贈与が、ゲルマン人、ヴァイキング時代のスカンディナヴィア人のあいだでは美徳となっていることを確認しておきたい。このことは、他面での彼らのけちんぼうぶりと好一対をなしている。

ヴァイキングの観光旅行

スカンディナヴィア人の民族的特性のひとつとなっているものに、弱年時代の海外放浪とでもいうべき習性、傾向がある。ヴァイキング時代から現代にいたるまで、青年期にはいってから「落ち着く」までのあいだを、いろいろな国を見て回るのである。サガに描かれている出国の理由は、農民の息子はもちろん、王侯でさえ、外国を見たい、広く世界を見たい、という好奇心であることが大部分である。豪族であれば、親権者は乗員つきの軍船を一隻与える。これは典型的なヴァイキングである。外国の君主に従士として仕えるのも、金儲けというよりも体験なのである。ふつうの農民の息子であれば、ヴァイキングに加わったりする。アイスランド人の若者たちも、富と名声を得たいと思ったら、一度は外国へ出たのである。『ニャールのサガ』の英雄グンナルも、結婚前に海外へ出た。

グンナルは、彼のもとで一冬を過ごしたノルウェーの商人に強くすすめられ、弟と二人、この商人の船でまずノルウェーに行く。そこでその商人の友人から船と人手を借り、バルト海でヴァイキング行為を働く。彼が東方から引上げたときには、一〇隻の船に財宝を積んでいた。それから彼はへゼビューにデンマーク王ハーラル・ゴルムスソン（九八六年ごろ没）を訪れ、そこで半月滞在する。グンナルは王に軍船と財宝を、王はグンナルに立派な衣類を贈る。それからグンナルは船と人手を借りた人物を訪れ、船を返し、財宝を贈る。ついで当時ノルウェーを支配していたホーコン・ヤール（在位九七四ころ〜九九四ころ）を訪れ、ここで越冬する。ヤールは彼に黄金の腕輪を贈り、翌夏アイスランドへの帰国に際しては、粉と木材をグンナルが欲するだけ与える（二八〜三二章）。

おそらくグンナルは、ヴァイキング時代に知られた商品のほとんどを一通り持ち帰ったであろう。こうして彼は富と名声をえた。それは農民社会の指導者に必要なものであった。しかし彼は何一つ、現金にせよ物々交換にせよ、買わなかったのである。これに類した、冒険とその結果として財をなす話題は、サガのお好みの間奏曲である。もちろんこの過程には無数の失敗に終わった冒険行があったに違いない。

とくに便宜をもたない若者がアイスランドを出るには旅費がいる。最低限は運賃であるが、滞在旅費はアイスランドの貨幣商品であるヴァズマールと呼ばれる手織布を持って行った。彼らは必要とあればそれを売り、あるいは交換し、海外の親族、知人宅に居候し、王侯の親衛兵として勤務し、運のよいものは出かけたときよりも富裕になって帰って来た。その富は、買ったものもあったかもしれないが、大部分はグンナルの場合同様、掠奪や贈与の形で手に入れたものであろう。彼らの収支バランスを外側からみると、アイスランドの商品をもち出して外国の物産を持ち帰ったのであるから、あたかも交易によって富裕になったようにみえる。ふたたびここでもわれわれは、客観的に隔地間の物資移動の機能を果たしたヴァイキング的な農民の息子たちに接することになるが、彼らはけっして商人ではなかったのである。

かつてヴァイキングは、あたかも海賊行為だけで生活していた無頼の徒のごとくに考えられていた。二〇世紀になって彼らの故国での生活を明らかにする傾向が現れ、わが国でも、彼らの「商業」機能が評価されるようになってきたことは喜ばしい。しかし今日、彼らは、交易者として過大評価、ないしは偏った評価を受けている。彼らは何よりも個人的土地所有者、「農民」なのであって、交易者、ヴァイキング、傭兵などの活動は、定着前の富をなす手段、そして定着後の補充経済なのである。

第5章　集会——法的共同体と祭祀

ヴァイキング時代の農民たちは、農場を拠点に基本的に自立し、生産に関しては、共同体を構成しなかった。しかし他の点では、種々の共同体、社会関係なしには人間の生活はありえない。その中には貧民、みなし子、身寄りのない老人や病人に対する扶養を目的とする隣人共同体もある。しかし最も重要なのは、法的共同体である。

自立的経営体である家は、外部からの攻撃に対して、軍事的に結集しなければならない。「外部」というのは外国の軍勢だけではない。自立的経営にとっては、隣人との関係はすでに「外交」問題である。農民的所有と生命を維持するためには、農民たちはまず、お互いのあいだに平和を保障し合い、また同盟して共通の外敵にあたらなければならない。かくてスカンディナヴィア人は、そしておそらく古ゲルマン人も、あらゆる可能な形態の同盟を輻輳してつくりあげる。血縁、姻戚、誓約による義兄弟、平等な「友情」、保護・忠誠関係に近い「友情」、すべては相互保障と結集の形態である。「公的」な共同体機構（＝法共同体）は、その延長、集約として成立する。

1　自立農民の社会形成

公と私

近代社会においても、血縁から友情にいたる人格的結合は社会的に重要であるが、それらは公的生活においては「私的」関係として後景に押しやられ、それらの社会的性格は、公的局面ではほとんど問題とされない。もちろんそれらは、近代においても公的生活の陰で決定的な意義をもち続けているのであるが、公と私の区別こそ近代社会の特質である。ところが前近代、とりわけ国家の形成以前には、「私的」関係がより前面に展開するだけではない。そこでは「私的」世界と別の「公的」世界というものがない。とくに個人的土地所有者＝農民の世界にとっては、個人と個人の関係は、「私的」関係ではなく、全面的に社会的関係としての性格をもっている。そして「公的」な関係である法的共同機構は、「私的」関係を退けることによって成立する近代的公共機構と異なり、個人的関係の集積としての、諸個人の総和としての、集団的機構なのである。

ゲルマン人のもとでは、立法・司法に関して、武装農民の集会が大きな役割を果たしていた。集会に参集すべき人々の居住範囲に妥当する法は、この集会で採択される。公権がこの上に成立した場合でも、この集会で批准されねばならない。西ヨーロッパにおいても、ティロルやフリースラントでは、武装自由農民の集会は中世を通じて生き続け、今日でさえスイスのドイツ人地域のいくつかの地方では、ランズゲマインデと呼ばれる集会には自由農民がシンボリックに武装して（剣を持って）参集し、婦人の参政権はかたくなに拒まれている。

このような集会は、未開社会やいろいろな民族の初期社会に広くみられ、しばしば「民会」と呼ばれている（正確にいえば「訳されている」）。集会に民衆が参加したという点からいえば、この訳語も不適切とはいいきれない。しかしわれわれになじみ深い古典古代、すなわちギリシア人、ローマ人の国家制度のひとつである民会は、貴族の国政における権能に対応して平民を国家公民として組織するために、平民に与えられた機構である。これに対してゲルマン人その他の集会は、国家以前の社会機構である。

地域と集会

スカンディナヴィアでは集会（シングþing、現代語ティングting、ドイツ語ディングDing）は、自然発生的な農民の地域的な結集を表現していた。散居農民にとって地理的にまとまるということは、お互いの紛争の平和的な処理と、外部からの侵略に対する防衛という二大機能をもっている。

ハーラル美髪王の全国統一（九世紀末）の時代、ノルウェーは多くの「フュルキ」（fylki 現フュルケfylke）に分かれていたと『ヘイムスクリングラ』はいうが、もちろん全国がすべてそうだったわけではあるまい。フュルキは今日では「県」程度の地方自治団体であるが、かつては独立の領域であった。それは軍事的な意味を言語上もっていたと考えられている。古北欧語のフュルキング（fylking）は「戦列、部隊」を、動詞フュルキャ（fylkja）は「（戦列を）整える」ことを意味する。

スウェーデンでは、フュルキにあたるまとまりは、「フォルクランド（folkland）」と呼ばれる。『ヘイムスクリングラ』「聖オーラヴ王のサガ」第七七章にスノッリは、スウェーデンがいくつかの部

ノルウェー西部地方のシング体系

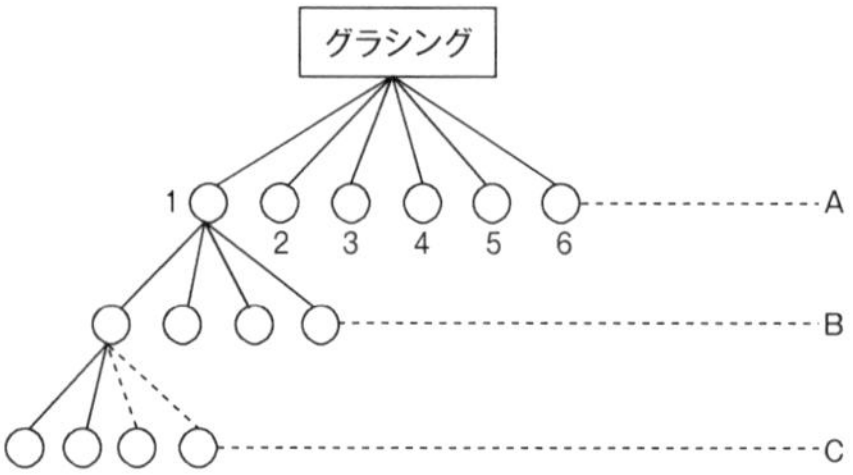

グラシング＝１～６の諸フュルキをカバーする代表集会（ログシング）
A＝フュルキのシング（アルシング）
B＝「四分の一」集会
C＝「船区」の集会、もしくは「八分の一」集会。BとCのあいだに「八分の一」集会がある場合もある
BCの数は厳密ではない

分に分かれているとして、ヴェステルヨートランドとヴァルムランドその他で一つ、エステルヨートランドが単独で一つ、ゴトランド島とエーランド島で一つの部分をなしている。「スヴェーア人自身の国」は五つに分れ、セーデルマンランド、ヴェストマンランドすなわちフィアズルウンダランド、三番目にティーウンダランド、四番目にアーッタンダランド、最後に東の方の海岸部である。このように述べたあとで、それらはそれぞれログシング（立法集会）と独自の法をもち、それぞれ一つの司教管区に属しているといっている。

　ログシングは、下級集会がいくつか集まったものである。ノルウェーの西および南西海岸部は、一〇世紀中ごろにはグラシングと呼ばれるログシング（立法集会）に組織された。ここにははじめ三つ、のちに六つのフュルキが統合されていた。加盟六フュルキはそれぞれ固有の集会をもち、さらに各フュルキの下部には、「四分の一」とか「八分の一」などという数詞で表される地域があり、それぞれが独自の集会をもっている。

　こうした集会の体系としての地域的編成を、われわれは一二世紀に編纂された『グラシング法』やそれ以後の法典によって知るのであって、その形成過程を直接示す史料はない。ところが、アイスランドの集会機構については、それがつくられていく過程を、大筋について辿っていくことができるのである。それはこの国が、植民の進むにつれて社会を構成していき、そのことを、国の豪族的知識人が記録するという民族的意識をもっていたためである。しかも重要なことは、アイスランドには軍事的統一者がなく、またのちにノルウェーの干渉下に独立を失うが、集会機構はこの干渉のはじまる以前に完成しており、したがってわれわれは、アイスランドの集会制度を、内外の暴力なしに行われた社会契約としてみていくことができるのである。

社会（集会と法）がつくられる

アイスランドの集会制度は、全島レベルの集会すなわちアルシングと、末端の地域集会すなわちへラズスシングの二つを、基本的な要素としている。アルシング体系の創設について、『アイスランド人の書』、『植民の書』は、次のように述べている。

アイスランドが広く定住された時、ウールヴリョートというノルウェー人（つまり植民の一代目）がはじめてノルウェーから法をここにもたらした。（『アイスランド人の書』第二章）

ウールヴリョートは六〇歳のときノルウェーへ行き、そこに三冬とどまった。そこで彼と彼の母の兄弟である賢者ソルレイヴが、のちにウールヴリョートの法と呼ばれた法をつくった。彼がアイスランドに帰ったとき、アルシングが設置され、そしてそれ以来人々はこの国に一つの法をもつことになった。（『植民の書』ハウクスボーク版、第二六八章）

アルシングは、ウールヴリョートと、それがいまある土地（＝アルシングが開催される地域）の人々すべての相談によって設置された。しかしすでに（この地域には）キャラルネスの集会・シングがあり、このシングは植民者インゴールヴの息子ソルステイン……とそれに加わった首長たちがそこに保持していた。……アイスランドは六〇冬ですべて植民された。……このころ植民者ヘーングの息子フラヴンが、ウールヴリョートのあと、「法を語る者」の地位を得た。これはエドムンド王の殺害（八七〇年）ののち六〇冬のことであった。（『アイスランド人の書』第三章）

これらの記述から次のような事情がわかる。

①アルシングという全島的な農民集会が設置されたのは、アイスランド植民が完了し、フロンティアが消滅した時点であること。それは、アイスランド人の伝承によれば、イングランド、イースト・アングリアのエドムンド王殺害から数えて六〇冬、九三〇年ころであった。人々はまだ、植民可能性があって隣人との境界など、紛争をあまり気にしないで生きられたかぎりでは、集会を必要としなかったことが示唆される。

②その時まで人々はこの国に一つの法をもたなかったこと。すなわちそれまで人々は多くの法をもっていた。植民者はそれぞれの出身地の法慣習をもって生活をはじめたであろう。隣人が異なる法慣習をもっていれば、共通の法に基づいて紛争を平和的に解決することができない。したがって、集会をつくることと一つの法をもつことは、並行する必要事である。

③アルシング設置のイニシアティブをとったのは、豪族たちである。しかしアルシングの開催されることになった土地には、それ以前からキャラルネスという地域的な集会があり、それも豪族たちによって保持されていた。この点はさらに説明を要する。

アルシング体制は豪族たちによって担われていた。これらの豪族は、ゴジ（goði）と呼ばれていた。ゴジという名称は「神（guð）」と関係があり、神殿に犠牲を捧げる司祭を元来はさしている。ウールヴリョートの法の内容を伝える唯一の文献である『植民の書』ハウクスボーク版二六八章は、次のようにいう。

この異教の法（＝ウールヴリョートの法）のはじめはこうである。……二エイリルもしくはそれ以上の輪が各主要神殿の祭壇におかれるべし。この輪を各ゴジは彼みずから指揮するすべての法集会に手にもっていくべし……。それから国は四分区に分けられた。そして各四分区には三つのシングがあり、各シングの地域には三つの主要神殿があるようになった。神殿を管理すべく人々が知恵と正義によって選ばれた。彼らは集会において法廷（判事団体）を指名し、訴訟を指揮することになっていた。そこで彼らはゴジと呼ばれた。各人は神殿に対し、今日教会に十分の一税を支払うように、「税」を寄与することになっていた。

すなわちアルシング体制は、ゴジと呼ばれる宗教上の役割をもつ豪族たちの連合の形で出来上がっている。出来上がった状態でアル

アイスランドのシング体系

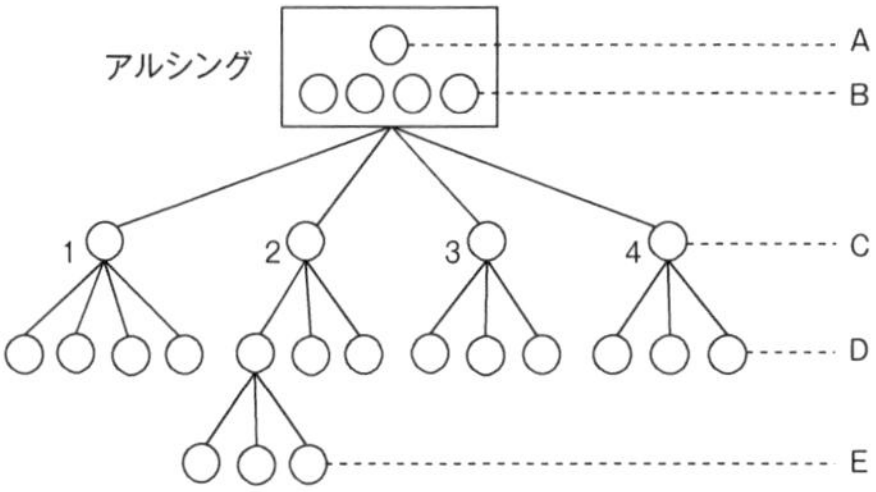

アルシング＝全島をカバーする全員参加集会
A＝第五法廷
B＝Cの四分区に対応するアルシングの四つの法廷
C＝四分区集会
D＝地域集会（ヘラズスシング）
E＝（主要）神殿
1＝北区。ここのみ四つの地域集会をもつ
2～4＝西・東・南区

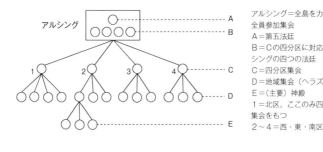

アイスランドの全島集会（アルシング）の風景。「法を語る者」は会衆に向かって、もしくは後ろの岩壁に向かって法を朗唱する。手前では従者などが、馬や食事の世話をしている。景観は実際のスケッチ、人物などは想像（再現図、アルムグレン編『図説ヴァイキングの歴史』原書房、1995年より）

シング体系をみれば図のようになる。頂点に立つアルシングは、国の四分割（九六〇年ころ）に対応する四つの法廷と、一〇〇五年ころに設置された、多数決により最終決定を下す第五法廷からなる。それらは、ゴジが各々指名する判事によって構成される判事団からなる法廷である。

アルシングは立法機関をもった。これはゴジとその補佐役からなる。最後にゴジのなかから一人の「法を語る者（lǫgsǫgumaðr）」が選ばれる。この役職は任期三年で、その職務は、法について論争がおこったときに、求めに応じて正しい法知識を与えること、「法の岩」で新法を朗読すること、および法全部の三分の一ずつを毎年朗唱することである。最後の任務については、法が多くなり、法律書に書きとめられるようになったので、一二世紀になくなった。

アルシングの下には、国の四分区に伴う東西南北四つの四分区集会があり、その下に末端地域集会（ヘラズスシング）がある。『アイスランド人の書』は、「シングをともにするものたちは彼らの係争をともにすべき」と述べているが（第五章）、これは、原告と被告が同一の集会地域に属しているように裁判をせよ、ということである。すなわち同じ地域（ヘラズ）にいれば、ヘラズスシングの法廷で裁かれる。ヘラズが異なるが四分区が同じなら、四分区集会に提訴される。四分区が違えば、アルシングに提訴される（ただし被告の居住四分区に対応した法廷へ）。

ヘラズスシングは各四分区に三つずつであったが、北区のみは三つにまとめられず四つになったので、全土に一三の地域集会ができた。ヘラズスシングは、地域のみに妥当する立法機能ももったようである。北区のみ四つのヘラズスシングがあるのは、国の四分割以前に一三以上のヘラズスシングがあったからではなかろうか。すべてのヘラズスシングは、三つの主要神殿とそれらを管理する三人のゴジをもった。つまり以前は、主要でない神殿を含めて、多くの神殿、多くのゴジがいて、島全体で一三以上のヘラズスシングがあったのを整理して四分区をもつアルシング体系が成立したものと思われる。

2　人的および地域的結集

神殿を司るゴジ（豪族）

アルシング以前の神殿とゴジについては、サガに叙述が一つあるだけであり、したがって信憑性については疑問があるが、引用しておく。

神殿の中には今日の教会の中の聖歌隊用コーナーに似たコーナーがある。そしてその床の真中に（教会の）祭壇のような（異教の）祭壇が立っていた。その上に二〇エイリルの、端のつながっていない輪が置かれ、すべての誓いはそこでなされなければならなかった。この輪を神殿司祭はあらゆる集会に腕につけていかねばならなかった。祭壇にはまた犠牲の鉢があり、そこには犠牲の枝がある。これでもって鉢から犠牲の血と呼ばれる血がふりかけられる。すなわち神々へ捧げられた動物が屠られた血である。この別室には祭壇のまわりに神々が配置されていた。神殿にすべての者は「税」を支払わねばならず、神殿ゴジがどこに行くにも同行しなければならない。ちょうど今日シングマンが首長にするように。一方ゴジは神殿を自分自身の費用で維持して老朽しないようにし、また内部で犠牲の宴をなさねばならない。（『エイルビュッギャ・サガ』第四章）

引用文はさきにみた『植民の書』と酷似しており、このサガの作者が『植民の書』をみているものと思われる。輪とは銀の腕輪である。これは支払い手段で、通例一・五マルク＝一二エイリルであるから、『植民の書』の二エイリルのほうが誤りかもしれない。シングマンとは、特定のゴジにしたがう一般農民である（後述）。

ここで注意しておかなければならないのは、「神殿」という言葉が、われわれ東洋人に連想させがちな壮大な建造物を考えてはならないという点である。このサガの描写は、第3章でもふれた、ソーロールヴ・モストラルスケッグの神殿に関するものである。彼は、西ノルウェー、モストル島時代から、ソール神を祀る者であり、アイスランドに上陸後は、神殿（hof）を建て、自分の屋敷をホヴスタジル（Hofstaðir「神殿屋敷」）と名づけた。いろいろなサガや『植民の書』が、ホヴ、ホヴス

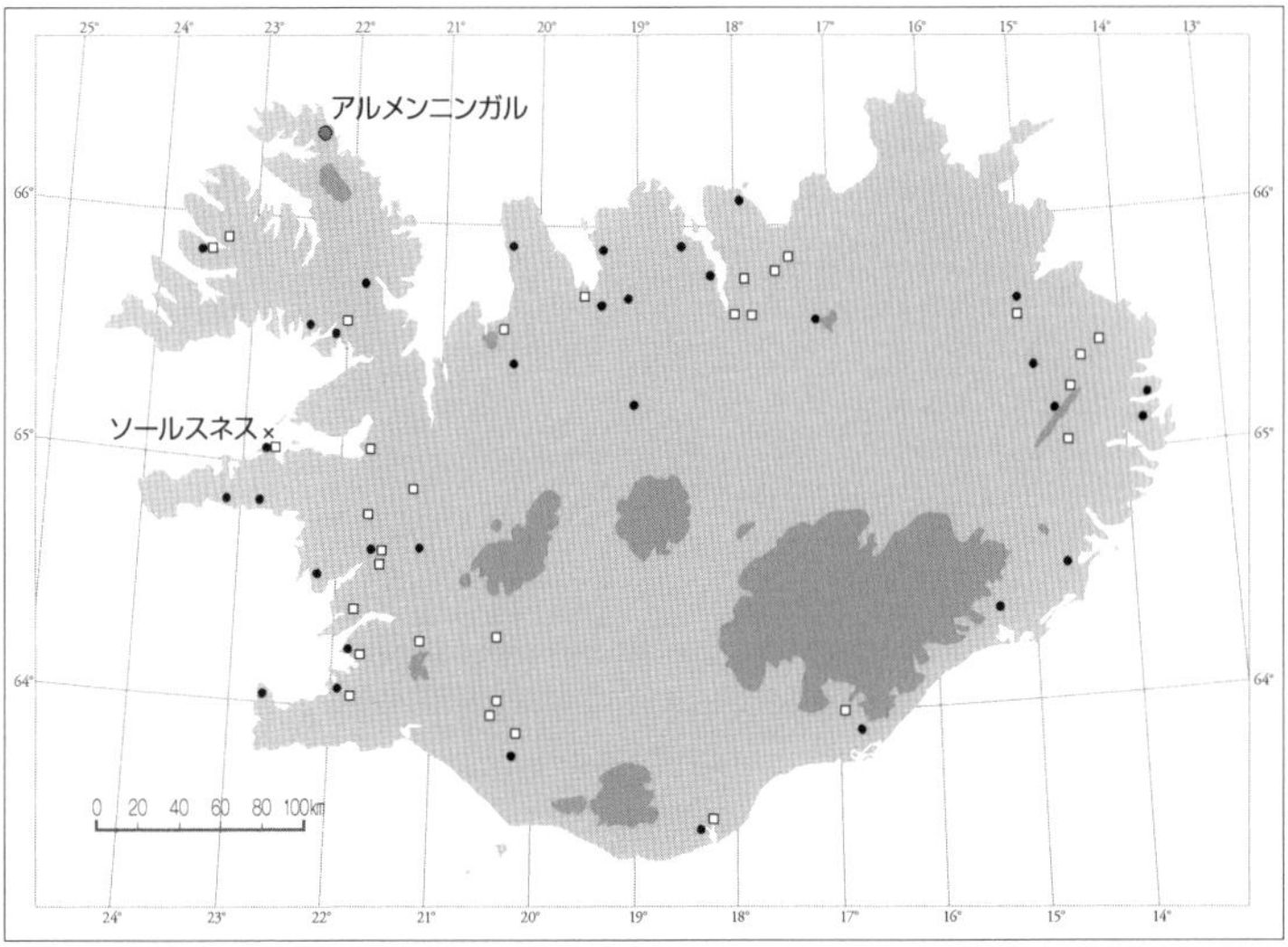

アイスランドのホヴ（神殿）名農場と集会地。●印はホヴ名農場、□印は集会地
（Jón Jóhannesson, *Íslendinga saga* vol.1 Reykjavík, 1956より作成）

タジルという名称の農場を数多く伝えており、現在のアイスランドにもホヴ系地名は三九を上まわる。神殿をもちつつ農場名にホヴを採用しなかった植民者もいたのであるから、神殿をもつ農民の数は（総数不明であるが）相当なものだったはずである。すなわち神殿は、移住団の指導者級ならば誰でも建設し、所有できたのである。神殿をみずから所有する豪族は、付近住民の宗教上の必要を満たす司祭でもあり、宗教的集会（犠牲祭）の指導者であった。「税」と呼ばれているものの実体ははっきりしない。『植民の書』のいう十分の一税との比較が時代錯誤なのか、なんらかの点で共通しているのかも不明である。筆者は、神殿司祭と他の人々との関係を次のように理解している。

　農民たちは、お互いの紛争の平和的解決と軍事的同盟のために地域的に結集する。

これに豊穣を加えた地域的結集の宗教的表現として、有力農民の屋敷で、あるいはその近くの戸外で、犠牲が捧げられる。犠牲には、司祭役をつとめる有力農民の家畜が提供される。祭壇に血をふりかけたあと、肉は参加者によって共同で消費される。平和、戦勝、豊穣のため、神（々）に捧げられる乾杯用の飲物（エール）は、主宰者が用意するのみならず、参会者も持ち寄ったと思われる（第7章参照）。この儀式は大宴会であり、また地域農民が相互平和を祈念して集まっているのであるから、紛争を解決・裁決する機会でもある。タキトゥスはゲルマン人の宴会を論じ、「仇敵を互いに和睦せしめ、婚姻を結び、首領たちを選立し、さらに平和につき、戦争について議するのも、また多く宴席においてである」（『ゲルマーニア』第二二章）と述べている。

司祭役と参会者とは、本当の親族であることもあれば（より古い家宗教の連続）、地域的に近いというだけのこともあろう。ゲルマン人、あるいはより狭く北欧初期社会のこの種の祭祀的宴会による結集は、アジア的な生産に関連した共同体におけるそれとは異なり、独立経営の主人たちの集まりであるから、任意性が強く、司祭役の宴会への招待と、参会者の「自発的」な（『ゲルマーニア』第一五章）寄与によってなされたと筆者は考えている。司祭は犠牲の宴を自費で行い、人々は税を支払う、というやや制度的な表現の背後には、このような生活現実があったと思われるのである。

宴を司るゴジ（豪族）

ノルウェーの例であるが、宴会を行う豪族の話を紹介しておく。

ホローガラン、ロフォーテン諸島の北東部に、ハーシュタという都市がある。現在はこの都市内に含まれている、トロンデネスという農場、教区がある。『ヘイムスクリングラ』「聖オーラヴ王の

ノルマン公の宴会。イングランドに上陸したノルマン公ウィリアムが戦いの前に成員と一緒の卓で食事し、宴を催しているところ（「バイユーのタペストリー」11世紀）

サガ」第一一七章によると、このトロンデネス（古名スラーンダルネス）にシグルズという人物がおり、前にもたびたび触れたビャルケイ島のソーリル・フンドの兄弟であった。ビャルケイとトロンデネスは、直線で二〇キロほどの距離である。シグルズは異教時代、毎年三回の犠牲を行っていた。一度は冬のはじめ、二度目は冬の真中、三度目は翌夏（すなわち冬が終わったとき）である。キリスト教徒となっても、彼は宴（ヴェイスラ veizla）をもち続けた。秋には「友人たちの宴」、冬にはクリスマス（ユール）の宴に非常に多くの人々を招き、復活祭にも多くを招く宴をもった。シグルズが亡くなると息子のアースビョルンが父の遺産を継ぎ、父のなしていた毎年三度のヴェイスラを引き継いだ。

ここには、宴を行う有力者と招待される人々との社会的関係は言及されていない。しかし、宴（はじめは異教の犠牲祭、のちにはキリスト教と結びつけたか、カムフラージュした宴会）への人々の招待は、招待者の社会的地位に関係があり、遺産ともども継承されるらしいことが示唆されている。そして、アイスランドにおける神殿「税」との関連で、おもしろい話が続く。アースビョルンが相続してまもなく、不漁不作の年が続き、母シグリーズはアースビョルンに、宴を一部もしくは全部止めるように、あるいは家人を減らすように言うが、アースビョルンはこれらを拒否し、宴を続けるのに非常に苦労する。これはつまり、「税」なるものが自発的寄与程度のものであるか、そうでないにしても、祭宴主宰者にとって黒字になるほどのものではないことを示している。

神殿をもつということは、神殿を建てることができ、犠牲の宴を行いさえすれば、すべての農民に可能なことであり、司祭として特別な宗教的能力・資格が要求されていたわけではない。少なくとも植民のリーダー（船の指揮者）は、おそらくすべてその意味では司祭であった。植民後彼らが、同行者や、解放奴隷で農民となっている人々を、たとえば秋の宴＝収穫祭に招いて、その際に地域内の争いを調停するリーダーシップをとったと考えるのは、ごく自然であろう。宗教的社会関係と裁判・司法関係は、重なって現れる。しかも他に公権力がない以上、そこに集まる人々にとって共通の社会ルール＝法は、その集まりでの決定以外にありようがなく、したがってこの宴は立法機能ももっていたのである。

豪族たちの地域集会

地域集会（ヘラズスシング）は、右に述べたようなゴジ＝神殿司祭のもつ司法集会が拡大したものではない。『植民の書』が、アルシング成立以前にすでに存在したといっているキャラルネスの地域的なシングは、豪族たちが協同して保持したとされている。すなわちそれぞれが司祭機能をもち、宴会・集会をもっているような有力農民たちが集まって、はじめて地域集会になる。アルシング体制下のヘラズスシングは、ある一人のゴジの支配下にあるのではなく、三人のゴジが配置されるように組織された。

すなわち、アルシング体系下における地域集会とは、リーダーとなる有力者と、彼のまわりに集まる一般農民との関係ではなく、それぞれが自分の宗教的・司法的影響下に一般農民をおいている、有力者と有力者の関係、あるいはこうした有力者を介しての農民たちの関係である。もしいま、はじめの祭祀・神殿を媒介とする社会的結集を、末端の共同体と呼ぶとすれば、アルシング体系下末端集会たるヘラズスシングすなわち末端法共同体は、末端の小共同体がいくつか集まった、より大きな全体であるといえよう。

ゴトランドの石碑に描かれた供儀の場面

植民、農場建設の進展に伴い、農民間の紛争も増大する。境界争い、迷い羊、放牧をめぐる争い（家畜の囲い地への侵入や放牧中に生まれた羊の所有をめぐる争い）、鯨や流木の漂着物をめぐる争い、これらをきっかけとする流血沙汰、なかでも流血の「仇情」は、血族全体に「相続」される（第6章参照）。これらはもちろん司祭でもある有力者が調停し、裁いていたのである。

しかし定住が進んでくると、同じ有力農民の影響下にある農民同士ばかりでなく、異なる豪族の勢力圏にある農民のあいだにもトラブルが発生するし、もちろん豪族間にも発生する。はじめは有力者間の争いとなったであろう。なぜなら共通の法、両者の上に立つべき権威が存在しないからである。もちろん共通の友人として第三者的有力者の調停あっせんはあったはずである。この過程は結局、より大きな平和団体、裁判共同体を構成せざるをえない。したがってシング＝集会とは、なによりも豪族たちの協働の所産である。個々の豪族が司祭として他の農民に影響を及ぼす仕方には、幾分か「支配」の要素がありうるとしても、かかる豪族相互の協働の所産である集会は「民主的」契約である。ただし非平民的、「貴族」的な民主主義である。

このような集会を組織するには、二つのことが必要である。第一にそれぞれ豪族「支配」のもとで独自に行われていた法慣行を、より広い地域について統一することであり、ウールヴリョートの法がはじめてアイスランドに一つの法をもたらしたというのは、この意味である。近代人にとってはこれで十分に思われるかもしれない。しかし一つの法だけではたりない。すなわち、一つの法が行われる新しい全体という統一を表現するには、もうひとつの要素が必要である。それは、新しいより大きな共同体に人々が結集していることを宗教的に表現する、祭祀行為（儀式）である。『エイルビュッギャ・サガ』第一〇章は、西区の四分区集会が開かれた場所には、いまなお（一三世紀）人間を犠牲にするときに背骨を砕いた石が残っていると伝えている。

異なる勢力圏のもの、つまり異なる基礎団体を統合する宗教的な行事としての犠牲の宴については、『ヘイムスクリングラ』が伝えている。「ホーコン善王のサガ」第一七章、第一八章は、キリスト教徒であるホーコン善王（在位九三三?〜九五九?）と、異教を奉ずる北ノルウェー、トレンデラーグ農民の対立について述べているが、このとき、犠牲の宴の司祭をつとめることを王に強制する農民の指導者として、トレンデラーグの八つのフュルキに対応する八人の有力者の名があげられている。「聖オーラヴ王のサガ」第一〇九章によれば、オーラヴ王の軍事的強制下に、表面的にキリスト教に服したのちも、内トレンデラーグ（奥地）四フュルキの農民たちは、隠れて異教の犠牲祭を続け、全体の犠牲の宴は、四つのフュルキからの一二人の有力者がとりしきったという。これらの宴では、豊穣と平和と戦勝が祈念されて、神々に犠牲と乾杯が捧げられるのである。北ノルウェーのトレンデラーグの例は、規模の点ではアイスランドのアルシング体系にあたる。

さてアイスランドに話を戻す。ひとたび地域的集会が組織されれば、アルシングへの発展はほとんど自然的であるといってよい。裁判集会は、まず宗教的に神聖化され、集会場における平和が誓われる。農民たちは武装していたから、祭祀儀式を伴う平和誓約なしには裁判集会は不可能である。もっとも、実際には誓約にもかかわらず、集会の場は流血の場ともなったようである。

キャラルネスのような地域集会が他のどこに、どのくらい成立していたかはわからない。わずかに、ソーロールヴ・モストラルスケッグのイニシアティヴによるソールスネス・シングが、アルシング以前の成立かもしれないといわれるだけである。しかしこのような地域集会から出発して全島的な集会（アルシング）が生まれると、こんどは上から下部機構として地域集会があまねく組織される。こういう組織は、全国的制度がつくられる以前に、一律の内容をもって自然発生的に準備されていたはずはないが、しかし同時に、キャラルネス以外に豪族たちによる集会がなかったとすれば、アルシングの下にかかる地域的な集会をつくることも不可能であったろう。筆者は、自然発生的な隣接する有力農民たちの協働による地域集会があちこちにあって、全島集会成立とともに再編成されるという、下から上、上から下の二重の過程があったものと考えている。

このとき一つ一つの地域集会は、三つの主要神殿をもち、したがって三人の有力者＝ゴジによって主宰された。「主要」というからには、主要でない神殿もあったのである。しかしいまやこのような主要でない農民の神殿は、アルシング体系においては意義をもたず、その所有者＝司祭も公的機能を与えられない。主要神殿とゴジは、それぞれの地域の多くの神殿所有農民の中から三人が互選されて、指導者となったと思われる。互選といっても、まず地域の集会が開かれて、投票にせよ拍手にせよ選出されるわけではない。すでに現実に相互紛争調停機能をはたしていた豪族たちがいて、おのずとある三人が一つの地域集会をもつことに調整されたのであろう。この間の具体的な過程はわからないが、ただ『アイスランド人の書』第五章に、北区のみは四つのヘラズスシングをもつようになった事情について、ここではどうにも他に解決がつかなくて四つにしたと述べているのが、示唆的である。

保護と忠誠

かつての神殿司祭と参会者との関係は、いまや、シング体制のもとで指導者となったゴジと、特定のゴジによって自分の利害を代弁される一般農民との関係となった。さきに引用したように、『エイルビュッギャ・サガ』第四章はこれを、今日（一三世紀）の首長とシングマンのようだ、という言い方をしている。ゴジという呼称は、異教信仰に関連しているにもかかわらず、キリスト教化（九九九年）以後も変わらなかったが、しだいに「首長」（文字通り「お頭《かしら》」）とサガでは呼ばれるようになる。もっとも「首長」はゴジ以外の「頭」の呼称としてもふつうに使われていたように思われる。シングマンというのは、本来の言葉の意味は集会に参加する者、ということである。

しかしアイスランドでは、農民＝個人的土地所有者でありさえすれば、誰でも集会に参加できた。ただし自分自身がゴジでないかぎり、自分の係争を提訴するためには、誰か一人のゴジに依頼し、代弁してもらわなければならない。特定のゴジと、その影響下にある農民の関係は、今日の弁護士と依頼人のような関係ではなく、比較的安定した保護・忠誠の関係である。それは元来、犠牲の宴を媒介とする人格的結合をもととしていた。一般農民はゴジに自分の問題の裁判を引受けてもらう一方、このゴジを支持して武装し、助力を与える。そこで彼らは集会において、特定のゴジと一つの陣営をなすことになる。だから「シングマン」という表現が、ゴジに従う農民の意味になるのである。

この場合に注意しなければならないことのひとつは、ゴジというのは社会的なあるグループをなしているし、現実にアルシングの立法機関で一堂に会する。また地域集会では三人が顔を合わせる。しかしシングマンというのは、抽象的には社会的な区別がなされうるにしても、現実生活においてシングマン大衆の結合も、単一組織もありえないということである。シングマンは誰かあるゴジのシングマンなのであって、全島レベルでシングマンが一個の「階級」に結集するような関係はない。シングマンであるところの農民がアルシング体制下で誰かと同盟するとすれば、第一にそのゴジとであって、別のシングマンとではない。シング体制という局面では、社会は横にではなく縦に編成されているのである。

第二に、しかし特定のシングマンは特定のゴジに人身的に隷属しているのでもない。農民は、少なくとも理論的には、自分のゴジを三人の中から選択できたし、また、一年に一度を限度として、ゴジを変更できた。『ニャールのサガ』第一〇七章は、自分のシングマンが別のゴジに移ってしまい、さびれてしまったゴジの話を伝えている。ゴジの集会における権威は、そのシングマンの数で決まる。「法と正義」によって人々はゴジを選んだと『植民の書』ハウクスボーク版第二六八章は述べているが、「法と正義」すなわち法知識や法廷技術にすぐれ、自分のシングマンのために全力をあげて臨むのでなければ、シングマンはそのゴジを離れて別のゴジに移るかもしれない。ゴジの地位を保持しようとすれば、「法と正義」に熱心にならざるをえないのである。

シングマンは、地域や四分区を飛び越えてゴジを選ぶことさえできた。その場合そのシングマンの法的住所は、彼のついたゴジの地域、四分区になる。『ニャールのサガ』第一四一〜三章は、その例を示している。みずからゴジであるフロシという東区の豪族が、非常に困難な訴訟を被告として受けるよう召喚されたので、秘かに自分のゴジの地位を弟にゆずり、自分は北区のあるゴジのシングマンとなる。そうすると原告側は、フロシをアルシングの北法廷に告訴しなければならないのに、事情を知らず、東法廷に訴え、そのため手続上の瑕疵《かし》を犯してしまうのである。

人格的結合と地縁的結合

地域といい四分区といっても、行政区分のような近代的な地域による社会の分割を考えてはならない。そこには、地域集会にカバーされる一つの地域に三人のゴジがいるというような地域的関係と並んで、ゴジとシングマンの関係のように人格的結合の原理が働いている。しかし実際上は同じ地域、近隣関係にあるものがゴジ＝シングマン関係を結ぶということは避けがたい傾向である。

シングマンがゴジをとりかえる特別の事情のひとつは、ある農民がシングマンとして関係している当のゴジに対して争う、裁判をする、という必要に迫られた場合である。シングマンはゴジを通して提訴するのであるから、ゴジを取り替えざるをえない。

『フレイ神のゴジ・フラヴンケルのサガ』という短篇がある。古ゲルマン社会研究との関連で、アイスランド初期社会に関心を示したわが国最初の歴史家である故堀米庸三氏が、このサガに言及されている（『中世の光と影』文藝春秋社「大世界史」第七巻、一九六七。のち講談社学術文庫所収）。

ソルビョルンという東区の貧しい農民が、息子を、自分のゴジであるフラヴンケルのもとに羊飼いとして出していたが、あるときトラブルがあって、この息子はフラヴンケルに殺される。ソルビヨルンは、フラヴンケルから正式の人命金を受け取れなかったので、訴訟に踏みきる。ソルビョルンは、フラヴンケルのシングマンだったから、まずこの関係を切り、甥サームに頼み、サームは東区の他のゴジに助力を求めるが、断わられる。どのゴジも自分の四分区のゴジと争って貧しい農民を支援する気になれなかったのである。そこで、サームは西区のゴジ、ソルゲイル兄弟の助力をえて、アルシングでフラヴンケルに有罪判決（「完全な追放」）を出させることに成功する。堀米氏はここに、有力者に対しても対等の立場を主張して争う誇り高いゲルマン的農民（アーデル・バウアー）の姿をみるのであるが、事柄はそれほどロマンティックではありえない。このあとフラヴンケルは勢力を盛り返し、結局サームは敗北してしまうのである。これに対して再度助力を頼まれた西区のゴジ、ソルゲイル兄弟は、サームの居住地が自分のところから離れ過ぎてどうにも助けられないので、西区へ移転するようにすすめている。この話は、ゴジ＝シングマン関係は、原理上人格的結合であるけれども、ある地域に居住しているかぎり、そこの近くのゴジに依存せざるをえないことを示している。

3　集会制度は国家か

武装した集会

ギリシア、ローマの民会は、国家機構のひとつとして、貴族の評議会、元老院の発議権に対する平民の批准権（拒否権）が行使される場であった。そこには貴族と平民の古典古代的な「階級」対立（市民のクラス分け）が反映している。ゲルマン人の「集会」についてタキトゥスは、『ゲルマーニア』一一章に次のように述べている。

小事には首長たちが、大事には部民全体が審議に掌《たずさ》わる。しかしその決定権が人民にあるような問題も、あらかじめ首長たちの手許で精査されるという仕組みである。図らざる、そして突発の事件が起こらないかぎり、彼らは一定の時期、すなわち新月、あるいは満月の時を期して集会する。……彼らは武装のまま着席する。そしてこのとき、拘束の権をさえ有する司祭たちによって沈黙が命ぜられる。やがて王あるいは首長たちが、それぞれその年齢の多少、身分の高下、戦功の大小、弁舌の巧拙に相応して、いずれも命令の力よりは説得の権威をもって（発言し）傾聴せられる。もしその意見が意に適わない時、聴衆はざわめきの下にこれを一蹴する。しかしもし、意にかなった場合、彼らはフラメア（短槍）を打ちならす。最も名誉ある賛成の仕方は、武器をもって称讃することである。

ある人々はこの文章に、空想的な自由と平等の社会を、またある人々は首長（貴族）会議とその先議権、平民（プレブス）の批准権を読みとる。

どちらにも共通する特徴は、人民または平民の、横に連合した集会のイメージである。ギリシア、ローマ人は、ゲルマン人同様、単婚自由人家族と若干の奴隷からなる個別農民世帯を営んだが、ゲルマン人とは異なり、外敵との関係で都市に結集し、外敵、奴隷に対する緊張のなかで、市民内部の階級対立から生ずる危機を回避すべく、国家を構成する。経済的に没落し、土地所有を失った平民も、外敵や奴隷に対する軍事的役割もあって、国家から給養を受けた。

ローマでも有力者と平民のあいだに個人的な人格的結合は相当にあったが、同時に貴族と平民の身分対立が、より主要な契機として成長していく。ゲルマン人のように、散在する農場を経営し、都市国家に結集しない場合、「貴族」と「平民」が互いに対立し、それぞれが独自の団体を構成することは必要でもないし、また不可能である。都市国家を形成したギリシア、ローマと、散在する農場を基礎としたゲルマンでは、その生産様式・社会的結合のあり方が違っているのである。タキトゥスの文章の意味は、アイスランド初期社会に照らせば次のようになろう。

　農民Ａと農民Ｂのあいだに紛争が発生する。彼らは直接解決しようとし、うまくいかない場合には流血の危険もある。共通の友人である第三者があいだに立つ。紛争が土地の境界争いなどである場合、和解したあとの決定には証人が必要であるから、どのみち第三者がいるのである。第三者は社会的権威、信用が必要であるから、豪族、ゴジであることはきわめて自然である。もしＡとＢ二人の農民が、同一のゴジのシングマン同士であれば、そのゴジが調停するであろう。それでも調停できない場合、不満な方は別のゴジのシングマンに変わるかもしれない。ＡとＢが異なるゴジの勢力下にあったときには、それぞれのゴジがＡとＢの利害を代弁して調停を試みる。それでもうまくいかない場合別の第三者的ゴジが仲介に乗り出すかもしれない。ヘラズスシングにゴジが三人いる

全島集会の光景（W・G・コリングウッド画、1897年）

ことは合理的である。

このあたりまでともかく解決されれば、裁判集会には紛争はもちだされない。これがすなわちタキトゥスのいう「小事」である。集会に提訴される「大事」とは、A、Bのそれぞれのゴジの話合いでは解決できなかった問題にほかならず、事件そのものに大小があるのではない。この二人のゴジが同一の地域集会に属していれば、そこで、三人目のゴジを交えて裁判がなされる。裁判に決着がつかない場合、あるいはAとBがそれぞれ異なる地域、異なる四分区のゴジに属している場合には、問題は四分区集会あるいはアルシングに提訴、もしくは上訴される。

地域集会の法廷、アルシングの四つの法廷、そして第五法廷は、すべて三六人の判事団によって構成された。地域集会では三人のゴジがそれぞれ一二人の判事を指名した。アルシングの四つの法廷では、ゴジが各一名の判事を指名した。ゴジ数は四分区制度の成立後は三九人であった。北区のみは他の四分区より一つ裁判地域が多く、したがってゴジ数は三人多い。そこで北区は、他の四分区とバランスをとるため、全体で九名の判事を指名し、合計は三六人に保たれた。ゲルマン人にとって一二は神聖な数であるらしく、一二とその倍数が好まれた。

アルシングの第五法廷は、その設置に伴って一二の新ゴジ職が創出されたため、旧来のゴジが四つの法廷におけるのと同じように指名する三六人と合わせて計四八人の判事団をもつことになった。人員は各四分区から一二人ずつになるようにされた。原告側と被告側は、自分の好まない判事をそれぞれ六人忌避できるし、また忌避しなければならない。こうして第五法廷でも三六人の判事団が構成されることになる。

採決は、四つの法廷では、「全員一致」が原則であった。判決は有罪か無罪かだけであり、判事たちのあいだで賛否の判断が分かれた場合、少数派がもし六名に満たないならば、全員一致とみなされた。少数派が六名以上あれば、判事団は有罪・無罪二派に分かれることとなり、この場合法廷は判決を出せないのである。第五法廷は下級法廷におけるこのようなデッドロック案件を、単純過半数によって裁決する。ただし一二の倍数は、賛否同数の可能性をもち、その場合には複雑な手続きがあるが、ここでは割愛する。

集会においては、対立する二つのグループは、他のゴジをはじめとする有力者をまず味方につけようとする。この同盟の契機は血縁、姻戚、友情などであり、また友情は贈与からも生まれる。近代社会でもこれらの点は変わらないが、しかし近代ではこういう同盟は、うしろめたい、公的生活の陰に隠れた私的行為であるが、ここではみな個人的土地所有者であるから、これらの同盟は公然たるものである。近代的な意味での「正義」は、よくよくのことでなければ影響力をもたない。これらの工作ののちもなお、通例は中間派が多数を占めるであろう。裁判が始まると、対立する両派を代表してゴジが、それぞれ自派の利益のために演説する。法廷は両派の主張を聞いて判決を下すのであるが、その前に、両派のいずれが勝訴するか予想できるであろう。

このときに武装力としてどちらが優勢であるかが決定的な意義をもってくる。敗れると予想された側は、実力で法廷を破壊してしまえば判決をだせなくできる。しかしもしも相手側がより強力であるか、やはり実力で仲裁しようとする中間派が優勢であれば、これを断念せざるをえない。さきのフラヴンケルとサームの訴訟においても、油断していたフラヴンケルに対し、サームを支持した西区の人々が、フラヴンケルの待機していた場所から法廷の場のあいだをびっしりと埋めていたため、フラヴンケルは法廷を破壊できなかったのである。もうひとつ実力の効果として、実力的に劣弱な方は、たとえ訴訟そのものは有利であっても、必ずしも勝訴を望まない。なぜなら実力にすぐれた相手側は、敗訴する前に実力で攻撃し、法廷を破壊するかもしれないからである。

したがって弁論とともに、参会者の多数が武装したまま、どちらに与しているかの大勢が明らかになれば、おのずと多数派が勝利をおさめる傾向にある。この場合法廷は破壊されず、「説得の権威をもって傾聴せられる」であろう。まさに会衆が「ざわめきの下に一蹴」し、「武器をもって称讃」するのである。

なお集会において、武器を手に取ること、楯に槍を打ちつけることから、イングランドのデーン人定住地、デーンローでは、裁判管区＝農民集会地域をウェプンテイク（wapentake）という。同じ語源をもつアイスランドのヴァープナタク（vápnatak）は、アルシング会期の終了の日を意味する。いずれも武器 weapon（英）、Wappen（独）に由来する言葉であり、武器をかかげ、それぞれの農場へと散っていく彼らの姿が目に浮かぶような言葉である。

こうして集会制度は、「豪族対平民」という対抗関係の場ではなく、一人一人の豪族とその影響下にある農民をグループとする、グループ間の調停・裁決の場である。集会はすべての参会者の「自由」を前提としてはいるが、それを通して豪族の「支配」が貫かれるのである。

判決の執行はみずからの手で

アルシングには執行権力がなかった。立法と司法の機関と機能をもちながら、執行は当事者に委ねられたのである。アルシングの開催は、タキトゥスのいうように、定められた日に各自集まるのであって、告訴されて欠席が不利に作用する者以外は、のんびりと集まった。被告の集会への呼び出し（召喚）は、原告側ゴジの仕事である。判決は追放と財産没収が極刑であって、死刑や禁固はなかった。散居制であるうえに官吏がいなければこれは当然である。追放は、四分区もしくは島からの、三年もしくは一生の追放であるが、同時にそれは法共同体からの追放なのである。アイスランドからの三年の追放であれば、三年以内に島にいるところを見つかったら、誰でも彼を殺してよい。それは殺人の罪で告訴されないということである。出国のために猶予を認められても、それに遅れれば殺されても仕方がないのである。原告にとってアルシングでの最高刑による勝訴とは、彼が被告に対して殺害をなしても、罪に問われたり、遺族から人命金の請求を受けたりしないということであって、公権が直接被告に手を出すのではない。

フラヴンケルはアルシングで、追放と財産没収の判決を受けた。しかし彼はすぐ家に戻り、平然としていた。サームに判決を執行する実力がないと考えたからである。なにしろ財産没収の執行は、原告が被告の所属地域で、「ヴァープナタク」（アルシング終了の日）から一四日以内に「没収のための法廷」を開かねば行えないのであるが（さもないと判決が無効になる）、サームがフラヴンケルのところへ乗りこんでいけば、たちまち殺されてしまったであろう。この場合、サームは、裁判で助けてくれた西地区のソルゲイル兄弟に再び助けられ、急襲によってフラヴンケルをその農場に捕え、そのうえで付近農民を集めて執行法廷を開くことができた。

こうしてアルシング体制は、法秩序を創出して平和を維持せんとする有力農民たちの共同意思にもかかわらず、住民の自主的武装と区別された公的権力や官吏をもたず、国家とはいえないのである。

王権と結びついた集会

アルシングという言葉は、万人の集会、誰でも農民であれば出席できる集会という意味であるとともに、地域的な基礎集会、自主的な末端シングの上に位する共通の集会という意味でもあった。スカンディナヴィア本土ではアルシングと呼ばれるのは、たとえばノルウェーのフュルキごとにあった集会（フュルキスシング）である。政治的・社会的に進んだところでは、いくつかのフュルキに共通なアルシングも成立した。のちのグラシングの中核となった旧グラシング、フロストゥシングの中核となったトレンデラーグ地方のエイラシングがそうである。

旧グラシングは、のちにグラシングを構成する六つのフュルキのうち、ソグネ・フィヨルドを囲む三つのフュルキからなる全員参加のアルシングだったらしいことを、『エギルのサガ』第五六章は示唆している。それはフィルザ・フュルキ、シグナ・フュルキ、ホルザ・フュルキの農民から構成されていたが、アイスランドのアルシングとの差異として明らかなのは、王（血斧のエイリク）が臨席すること、各フュルキから一二人ずつ出される判事は、王の役人となっている各フュルキ最高の豪族の指名であること、集会場における武器携行が禁じられていることの三つである。

これらの特徴は、旧グラシングの成立には、誕生したばかりの王権がイニシアティヴをとった可能性があることを示唆している。もちろんソグネ・フィヨルド沿岸農民は、所属フュルキを越えた相互利害をもちえたであろうから、農民社会の必要を基礎に、この上級アルシングは組織されたであろう。一つの社会がそれまでの地域的結合の枠を越えてまとまろうとする過程は、実は全国的な王権が成立可能になる過程と同じである。

しかしそれ以上の地域的結集は、技術的に困難を伴う。新しいグラシングは、旧グラシングの三フュルキに、リュギア・フュルキ、エグザ・フュルキおよび南メーレを加えて構成された。これはすでに、王の役人によって指名される「代議員」のみからなる代表制集会であって、アルシングではない。アルシングとならなかった理由のひとつは、明らかに交通技術にある。遠隔であれば、旅行自体が農民の負担だからである。ちなみに『グラシング法』第一章の三条の古い版（聖オーラヴ王の名と結びついている版、したがって一二世紀はじめの口承法規をのちに書きとめたと考えられる）によれば、各フュルキからの集会出席者（シングマン）の数が決められるなかで、南メーレのみは「好きなだけ」と規定されているのである。これはおそらく、「多数が参加してもよい」という意味ではなく、新グランシング領域の最北端に位置し、一番あとにグラシングに加わった南メーレの人々の交通の便を配慮し、「少数でも構わない」との意味に違いない。

　北ノルウェーのトレンデラーグ（Trøndelag）は、地名そのものが法的共同体を示している。-lag（古形 -log）は「法、独自の法をもつ団体」を表し、前半要素は「部族」トレンデル人（古名スレーンド人）であるから、トレンデラーグは「トレンデル人の法領域」ということである。文献的に知られるかぎり、トレンデラーグは八つのフュルキに分けられている。もちろん各フュルキはそれぞれ自分の集会をもっているが、二つのフュルキ、四つのフュルキ（内トレンデラーグと外トレンデラーグ）もそれぞれ集会をもち、トレンデラーグ全体ではエイラシングと呼ばれるアルシングをもっていた。このピラミッド状の集会体系は、かつては、八つのフュルキが統合していく過程で形成されたものと考えられたが、最近では、一つのフュルキ（トレンデル人のフュルキ）が拡大して分裂しながら全体性を保持することによって成立したと考えられている。このエイラシングは、王を選出する特別な機能をもっているので、トレンデル人の全体集会としてのエイラシングの成立にも王権（もしくは

北ノルウェーのシング体系

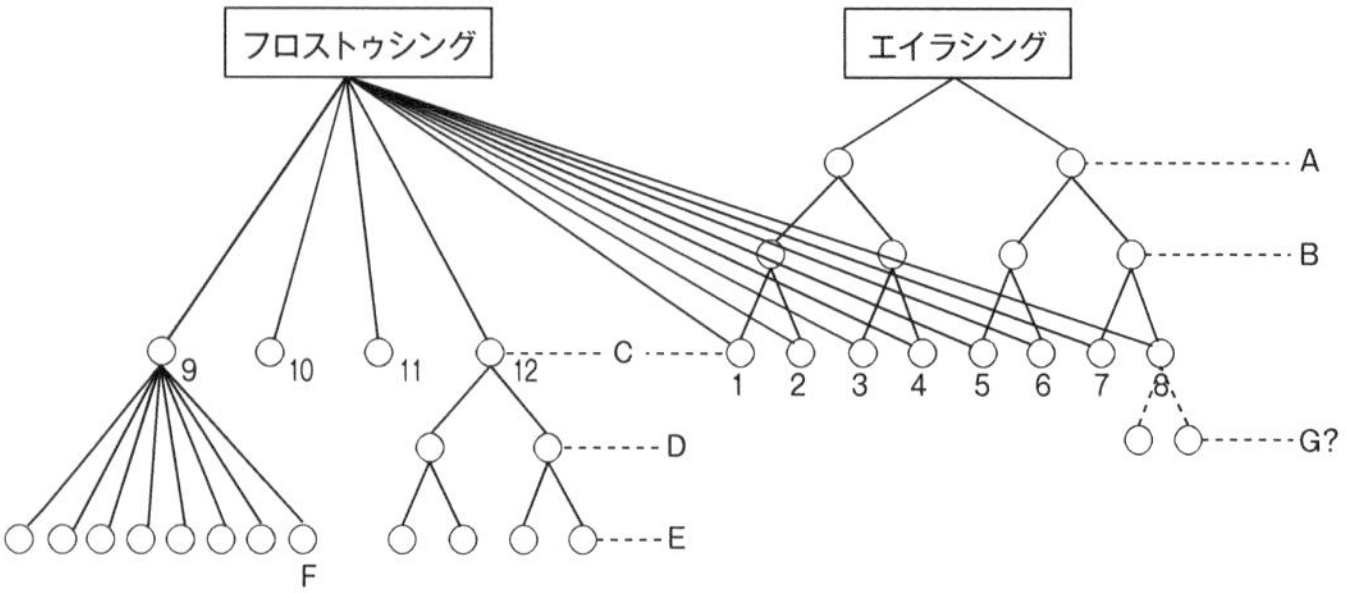

フロストゥシング＝1～12の諸フュルキをカバーする代表制集会（ログシング）
エイラシング＝1～8のトレンデラーグ8フュルキの共同アルシング（全員参加）
　王の選出機能をもつ
A＝内・外トレンデラーグの4フュルキ集会（アルシング）
B＝2フュルキ集会（アルシング）　C＝フュルキ集会（アルシング）
D＝半フュルキ集会　E＝「四分の一」集会　F＝「八分の一」集会
G＝半フュルキ集会
1～8＝トレンデラーグを構成する8フュルキ
9＝ロムスダール　10＝北メーレ　11＝ナムダーレン　12＝ホローガラン（時に）
9～12の内部構成はフロストゥシング法典には言及されず、のちの史料からの推測

ラーデのヤール家）が関係していたかもしれない。

北ノルウェーのフロストゥシングというのは、右のトレンデラーグ八フュルキに、さらにナムダーレン、北メーレ、ロムスダールの諸フュルキを加えた代表制集会である。こうした代表制集会（代表は王の役人の指名）をログシングという。ログは法、法的領域であり、特にここでは立法も意味している。ノルウェーは、基本的に四つのログシングに分かれていた。これらはグラシングにみたように、農民が直接結集しがたい広い範囲を（代表制という方法によって）統合したもので、そこには王権のイニシアティヴが働いている。それを許容した農民側にとってのログシングの存在理由のひとつは、アイスランドにはない要素、すなわち「国防」である（これについては第9章に述べる）。

王権はそれぞれ最終的にはノルウェー、デンマーク、スウェーデンという今日の国民国家の先駆であり、この領域全体の法的統合をめざした。しかしそれぞれの王国で全国的な法が制定されるのは、いずれも一三世紀後半から一四世紀にかけてであり、それまではログシングが最大限領域であった。国民の統合は、王自身によってしか象徴されえない低い水準にとどまった。

国全体の王として新たに即位するということは、国民的な法的行為であり、国民の同意を必要としたが、人民の同意は集会でしか表現されず、集会はログシングを最大の規模とするのである。すなわち王権のあり方自体が、国民的統一と領域的分裂という矛盾を表現している。『ヘイムスクリングラ』「聖オーラヴ王のサガ」第七七章は、スウェーデンを構成する各部分は、それぞれログシングとその議長役である「法の人」をもっており、「法の人」は王よりも（その地域の）農民に権威があると述べている。

このようなログシング（内乱のような危急の際には古いアルシング）が、自律的な集会をもつ限度なのであり、王位につこうとする者は、国内を巡回して各集会で王位の承認を得なければならない。ノルウェーではこの巡回はコヌングステッシャ（「王の推挙」）といい、スウェーデンでは、この国の聖者となったエーリク王の名をとって、「エーリクの道」と呼ばれた。

第6章　血の復讐――実力の世界の相互保障

ヴァイキング社会は実力の世界である。もとより現代を含めて、実力によらずに事柄が決せられる世界などというものはない。だが、アイスランドのアルシングが執行権力をもたなかったように、ヴァイキング社会には公的強力（公的強制力）が欠けている。そのため個人的土地所有者＝農民は、自分の生命と財産を守り、あるいは獲得するのに、個人的実力に訴えたのであり、この個人的実力のほかには実力・強力は存在しなかったのである。

国家のあるところでは、個人の実力＝暴力は禁止されるか、あるいは制限される。暴力は国家に独占される。そこではつねに個人の実力は私的暴力として、裏の世界に追いやられている。国家が前面に出てこない場合でも、村落・都市などの共同体があるところでは、共同体的な暴力、共同体的制裁が行われる。ところが散居農民の世界では、個人の実力のみが唯一の「強力」なのであった。婦女は通例農場を継承しないというのも、武装能力に欠けているからである。

1　実力の世界

決闘

『エイルビュッギャ・サガ』第八章によれば、ソーロールヴという男は、アイスランドにやって来ると、ウールヴァルという農民に、その土地を要求して決闘を申し入れる。決闘がいやなら退去しなければならない。ウールヴァルはそのときすでに老いていたが、恥辱のうちに生きるよりはと、決闘に応じ、敗れて死ぬ。ソーロールヴも足に生涯残る傷を負うが、この土地を自分のものとして定着するのである。

まことに恐るべき実力の世界である。しかし個人は、裸一貫の個人としてこの実力の世界に生きているのではなく、各種の同盟を結ぶ。その最も強い絆は血縁である。ウールヴァルがねらわれた理由を、サガは簡明に述べている。彼は老いて息子がいなかったからだと。息子がいればそれがソーロールヴの相手になるか、もしくは復讐をするであろう。だから息子がいればソーロールヴはウールヴァルに決闘を申し入れなかったはずである。「子の無いことには、なんのよきこともない」（タキトゥス『ゲルマーニア』第二〇章）。

ノルウェーで他人の財産を要求して決闘することが禁じられたのは、一一世紀のはじめである。『グレッティルのサガ』一九章は、ヤール・エイリクがノルウェーを支配していた最後のころに、決闘がはじめて禁じられたと述べているが、彼の支配は九九九年から一〇一一年ないし一二年までである。エイリクは妻の兄弟であるイングランドのクヌート王のもとへ赴く前に、農民たちと慣行

古代ゲルマンの「狼となったベルセルク」（右）
(Oscar Montelius, *Om lifvet i Sverige under hednatiden*, 1905)

について相談した。農民たちの意見では、冒険者（海賊）や無法者（ベルセルク）が人々に財産や婦女を要求して決闘を挑み、そのために倒された立派な人々が償われないまま放置されているのは、悪しき慣行であった。ヤール・エイリクはそこで、ノルウェーにおけるすべての決闘を禁じ、今まで決闘のかたちで悪行を行っていた人々を「追放」（法秩序からの追放）にした。

ベルセルク（berserk）とは、おそらく熊（björn）や狼の毛皮をシャツ（serkr）として着こんだり、頭にかぶったりして、その動物の力と勇気がのり移るように感じた習慣から生じた言葉であろう。サガの用例では、戦闘で興奮状態になると、ふだんの数倍の猛烈さと力を発揮し、終わると虚脱状態に陥るような気質の人物「狂戦士」をさしている。植民者スカラグリームの父クヴェルドウールヴもそうであったといわれ、息子の仇を討つ戦いに猛烈さを発揮したあと疲労し、航海中に絶命する。彼の名、クヴェルドウールヴは「晩（kveld）の狼（úlfr）」の意味で、狼男を想起させる。『グレッティルのサガ』のこの部分では、無茶苦茶な乱暴者くらいの意であろう。

エイリクのこの措置は、さしあたっての実効はきわめて薄いものであったかもしれない。なぜなら、無法な決闘を行おうとする人々を制裁する警察も常備軍もないからである。ただ、志ある諸個人がこれら無法者を殺し、このような殺害は咎められずに称賛されるということである。実際サガはこのあと、盗賊たちの追放に努力した有力農民の農場が、主人の留守中に、追放された者たちに襲われ、たまたま居合わせたサガの主人公グレッティルが彼らを撃ち殺す話を伝えている。

アイスランドのアルシング制度においても、一一世紀はじめに禁止されるまで、決闘はアルシング手続きに認められた制度であった。

モルズというゴジの娘ウンは、有力農民フルートと結婚するが、正当な理由で離婚を父に希望する。父モルズは娘をそっとフルートの家から抜け出させ、アルシングの場で離婚を宣言する。ウンはひそかにフルート農場を抜け出したので、持参金を置いてきた。モルズは翌年のアルシングで、フルートに対してこの持参金の返還を請求する。フルートはこれに対してみずから同額をこの持参金に加え、合計をかけてモルズに決闘を申し入れる。モルズは勝目のないことを知って決闘を避け、そうすることによって娘の持参金返還請求権を放棄したのである（『ニャールのサガ』第七章、第八章）。

モルズの死後、浪費家だったウンは金に困り、一族の豪勇で聞こえたグンナルに、例の持参金を取り返してくれるように依頼する。グンナルは、フルートをアルシングに呼び出す（この過程に、第4章に述べたグンナルのカウパ・ヘジンへの変装のエピソードがある）。グンナルはフルートに手続瑕疵を指摘され、彼に決闘を申し入れ、今度はフルートが忌避して金を支払う（第二四章）。

この例をみるかぎり、決闘は社会的正義をもとにしないでも、各人のそれぞれの「都合」によって行えたようである。しかし、このような純粋に個人的な自由は、アルシング体制からしだいに排除される。『アイスランド人の書』第八章は、行き詰まった訴訟が決闘や戦いに転化するのを防止するために、多数決による第五法廷ができたことを示唆している。人々の同盟や社会契約が、個人を制限しようとする。それは豪族たちがその支配を安定させることでもあった。

血の復讐

散居農民が公権力のない社会にいれば、たとえ公権力があったとしてさえ、外からの急襲に対しては個人で立ち向かうしかなく、相手が多勢であれば防ぐことは実際上不可能である。したがって農民たちにできることは、襲撃者をしてためらわせるような復讐の機構をもつことである。さきに息子のないウールヴァルがねらわれた例に表れているように、暴力を防ぐには、その暴力には直接対抗しえなくとも、暴力をふるった者があとで追及を受けるようなシステムが必要である。タキトゥスは『ゲルマーニア』で次のように述べている。

> 父または血縁のものが含んでいた仇敵関係は、その友好関係と共に、引き継がなくてはならない。しかしおさまりがつかないまま、いつまでもつづくのではない。殺人でさえ、牛または羊の一定の数によって償われ、被害者の全一族はこの賠償を満足して受納するからである。――いかにも、自由と並べ置かれた仇情は、一段と危険なものであるとすれば、この制度たるや、社会に対して、有益なものといわなくてはならない。（第二一章）

すなわち血族は、メンバーが殺されたら復讐をする。もしくは殺害者から一定の賠償（これはゲルマンの部族法典が示すところでは大変な高額である）を受け取る。この慣行のために、有力な血族を有する者に対しては、殺害がためらわれることになる。

国家が形成されていないか、または低い水準にあるとき、血族がその成員を復讐によって守ることは、世界的にみてもかなり普遍的にみられる現象である。ドイツ法制史上の古典学説によれば、殺された者の血族のあらゆる成員は、殺害者本人、もしくは殺害者の属する血族の成員中の一人を殺害することによってバランスをとろうとする。これを「血の復讐」（ドイツ語でフェーデ、イタリア語でヴェンデッタ）という。シェークスピアの『ロミオとジュリエット』や、メリメの『コロンバ』に明らかなように、血族間の復讐は、姻族を苦境に立たせ、恋人たちを引き裂く。しかしわれわれは、二つのことに注意しなくてはならない。

第一に、『コロンバ』の舞台となる、大家族制度の強いコルシカやシチリアの例を、世界史的に一般化してはならないし、また『ロミオとジュリエット』の中世の門閥のもとでの争いも、普遍化してはならない。第二に、「血の復讐」や賠償（人命金とも呼ばれる）の授受は、感情的にはバランスの回復であるが、社会的機能は仲間の保護であり、公権がないか、あっても頼りにならないときの、住民の自衛の制度だということである。ゲルマン型の散居農民の場合、血族といえども分散しているし、軍事的同盟は血族でなくともよい。

もとより血族は、ゲルマン人、スカンディナヴィア人にとって重要である。ゲルマン人の部族法典、『ザクセン・シュピーゲル』などの法律書、北欧の法典、法律書は、復讐を防止するために、詳細な人命金の規定をなしている。すなわち誰かが殺されたら、どれだけの金額が誰に支払われ、また誰が負担するか、息子、父、兄弟、伯叔父、従兄弟、又従兄弟等々が、双方対応するように規定されている。あたかも血族は「団体」として働くようにみえる。しかし非常な美意識をもって詳細に規定されたこれらの法においても、父系血族に決定的な役割を割りふったうえではあるが、母系血族、姻族、姻族の女性および庶出の男子までが、人命金の授受に関与することになっている。するとと単に問題は、血族による「血の復讐」に尽きるものではないわけである。この点でも、殺害と復讐を現実の生活のなかで描いているサガは、魅力的な資料となる。

2　『ラックスデーラ・サガ』――親族内フェーデの物語

発端――キャルタン殺害

『ラックスデーラ・サガ』後半の主題は、キャルタンとボリという従兄弟同士の争いからおこった、族内フェーデともいうべき血族間の殺し合いである。第3章と第4章で触れた、ホスクルドが女奴隷に産ませた庶子オーラーヴは、母がアイルランド王女であることがわかり、またホスクルドの保護を求めた富裕な、しかし身寄りのない農民の養子となり、大豪族エギル・スカラグリームスソンの娘ソルゲルズを妻として、立派な農民になった。彼らは五人の息子（その長男がキャルタン）と一人の娘を得、娘は大豪族グズムンドと結婚する（系図参照）。

オーラーヴは異母兄（ホスクルドの嫡子）ソルレイクの息子ボリを引き取って養育したので、従兄弟であるキャルタンとボリは乳兄弟ともなり、非常に仲が良かった。オースヴィーヴルという農民の美しい娘グズルーンとキャルタンとは恋仲となり、口先だけの婚約、すなわち法的拘束力のない婚約をする。二人の父同士、オーラーヴとオースヴィーヴルも親しく、互いに宴に招待し合っていた。キャルタンはしかし、結婚する前に一度国外へ出たいと考え、カールヴという交易者（その父アースゲイルは農民）の船の半分の権利を買い、ボリとも一緒にノルウェーに渡る。ところがちょうどこのときノルウェー王だったオーラヴ・トリュグヴァソン（在位九九四～九九九）により、ノルウェーにやって来たアイスランド人は、みな拘束されてキリスト教への改宗を迫られる。結局アイス

キャルタンとボリの系図

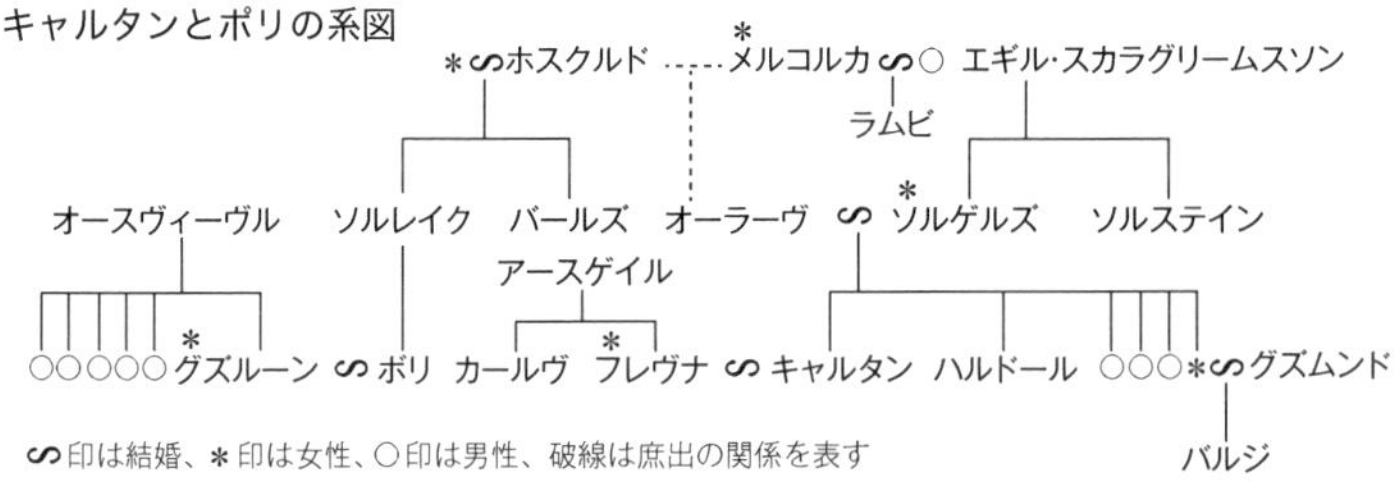

ランド人は改宗を受け入れ、さらにアイスランドの教化を王に約束するのであるが、キャルタンは人質として王のもとにとどめおかれ、この間に王の妹と恋仲になったといわれる。

一足先に帰国したボリもグズルーンを好きであったため、グズルーンに会ってキャルタンの消息を尋ねられたとき、王の妹との仲についても話し、しかも人質であることは言わなかった。このあたりのサガの叙述は微妙であるが、ボリは嘘をつかないようにしつつも効果としてはグズルーンにキャルタンをあきらめさせたということであろう。のちボリは、養父オーラーヴを通じてグズルーンに求婚し、グズルーンの父や弟たちの熱心なすすめでグズルーンも最終的には同意し、二人は結婚する（なおグズルーンはすでに二度の結婚歴があり、したがって結婚は自分の意志で決められる）。そのあと帰国したキャルタンは、航海仲間であるカールヴ・アースゲイルスソンの妹フレヴナと結婚する。キャルタンは未婚の弟たちとともに、父オーラーヴの農場に住み、ボリはグズルーンの弟たちが未婚なのでオースヴィーヴルの農場に住んだ。

オーラーヴとオースヴィーヴルは、毎年交互に宴に招待し合っていたが、これには一族がこぞって参加するのである。キャルタンとグズルーンはまだ互いに未練があり、キャルタンはボリに、グズルーンはフレヴナにあてつけやいやがらせをくり返す。とうとうあるとき、キャルタンは六〇人という人数を集め、テントを携行してボリの農場を包囲し、彼を三日間家にとじこめるという行動をとる。当時便所は戸外にあったので、ボリとオースヴィーヴルの一家は非常に辱められたという。さらにボリとオースヴィーヴルが、ある農民から土地を買う約束を証人なしでしたので、キャルタンがすぐに証人を伴ってその農民を訪ね、自分に売るように強いるという事件もおこる。ついにグズルーンの強い教唆、扇動、脅迫によって弟たちとボリがキャルタンを待伏せて殺す。ここからキャルタンの弟たちによるボリ殺害、ボリの息子たちによるその復讐へと、血の復讐が、族内殺害を含めて続くのである。この物語に表れている復讐、和解に関与する人と人の関係を検討することにしよう。

キャルタン殺害に対する訴訟

待ち伏せられたキャルタンには、二人の同行者がいた。友人一人と家人のアーニである。待伏せ・襲撃側は計九人。オースヴィーヴルの息子たち（グズルーンの弟たち）が五人、ボリ、オースヴィーヴルの姉妹の息子グズラウグ（グズルーンの従兄弟）、およびオースヴィーヴルの農場にいる女家人で、遠縁にあたるソールハラの二人の息子である。すなわちボリという姻族一人とあとは血族（ないし家人）から構成されている。

ボリははじめ、キャルタンとは親族関係にあり、その父オーラーヴに育てられたことを理由に同行を拒否するが、グズルーンから離婚をほのめかされ、キャルタンからのいままでの仕打ちに憎悪感をあおられ、同行する。この待伏せの結果、キャルタンと、同行していた友人とが殺され、家人のアーニも重傷を負う。襲撃側ではグズラウグが死亡し、オースヴィーヴルの息子たちも負傷する。

キャルタンの父オーラーヴは、流血による復讐を避けようとする。息子に致命傷を与えたボリは、自分がかわいがって育てた甥であり、またオースヴィーヴルは古くからの友人だったからである。復讐欲に燃える息子たち（キャルタンの弟たち）には、女家人ソールハラの二人の息子を襲わせて殺す。

こうしてとりあえず流血衝動を満たしたうえで訴訟をするのであるが、そのためにも実力がいるから、妻の兄ソルステイン・エギルスソン、娘の夫グズムンド、キャルタンの妻の兄弟たちに連絡して援軍を求める。しかし同時にこれらキャルタンと親しい友人縁者が、直接殺害者たちを襲わないように、自分の直接影響下にある人々をあいだに立たせて、彼らの行動を制約するように配置する。オースヴィーヴルの方は、有力者（とくにスノッリ・ゴジ）の援助を得ることに失敗し、和解の会が開かれる。この会において、いかなる決定にも相手がしたがうという自己裁定を下す権限がオーラーヴに与えられ、その決定はソールスネスの地域集会で下されることになる。

ソールスネス集会でのオーラーヴの決定は、オースヴィーヴルの息子たち全員の国外追放（オーラーヴの息子たち、およびキャルタンの息子アースゲイルの存命中は、帰国を許されない）、ボリは金を支払う、キャルタンが殺したグズラウグ、およびオースヴィーヴルの息子たちの傷は償われない、というものである。この決定のうち、ボリは金を払うだけでおかまいなしとされたことについて、キャルタンの弟たちは不満であったが、オーラーヴはこれを抑える。

母の扇動——ボリ殺害

三年後にオーラーヴが死んだあと、キャルタンの弟たちに、ボリに対する復讐を扇動したのは、オーラーヴの妻（キャルタンの母）ソルゲルズであった。オーラーヴにとってボリは甥であり、息子たちにとっては従兄弟であったが、ソルゲルズにとって、ボリは養育の恩を仇で返した血縁関係のない赤の他人である。オーラーヴの農場を継いだ次男ハルドールをはじめとする息子たちは、母の扇動や侮辱に耐えきれず、ボリ襲撃の仲間を集める。ハルドールとその弟たち計四人。キャルタンの姉妹の息子であるバルジ・グズムンダルソン。オーラーヴの古い友人ソルスティン（系図中のエギルの息子ソルスティンとは別人）とその姉妹の夫ヘルギ・ハルズベインスソン。キャルタンの家人で待伏せのとき重傷を負ったアーニ。それにもうひとりラムビは、オーラーヴの母の息子である。すなわちオーラーヴの母メルコルカは、ホスクルドの女奴隷であったが解放され、ホスクルドの死後、結婚する。したがってラムビはキャルタンの叔父である。

バルジとソルスティンははじめ親族間の調停・誓約を破って殺し合うことに反対するが、決行が決まると同行する。ボリは自分の屋敷で襲われて殺害される。ちょうどそのとき屋敷には男手がいなかったのである。ハルドール側はアーニを殺され、ラムビが負傷する。このときグズルーンは妊娠していた。ヘルギ・ハルズベインスソンはボリを突き刺した槍の血をグズルーンの羽織っていた衣の端でぬぐって言う。「この下に自分の死が住んでいる」と。グズルーンは豪族スノッリ・ゴジに助けを求め、スノッリは、ボリ殺害の賠償金を受けとれるよう和解の調停をすることを提案するが、グズルーンはこれを拒否する。つまり復讐を誓っているわけである。翌年スノッリはグズルーン（と老いたその父）と農場を交換し、グズルーンがハルドールたちの付近に住まないようにする。

ボリ殺害の復讐

ボリは二人の息子を遺した。四歳のソルレイクとグズルーンのおなかにいた子で、この子は父の名にちなんでボリと名づけられた（出生前に父が死んだらその名をつけるという命名の仕方はかなり一般的である）。

アイスランドではこれより少しまえ、人が殺されても、女と一六歳未満の若者は訴訟をなしえずということが法で決められている。スノッリ・ゴジを頭目とする一団が、アルンケルという立派な人望のあるゴジを殺したが、「アルンケルの殺害ののち、相続と訴追をすべき者は女たちだった」ので、襲撃の一行のうち致命傷を与えた一人が三年間海外追放になっただけで終わる結果になった。この事件のために、女と一六歳未満の男子では、現実に武器をとる能力がないため、訴訟できなくしたわけである。

さて、ボリの息子ボリが一二歳になったとき（ソルレイクが一六歳になったとき）、グズルーンは、スノッリ・ゴジに復讐の意志を打ち明けて助力を求める。スノッリは、自分の使命は親族内殺害をやめさせることだとはっきり表明する。そこでグズルーンはラムビを復讐の相手に選ぶ。ラムビはボリ殺害のとき非常に熱心だったからであるが、彼はキャルタンの叔父であってもボリとは血がつながっていないことに注意されたい。そこでスノッリは、巧みにグズルーンの関心をヘルギ・ハルズベインスソンに向ける。すなわちボリの息子たちにとって、ラムビは血縁がないが、ハルドールたちにとっては血族を殺されることになるから、スノッリの心配する「親族内殺害」はやまないのである。

これに対し、ヘルギ・ハルズベインスソンは、たんにオーラーヴの古い友人の姻族であり、親族ではない。グズルーンはヘルギ殺害に同意するが、なおほかの者へのうらみも残る。スノッリは、ラムビともうひとりのボリ殺害参加者であるソルステインを、ヘルギ殺害に同行させることで、彼らの償いとするように助言する。ソルステインは、(自分の姉妹の夫である)ヘルギ殺害に参加することを当然いやがるが、さもなければ自分が復讐の対象となると恫喝されて従う。ラムビもはじめ拒否するが、ボリの息子たちの敵意が、(自分の甥でもある)ハルドールらに向いているのを知り、ハルドールらに彼らの怒りが向けられなくなることを条件に引受ける。ヘルギ襲撃のリーダー役を引受けたのはグズルーンに求婚中のソルギルスという男で、「この国にいるソルギルス以外の男とは結婚しない」という証人つきのグズルーンの誓約をえて、四人の親族を連れて加わる。ボリ、ソルレイクの二人の息子と、さらに、グズルーンが先夫より得ていたもうひとりの息子を加えた計一〇名で、ヘルギ殺害が実行される。

グズルーンは、スノッリの入れ知恵でソルギルスをだましていたのであった。すなわち彼女は、そのときノルウェーに行っていたアイスランド人、ソルケル(第4章で言及した「商人」)と結婚するつもりであった。トリックを知ったソルギルスは、自分の姻族殺しに加わったソルステインとともども一行から分離して、賠償を支払ってヘルギの息子たちと和解する。

ボリの息子たちとキャルタンの弟たちの最終的和解

ボリの殺害は、賠償が支払われていなかったから、殺害者の一人に血の復讐をなし、他の二人に弁済行為をなさしめたにしても、なお残りの殺害者については清算されていない。グズルーンの気持ちは納まったけれども、成長したボリの二人の息子がハルドール兄弟に対する復讐行を計画していることを知って、スノッリ・ゴジは親族の殺し合いを終わらせるべく調停を行い、賠償金支払いによって最終的な和解が成立する。

3　平和維持の社会システムとしての復讐

血族ではなく家族

以上の例は、北欧初期社会の血の復讐と和解のすべてを明らかにしているわけではないが、いくつかの基本的な特徴は示している。

第一に、誰かが殺されたら、それに対する復讐をするか、または賠償を受け取るのは、まず最も近い血族（父、息子、兄弟）である。血族内の殺害は、道徳的には否定されている。

第二に、しかし血族内にもし殺し合いがおこった場合には、フェーデに関する古典学説が主張するような、血族（氏族）内部による制裁がなされるのではない。血族内で二つのグループが生じ、対立するのである。キャルタンの兄弟たちのボリ殺しは、血族内殺害の罪を犯したボリに対する族内制裁ではなく、兄の仇討である。だからこそ、のちにボリの息子たちはキャルタンの弟たちをねらい、あるいは賠償を受け取るのである。

第三に、姻族は重大な関与をなしている。ボリは、たとえ心すすまぬとはいえ、妻の一族と行動をともにし、またオーラーヴがキャルタンを殺されて行動をおこしたときも、同盟軍は主として姻族であった。

第二、第三の特徴は、社会生活の単位が血族ではなくて家族（夫と妻という、血族上は赤の他人が構成する）であることに結びついている。タキトゥスが示唆するように「仇情」は相続されるのであって、家産の相続人に復讐義務がある。相続に関してすでに述べたように、家産は、男子（もっと

全ノルウェーの支配を手に入れるよう息子たちを叱咤するエイリク血斧王の妃グンヒルド。10世紀中ごろの王族の豪族的性格を映しだしている（クリスティアン・クローグ画、オスロ一本）

も近い男系血族）に相続されるが、男子がいなくて女子がいれば、死者の兄弟など（二番目に近い男系血族）に相続されるのではなく、女子に、そしてその女子が結婚していればその夫の管理下にはいる。こうしたわけで、復讐にも姻族が関与してくることになる。

第四に、個人主義、恣意性をあげなければならない。賠償を受けて和解するか、血の復讐をするかはもちろんのこと、ここには鮮明には表れていないが、「公的」社会機構たる集会への提訴をするかどうかも、当事者の恣意に委ねられている。キャルタンが殺されたあと、オーラーヴは大きな兵力をもって殺害者に対することができ、殺害者の側は孤立した。この時オーラーヴは攻撃してもよかったのである。しかし彼は、個人的和解として自己裁定権（いかなる決定を下しても、相手はそれに従うという権利・行為）を取り、海外追放と賠償で満足する。もし加害者側にも十分な兵力が結集していた場合、おそらくそこで集会への召喚がなされたはずである。裁判の内容は動員される実力に依存するであろう。しかし注意すべきは、オーラーヴは、相手の弱い状態でも正式の裁判に訴えることはできたのであって、そうするか、個人的和解にするかは彼の恣意にまかされる。

その他ここには表れていないが、血族といえども復讐に同行を拒否しうるなど、グループ形成に個人の意思は重要な比重を占めている。個人の行動基準は、多分に世間的評判であり、とくに母や姉、妻の罵詈雑言を伴う教唆扇動はこたえるようである。ボリをキャルタン殺害にけしかけたグズルーン、ボリを殺すよう息子たちを侮辱したソルゲルズ。ソルゲルズはハルドールにいう。「いっそお前を『嫁』にやっていればよかった」と。復讐しないのは男じゃないというわけである。

この種の女性の行動は多くのサガにみられる。戦闘行為の美意識は、実際には闘わない立場の女性にこそ強い。この美意識はこの社会の現実に照応している。実力の世界では、実力のない女性は、実力のある男性（夫、父、息子）が頼りなのであって、タキトゥスも『ゲルマーニア』第八章に「すでに敗色があらわれ動揺に陥った戦列が、女たちの激しく嘆願し、胸をうち露《あら》わして自分たちの捕虜たるべき運命のまのあたりに差し迫っていることを示したために、ついに立て直されたものがいくつかあったことが伝えられている」と述べている。

実力の世界ということから、ヴァイキングのイメージと重ねて、日常生活に暴力が蔓延しているような社会を思い浮かべてはならない。法治国家のもとに生活するわれわれは、公権力の存在にもかかわらず日常的に「ささい」な暴力にさらされ、大きな暴力でさえも、発生したあとで犯人が逮捕され処罰されるというかたちでかろうじて抑制されているにすぎず、自力救済の能力をもたない。そのため、国家権力や警察がなければ、ひどい無秩序が支配するように思えてしまうのである。しかし「血の復讐」は、公権力がないところに樹立される法秩序にほかならない。

復讐慣行の社会的意義——最初の流血の阻止

実力の世界というのは、実力による外部からの攻撃に対して、断固たる実力による反撃をする世界である。したがって、われわれの社会のように、強い者による暴力に屈服してしまうのではなく、（最終的には有力者の勝利に帰することは変わらなくとも）かえって恣意的な暴力を許さないのである。公権力なしに農場を経営している農民社会にとって、たとえささいなものでも、傷害や、口先の侮辱でさえ、甘受してはならない。断固として実力で反撃する勇気が男の資質であり、妻にとっては夫の資格である。こういう資質をもった農民が武装している社会では、人々はかえって、（第一原因としての）暴力行使には慎重でなければならない。こういう社会でこそ、妻は夫に平手打ちを一度受けたという理由で証人を立てて離婚することができるし（第3章参照）、母は息子を叱咤激励する。

血の復讐、賠償金（人命金）の制度は、血族や家族の結合感情、美意識、経済的補償であると同時に、第一原因である殺害を防止することを本質的な目的としている。本章のはじめに述べたソーロールヴとウールヴァルの決闘の場合、もしウールヴァルに息子たちがいて、血の復讐の現実性があれば、決闘はためらわれ、さしひかえられた可能性がある。

「人命金」もまた各人を保護している。タキトゥス時代にすでに慣行であった殺害の和解手段としての賠償金は、本来は両当事者（殺害者と殺された者の相続者）のあいだで交渉されて、その額が決まったであろう。もちろん第三者の仲介・斡旋がなされて、証人が立てられる。こうして、和解金（平和金）の相場も社会的に形成され、部族法典などに、詳細きわまる賠償金の双方親族への割りふりが、規定されることになる。

一二世紀のアイスランド社会を反映していると信じられる法律書『グラーガース』の主要な一写本「コヌングスボーク」第一一三条以下（いわゆる贖罪金リスト＝バウガタルの章）によれば、賠償金は四つの「バウグ」の圏に区分される。

バウグとは本来は銀の輪、特に腕輪で、財産形態のひとつであり、ノルウェーの『グラシング法』では一二エイリル（＝一マルク半）とされている。さて第一の圏は死者の父、息子、兄弟が受け取り、殺害者の父、息子、兄弟が支払うバウグで、三マルクとされている。第二の圏は二〇エイリル（二・五マルク）のバウグで、祖父、孫（息子の息子）、母の父、娘の息子が関与する。第三は二マルク（＝一六エイリル）、第四は一二エイリル。さらにあらゆる細かい規定がされている。

サガにはこの種のバウグは出てこない。そこではふつうの農民の人命金は銀一フンドラズ、特に

エギル・スカラグリームスソンとベルグ・エーヌンドの決闘（ヨハネス・フリントー画、19世紀）

有力なものは二フンドラズと表現される。「フンドラズ」とは「百」の意味であるが、実際には一〇〇の場合と一二〇の場合があり、ここでは一二〇のこととされている。ただし、銀一二〇がなにを単位としているかについては議論がある。しかし大方の見解では、計算オンス（エイリル）の一二〇、もしくは銀重量で一二〇エルトグ（エイリルの三分の二）で、銀の重量と計算単位の比率は三対一であるから、どちらにしても四〇重量オンスになり、これは牝牛二〇頭にあたる。この解釈が合理的なのは、一三世紀から一七世紀にいたる史料は、人命金はその計算表示に関わりなく、牝牛に換算すれば二〇頭で一定であったからである。なお『グラシング法』第二一八条によれば、ノルウェーでは、息子または父に支払われる賠償金は一〇マルク銀（八〇オンス）とされ、牝牛で支払う場合は三二頭と明記されている（第二二三条も）。

第1章でふれたオウッタルという豪族の所有する牛が二〇頭だった

ことを思い出すならば、これは大変な額であって、貧しいものには支払えない、すなわち人を殺せない。つまり「人命金」は遺族にとっての経済的補償であるだけでなく、本人を未然に守っているのである。こうした人命金の高さは、「禁止的高額」といってよいであろう。

血族と姻族と氏族

広く未開社会を含む、公権力の発達していないところで、秩序を維持し、社会の成員を外部からの攻撃に対して保護し、殺されたら血の復讐を行うなどの機能を果たしたのは「氏族」であり、この氏族が社会の基礎になっている社会を氏族制社会という。

人類学でいう氏族は部族の内部の小区分で、その中では通婚が禁じられている単系（すなわち母系もしくは父系）の血族圏である。氏族制度というのはしたがって厳密には、かかる氏族が所有主体であり、定住主体であり、軍事団体をなし、内部の問題を自主的に解決し（裁判機構をもち）、他の団体に対して自分のメンバーを実力で保護するような社会関係である。歴史学ではややルーズに、国家、公権力以前の、血縁を紐帯とする社会制度をさしている。

ギリシア人のゲノス（genos）、ローマ人のゲンス（gens）は、いずれも父系の氏族で、これに語源的に相当するゲルマン語は、東ゴート語のクニ（kuni）であろうとされている。クニの派生語として英語の「kin, akin, kindred」などはよく知られているし、「王（king）」（ドイツ語 König）は、本来は氏族の長だったのであろうといわれる。しかしクニが実際にゲルマン人のもとで所有、経営、定住、相続、血の復讐の団体であり、クニを基軸とする氏族制度がゲルマン社会にあったのかどうか、判断しうる材料はない。クニと氏族の関係は言語学的にしか存在しないのである。

これとは反対に、歴史学的にゲルマン系諸民族のもとでの氏族制度的な機能を果たしたことが確実である親族団体——すなわち血縁が社会制度の基本的な紐帯であるときの基本的な親族団体——は、ドイツ語でジッペ（Sippe、英語 sib、東ゴート語 sibja）、アングロ・サクソン語でメイズ（mægth、ドイツ語 Magschaft）と呼ばれているもので、これは中世の法典や法律書から知られる。しかしアングロ・サクソンの法典や、『ザクセン・シュピーゲル』などの法律書から知られるメイズやジッペは、これらの社会生活で決定的に大きな意義をもつ親族団体であることは疑いないが、しかし厳密な意味での氏族ではない。なぜならそれは単系（父系もしくは母系）ではなく、双系（父系および母系）の血族を含んでおり、外からみれば一個の安定した親族団体というよりも、ある個人を中心とした父母両系の親族の総体である。ある個人の父の兄弟と母の兄弟は、その人物がいなければ血族ではなく姻族であり、父母が結婚していなければまったく親族ではない。氏族は通婚禁止の血族圏であり、姻族は決して氏族ではないのである。

古北欧語には、いくつかの親族表現がある。最も一般的な、したがって現代語にもなっている親族表現は、エット（ætt）、アーット（átt）である。これは東ゴート語の「aihts」、アングロ・サクソン語の æht にあたり、動詞 eiga（所有する to own）の名詞形のひとつで、「帰属」を意味したと思われる。エットは、狭い用法では共通の父祖に属する男系血族のみをさしたが、しかし姻族まで含めたあらゆる親族、「一族」を表す広い用法もある。

東ゴート語のクニと同系統のキュン（kyn）は血統を表し、konr（息子、子孫、男）、kona（女、現代語では妻）、konung（王）などの血統と関連する派生語をもつが、団体を表現していない。

ジッペ系の古北欧語シヴ（sif）は、複合語の前半要素として用いられる親族表示のひとつであるが、血族ではなく主として結婚に媒介された関係をさしている。Sifjar（姻族）、sifkona（姻族の婦人）。フレンディ（frændi）は東ゴート語の frijônds（友）と同根で、英語、ドイツ語など北欧語以外のゲルマン諸語で今日「友人」をさしているが、古北欧語では父母両系のあらゆる血族の一員を表し、姻族は含まれない。frændsemi は血族（または関係、集合名詞）。

姻族はメグズ（mægð、mágsemd）で、アングロ・サクソン語のメイズ、ドイツ語のマークシャフトと同根である。配偶者の父、兄弟、息子（以前の結婚による）など、姻戚の個々の男子をマグ（magr ドイツ語マーゲ）という。現代北欧語の配偶者の兄弟（brother-in-law）を svoger といい、姻戚関係を svogerskap, svogerskab というが、これらは「sverja（誓う）」から来ており、婚姻がもともと、二つの「一族」＝エット間の誓約＝同盟であることを示している。

これらの錯綜した用語法は、ゲルマン社会になにか「本来の」氏族があって、それが変形したり他の要素と混合したりした痕跡である可能性とともに、北欧初期社会においては、双系の血族に姻族まで加えた親族グループの総体が、社会秩序を維持する理論モデル上の「氏族制度」の役割を、現実のうえで果たした可能性を示している。なぜなら、後者の考え方は、生活単位が独立農家であり、散居制であるような社会に適合的であるといってよいからである。

友情による同盟

すでに述べてきたように、現実生活のうえで農民的存在を保証する同盟の契機として、隣人関係や個人的友情も機能する。婚姻は、血縁によらない友情・同盟のうち、最も強い結合である。そのほかに対等、もしくは上下関係に属する「友情」がある。これらは、争いの始まるまえのオーラーヴ家とオースヴィーヴル家のように、日常的な宴への招待や贈与で結ばれていた（第7章、第8章参照）。養育（fóstr）も友情、同盟の契機である。

オーラーヴがボリを養育したのは、仲の良くない正嫡の兄ソルレイク（ボリの父）との関係を改善するためで、これ自体は成功している。北欧に広くみられた子供を産みの親と異なる農民のもとで養育する制度は、同盟の契機であり、養家は生家より下の立場だったといわれる。したがって他人の子供の養育を申し出ることは、へり下って同盟を申し入れることになる。

ノルウェーの統一者ハーラル美髪王は、その多くの子供をそれぞれの母方の家族のもとで養育させたが、ここには王と地方豪族の同盟が表現されている。養育を申し出られることはけっして一人分の養育費が助かるというだけのことではない。養家と生家のいままでより強い結びつきのほかに、養育された子供と養育者（養父）の関係はとくに親密であり、養育された子供と養家の子供（わが国でいう乳兄弟）は、特別の親友になることが通例である。キャルタンとボリの悲劇は、つねに行動をともにした同年代の最も親しい養育兄弟（乳兄弟）が、同じ女性に恋をしたことに発している。fóstri という言葉は養父、養い子、養育兄弟を表し、養育兄弟のみを表すときは fóstbróðir という。

ごく親しい友人が、血のつながりがないのにお互いのために血の復讐をなすことを誓約しあった場合、誓約兄弟（eiðbróðir）と呼ばれる。第3章に言及した乱暴者の誓約兄弟は、近隣に育ち、互いに一方が殺されたら他方はその復讐をすることを誓った。サガはこの場合も「fóstbróðir」とよんでいる。

王（君主）と託身者、従士との関係もイデオロギー上は友情関係であった。封建社会において、臣下の忠誠とひきかえに王が臣下に与える保護は、部族法典や北欧の地方法典では、王の従士や役人に対する殺害の賠償金が特別高く設定されていることに表れている。これを人命金の「身分」的表現とはまだみることはできない。王は自分の従士が殺されたら、ほかの従士に命じて復讐させたから、この「友情」も個人の生命を保証する役割を果たした。しかし農民的所有と生命を守るための同盟としては、誓約兄弟までである。

アイスランドのゴジ＝シングマン関係は、王と従士のような主従関係ではないし、シングマンが殺されても、そのゴジが復讐するということはない。しかし殺されたシングマンに親族がいれば、和解の仲介（賠償金支払いの斡旋）をしたり、訴訟の指揮をとったりする。ゴジは法廷勝訴のために、自分の血縁、姻戚、友情によって他のゴジ、有力者と同盟する。殺害をなして法廷で敗訴になれば、少なくとも追放であり、被追放者は自分が殺した人物の親族からかたきとねらわれ、ごく近い親族がひそかに助けるほかは、援助を期待できない。グズルーンの弟たちが国外へ去ったのは、そういう判決がおりて、国内にとどまれば、オーラーヴの息子たちに合法的に殺されるからである。したがって、ゴジ＝シングマン関係それ自体は、血の復讐の制度にも「氏族制度」にも直接関連しないけれども、誰かに殺意を抱くものは、相手の血族、姻族、友情のほかに、ゴジ＝シングマン関係をも考慮せざるをえない。ここでは、アルシング体制上の地位の保持者たるゴジは、公法的秩序の担い手として違法行為たる殺人を防止するのではなく、実力の世界、血の復讐の社会関係の一環として、個人としての農民を外部からの攻撃に対して守っているのである。

個人主義の社会秩序

アイスランド社会における秩序維持、平和強制の制度として、農民の個人的で直接的な武装同盟

(血縁、姻戚、友情)と、社会全体をカバーするアルシング＝裁判集会体制とがある。この社会の特質はこれら二つが対立的ではなく、相互選択的で、相互浸透的であることで、このことは近代社会ときわだって対照的である。親族を殺された遺族は、

①力関係や殺害にいたる状況から勝訴の見込みがあれば、殺害者を集会法廷に告訴することができる。勝訴すれば、相手が国外に去るか、または相手がこの判決を無視した場合、相手を罪にならずに殺すチャンスが生ずる。

②裁判が一方的ではないとき(実力が均衡しているとき)には、有力者たちが当事者たちに和解を仲介する。この仲介は個人的になされるが、しばしば集会の場が仲介に利用される。

③力関係にかなり差のある場合でも和解がなされることがあるが、このときは必ずしも第三者による仲介はなくてもよい。オーラーヴがキャルタン殺害後に取った手段はこれで、彼は自己裁定権を得た。反対に実力の差が加害者側にはっきりと有利である場合は、法廷に訴えられることも少なく、また正式の和解さえなかったであろう。第5章で、ゴジ・フラヴンケルがシングマン・ソルビヨルンに対してとった態度がそれである。

④最後に血の復讐がある。海外追放でさえ満足できないような心の痛手をこうむった遺族は、一切の和解を拒否して血の復讐をすることができる。ボリ殺害に対するグズルーンの態度がその例である。また実力の差がありすぎて到底裁判にもちこんでも勝てないことが明らかな場合、不満足な判決やわずかの賠償を望まず、ひそかにチャンスを待って復讐することがある。これはしかし、ただちに反対の血の復讐を受けるであろう。法律書などが人命金を規定するのは、人命金(賠償であり平和金でもある)授受によって、個人的実力行使をやめさせようとする農民社会の共同意志である。

これら（およびこれらの組み合わせ）の選択は、被害者の親族の自由にまかされる。「自由とは認識されたる必然である」（ヘーゲル）。「古ゲルマニアにも自由はあったが、それは強者のためのものであった」（ダンネンバウアー）。

そしてサガでも人気のない選択ではあるが、どの手段もとらないということもあったのである。この場合遺族は社会的制裁を受けることになる。しかしそれは嘲笑をあび、何事についても信用をなくすということであって、公的な罰ではない。殺害者は、暗殺ではなく殺害を公示し、被害者の親族から何の対抗措置も行われないならば、もはや公的に追及されることはまったくない。アルシングはあくまで諸個人の共同機関であって、諸個人に代わって公的秩序を維持する公権力ではないからである。

復讐と裁判訴訟の社会秩序は、個人主義・実力主義である。このことは、個人的土地所有者＝農民の世界に適合している。散居農民にとって、所有と生命は、同じような農民との同盟と集会によってのみ守られる。同盟は氏族である必要はない。居住、所有、経営の単位が氏族ではすでにないからである。父母両系の血族、姻族、友情のどれもが家と家の同盟にとって有効である。血族の意識の高さ、人命金受け取りに占める圧倒的な血族の比重、これらには定着以前にゲルマン人がもっていた社会秩序の記憶も関連しているであろう。しかしヴァイキング時代には、血族もそれ自体としての団体をなさず、諸個人の社会的関係のひとつなのである。

第7章　歓待と宴——もてなしの社会

1　さまざまな宴

旅客の接待

タキトゥスは『ゲルマーニア』にいう。

饗応、接待に関して物惜しみせぬこと、この民族のごときはまたあるまいと思われる。そのなんびとたるを問わず、これに対して宿を拒むことは瀆神の行為とされ、だれもその資産に応じ、卓を設けて客を迎えるのである。（第二一章）

かつてはローマ人にとっても、旅人の接待は風習であり、神聖な義務でもあった。親族や知人でさえない旅人に宿と食卓を無償で提供することは、未開人のあいだに広くみられる風習である。スカンディナヴィアでは、それは単に未開の慣行としてだけでなく、中世にまで続く、そして地方ではいまでさえ旅人を驚かす風習である。互いに離れて暮らす農民社会においては、このような宿と食事の提供はお互いさまの便宜であっただけでなく、さし迫った必要事であった。人家が遠く隔たっているという条件と、貨幣経済の低い発展水準（たとえば牛一頭は買えるが牛肉一キログラムは買えない）のもとで、宿と食卓の、ホストの好意による提供（ホスピタリティ）は、旅人がこれらを入手しうる事実上唯一の平和的な形態である。

この慣習、あえていえば「社会制度」がなければ、旅人は一食ごとに泥棒か殺人をなさねばならないことになる。実際、船による遠隔地移動が多人数でなされる場合には、水と食料はいつでもどこでも平和的に入手できるというわけにはいかず、沿岸部からの掠奪が不可避になる。この「岸辺の襲撃」がヴァイキング行為の原型だとされ、その禁止は王権など首長が自己の存在を正当化する根拠である。しかし王権でさえ、遠征のためには航海中の物資の調達を沿岸部でなす必要があり、そのため条件つき徴発が法的に規定されているのである（第9章参照）。

アイスランドに保存されている韻文詩『エッダ（Edda）』中の「ハーヴァマール」は、生活規範的な内容をもった詩であり、一〇世紀にノルウェーおよびアイスランドに成立したと考えられる。この詩に、旅人に対する接待――ヴェイスラ（veizla）――をめぐる主客双方についての生活律がうたわれている。

与えるものはしあわせだ。客がやってきた。どこにすわろう。竈の火にあたりたくて仕様がな

い者はせっかちすぎる。（第二節）

膝を凍えさせてやってきた人には火が必要だ。山を越えてきた人には食物と衣服が必要だ。（第三節）

ひとところにいつまでも客とならずに立ち去るべきだ。他人の家に長居をすれば、愛想のよかった人もいやな顔をするようになる。（第三五節）（谷口幸男訳『エッダ』「オーディンの箴言」新潮社、一九七三年）

必要な者には必要とするものを与えるというのは、この社会のモラルとなっているようである。いままでにも述べたことであるが、アイスランド島と外部の交通は夏の短い期間にかぎられたので、外へ出たアイスランド人も、島へやってきたノルウェー人などの商人も、行き先で一冬を越さなくてはならない。この一冬の滞在でさえ、主人側の好意の申し出によってなされたのである。

ゴトランドの石碑に描かれた酒宴の場面

　グレッティルというアイスランド人が、ハヴリジという「航海者」＝商人の船に乗ってノルウェーに渡るが、座礁し、乗員は商品を小舟に乗せて小島に上陸する。付近の島の豪族ソルフィンは船を出して彼らと商品の一部を救い、自分の農場へ連れて行った。グレッティル以外の乗員はそこに一週間滞在し、

な立場にあるべきだったように思われる。しかしグレッティルは、それさえ怠っているわけである。

商品を持って去るが、グレッティルは一冬滞在する。グレッティルはソルフィンになつかず、昼間、外へ同行もしなかった。ソルフィンにはそれが気にいらなかったが、そのためにグレッティルに食事を与えないことはなかった(『グレッティルのサガ』第一八章)。

これでみると、冬期滞在の「客」は、代価を支払うわけではないが、主人に対して臨時の従士的な立場にあるべきだったように思われる。しかしグレッティルは、それさえ怠っているわけである。

敵に対してさえも

家を訪れられたら、無償で、無条件に食卓の提供を行うということは、たとえ相手がほかの所で出会ったら殺し合うような敵であってさえ、道徳上の義務であったらしい。

アイスランド東区の豪族フロシは、南区の農民ニャールとその家族を家ごと焼き殺す。この行為はニャールの息子たちがフロシの姻族に対してなした殺害行為に対する復讐であったが、家ごと焼き殺したため、罪のないニャール夫妻たちまで犠牲となり、またニャールは多くの豪族と血縁姻戚で結ばれていたので、全島集会=アルシングでの大裁判事件となり、また大規模な流血を引きおこす。しかしこの過程でさえ、敵に対するホスピタリティの例が示されている。

①アルシングに向かう途中、フロシの一行は、敵方であるアースグリーム(ニャールの姻族)という豪族の屋敷に立ち寄って昼食をとろうとする。もちろんこれは示威であり、挑戦である。アースグリームは彼らがやって来るのを見ると、部屋をきれいにさせ、十分な食卓を用意する。「アースグリームは彼らに挨拶はしなかったが、フロシに言った。『食卓の用意はできている。なぜなら食卓はそれを必要とする者にひらかれている』」。食事が終わり、食卓が片づけられるや、アースグリ

ームは斧を持ってフロシに打ちかかり、フロシのまわりにいた人々に妨げられるのである（『ニャールのサガ』第一三六章）。

つまりアースグリームはフロシに敵意を隠さず（挨拶をしない）、同時に旅人の必要に応えたのである。最後の敵対行為は、彼の敵への接待が、多勢に対する臆病から生じたのではないことを示すためになされた。

②フロシ側とニャール側に和解が成立したあとも、ニャールの女婿であったカーリは和解を拒否し、自分の息子の死について人命金を受け取らず、ニャール家を焼き殺した加害者に対する復讐を続ける。フロシなど追放になった人々を追って海外にまで復讐行を重ね、ようやくスコットランドから総勢一八名をもってアイスランドへの帰途につく。航海に適する夏の短い時期にやや遅れたため、ようやく南東部海岸に上陸したときは、船は壊れ、おまけに雪嵐だった。そこはひと足先に帰国していたフロシの農場に近かった。カーリは宿敵フロシの「セグンスカプ」を試そうと決意し、フロシの農場を訪れる。「フロシは居間に座っていた。彼はただちにカーリをみとめ、とび上って彼を迎え、彼に口づけし、自分の隣りの高座に座らせた。彼はカーリにその冬そこに滞在するようにと申し出、カーリはこれを受けた」（『ニャールのサガ』第一四九章）。

「セグンスカプ（pegnskap）」という言葉は、セグン（自由人の上層、アングロ・サクソン語のセイン thane）らしさ、自由農民上層にふさわしいことで、高貴さ、気まえのよいこと、物惜しみしないことを表す。

婚礼・葬祭・収穫祭

旅人に対して家畜を屠ってもてなすことは、ヨーロッパ諸民族に共通の習慣であったらしい。古北欧語で接待をヴェイスラというが、本来ヴェイスラは家畜を屠ることに関連した言葉らしい。したがって家畜を屠ることに結びついて、人を招いて行う会食＝宴は、すべてヴェイスラと呼ばれる。

タキトゥスはゲルマン人の食事について「食物は簡素にして、野生の果実、新鮮な獣肉、あるいは凝固した牛乳である」と述べている（『ゲルマーニア』第二三章）。しかし少なくともスカンディナヴィアについては、「新鮮な獣肉」が食べられるのは宴会においてだけだったように思われる。すなわち農民（とくに散居農民）にとって、家畜の一頭を屠って食事をするということは、個人的には不可能なことで、多くの客をもったときにはじめて可能である。また第2章の「貯蔵経済」に述べたように、獣肉の大部分は保存食として加工されてから食用にされ、「新鮮な獣肉」を食べる機会というのは宴会のときくらいであった。

宴会を行う最もよい季節は、不意の旅人が訪れるときをのぞけば、夏の放牧が終わり、家畜が集められて越冬用と屠殺用に区別される秋である。屠殺された家畜の肉は大部分、乾燥、塩漬、燻製にされるが、同時にこのときこそ、「新鮮な獣肉」がふんだんに供せられるべき宴会の適期なのである。年一度の行事である家畜屠殺は、農耕民族における収穫と同じ意義をもつから、屠殺自体が収穫祭と同じ宗教的儀式を伴っている。ヘブライ人、ギリシア人、ローマ人、ケルト人、スラヴ人のもとでと同様、北欧初期社会では、宴、祭祀、犠牲（供犠）は関連し合っているのみならず、同義語――ヴェイスラ――でさえある。春の再びめぐりくる復活祭、秋の収穫祭、祖先をまつる祖霊祭などにおいて、人々は家畜を神々に捧げる。ギリシア人は犠牲の家畜の一部を祭壇で燃やし、他の一部を会食した。ゲルマン人は捧げられた犠牲の家畜の血を祭壇にふりかけ、神像に塗って、肉はすべて祭祀参会者が共同で食べたのである。

アイスランドやノルウェーの有力農民たちは、秋のこの屠殺のとき、友人たちを招いて大宴会を開いた。これを「秋の宴」または「秋の犠牲の宴」というが、もちろん「収穫の宴」と意味は重なっている。第6章にも述べたようにオーラーヴとオースヴィーヴルは、毎年秋に、交代で「招待の宴」をなした。ある年、オーラーヴの農場で行われた「秋の宴」は一週間続いたという（『ラックスデーラ・サガ』第四六章）。屠殺用の家畜は、秋にすべて屠られるのではなく、ユール（冬至）の宴等々のために一部はとっておかれる。

結婚式と葬式は個々の農民にとって最も重要な儀式であり、大きな宴である。「婚礼の宴をなす」「葬礼の宴をなす」というときの「なす」は、犠牲祭をなすという場合の「なす」と同様、ヴェイタ（veita）という動詞で表現されるが、ヴェイタはヴェイスラの動詞形である（「ヴェイタ」だけで「宴をなす」ことを表すこともできる）。婚礼はたいてい、秋に行われた。婚礼は結婚を神聖化する儀式であり宴である。それは二つの家の堅い姻族としての同盟を表現するとともに、妻となるべき婦人の権利、夫の義務を、証人の出席のもとに確認し、そこから生まれる子供たちに相続の権利があることを、神に捧げられる乾杯によって誓約、宣言、保証する。そこには多くの親族、友人が招待される。夫となるべき人物がもしこの結婚をしなければ、その遺産は兄弟その他もっとも近い親族のものとなるべきところであるが、結婚すればその息子、息子がいなければ娘、子供がいなければ妻に、相続される。したがって夫の親族たちは、婚礼の宴に出席し、神聖化された獣肉を会食し、神に捧げられたエール（ビール）を飲むことを通じて、この結婚の正式すなわち神聖なこと、自分たちは

ルーシ首長の船葬（ヘンリク・シェミラツキ画、1883年）

新夫の財産に対する相続権を放棄することを誓うことになるのである。

葬式の宴は、ふつう死後まもなく開かれる。しかし有力者たちは葬式を盛大にするために、やはり屠殺の時期を選び、そのためには式はずっと遅れることにもなる。ホスクルドの場合は秋も深まって死んだので、立派な宴をするには準備が難しく、翌夏が過ぎてから行われた（『ラックスデーラ・サガ』第二六章、第二七章）。サガによればこの葬宴は半月続き、参会者は一〇八〇人（九フンドラズ）に達したという。この宴会はアイスランドで行われた二番目に大きな葬宴だったといわれる。一〇八〇人の客が半月居続けたというわけではない。客はばらばらにやって来て、長くて三日の滞在で、ばらばらに辞去する。それでも大変な人数である。第一番とされるヒャルティの葬儀には、『植民の書』によれば、一四四〇人（一二フンドラズ）が参会し、主宰者であるヒャルティの息子たちは、その重要な参加者にもれなく別れに際して贈物をしたという（第二〇七章）。

葬宴もまた相続に関連している。それは死者の財産が血族の全体に相続されるのでも、地域共同体のものになるのでもなく、息子たち（息子がなければその他死者の最近親者）だけに相続されることを確認し、保証し、承認する儀式である。「葬礼の宴」はエルヴィ（erfi）またはエルヴィオル（Erfiöl, öl＝エール）、エルヴィヴェイスラ（erfiveizla）と呼ばれる。動詞エルヴァ（erfa）は、「葬礼の宴をもって（誰か死者を）敬う」ということと、「相続する」ということを表す。すなわち葬礼とは相続お披露目ビール・パーティーなのである。したがって葬儀費用は相続者の負担である。

ホスクルドには、二人の正嫡子と一人の庶子がいた。この庶子オーラーヴに財産を分けようとしてホスクルドが、それに反対する正嫡子にトリックをかけて黄金一・五マルクを贈ったことは、第3章で相続の例として述べた。オーラーヴはしたがって形式上は庶子として贈与を受け、二人の嫡子が遺産を分けたのであるが、実質的には三人で遺産を分けたことになる。そこでオーラーヴは、父の葬祭費用の三分の一を負担することを兄たちに申し出ている（『ラックスデーラ・サガ』第二六章）。

北欧では中世を過ぎても、農民のあいだでは葬式は肉食と飲酒のまたとない機会であった。スウェーデンの経済史家エリ・ヘクシャーがいうように、それは「死の舞踏」だったのである。

2　祭宴と権力

犠牲祭で馬肉を食わされた王

ヘブライ人のもとでもペンテコスタ（五旬節）が収穫祭起源であるように、供犠と飲酒の宴は結びついていたから、ヨーロッパ各地の異教起源の宴は、キリスト教の祝祭の外被のもとに、（少なくとも宗教改革までは）生き続けた。冬至祭からクリスマス、春を迎える犠牲の宴から復活祭への変化は、その代表例である。北欧も含めこの新旧宗教慣行の習合は、キリスト教側からの迎合的戦術と、住民側のカムフラージュの両面があって行われるのであるが、ノルウェーの政治史ではこの過程は

メリンの犠牲祭でのホーコン善王と農民（ペーテル・ニコライ・アルボ画、1860年）

あまり牧歌的ではなかった。それはキリスト教が国民統一を指向する統一王権のイデオロギーであり、反対に異教は統一王権に反対する豪族たちのイデオロギーだったからである。

神殿を所有する司祭＝豪族は、平和と良き年（豊穣）を祈って、家畜を屠り、招いた「友人」たちと宴をもった。スノッリ・ストゥルルソンは、犠牲を捧げる習慣はそもそもオージンの神によってスウェーデン人にもたらされたのだという。「一つの犠牲は冬のはじめに年を迎えるために、一つは真冬に豊年のために、第三は夏に行われ、それは勝利のための犠牲である」（『ヘイムスクリングラ』「ユングリンガ・サガ」第八章）。

単に豊穣のみならず、平和と戦勝のために犠牲がなされるのは、農民たちの地域的結集を表現している。一〇世紀、北ノルウェーのトレンデラーグ地方で犠牲祭をとりしきったのは、ラーデのヤール家であったとスノッリはいう。神殿に集まる農民たちは、各人の食物を持参する。家畜が屠られ、血が神像の台座や神殿内外の壁に塗られたあと、肉は宴に出される。エールによる乾杯はまずオージンに捧げられ、それは戦勝と王の力のためであり、第二第三の乾杯はニョルズとフレイに捧げられた。豊年と平和のためである。それから死んだ親族を悼む乾杯もなされる（『ヘイムスクリングラ』「ホーコン善王のサガ」第一四章）。

ところがホーコン王は、イングランド王エセルスタンに養育されてキリスト教徒だったので、トレンデラーグのキリスト教化を試み、農民たちに拒絶される（第一五章）。それだけではない。ラーデでヤール・シグルの手でなされた犠牲の宴の際、離れて別棟で食事をとっていたホーコンは、犠牲祭の司祭として彼の本来座るべき高座につかされ、オージンのために乾杯し、オージンに捧げられた馬肉を食べるように強制される。ホーコンは杯の上に十字を切ってから飲み、馬肉についてはそのゆげを吸うだけにとどめた（第一七章）。農民たちはこれに満足しなかった。翌冬「ユールの宴」がトレンデラーグのメリンで王のために開かれたとき、農民たちは軍勢をなして押しかけ、王に十字を切ることなしに乾杯させ、馬の肝臓を食わせた（第一八章）。王やヤールの、農民社会にとっての存在理由は平和と戦勝のためであり、それを祈念する宴の司祭をつとめることは、彼らの宗教的義務だったのである。

異教の祭とキリスト教

王権の側でも、キリスト教は個人的な信仰の問題ではない。地域的結集にとどまる農民社会の論理を超えて国民的統一を指向する王権にとって、キリスト教のもつ超「部族」的普遍的な性格はふさわしいものであった。一世紀もたたないうちに、表面的にはノルウェーはキリスト教化されるが、農民たちは隠れて異教の犠牲祭を続けた。一〇二〇年ころに起こった、内トレンデラーグ（トロンハイムスフィヨルド奥地の四つのフュルキからなる）の異教を奉ずる農民・豪族と、のちに聖者とされたオーラヴ・ハーラルソン王の対立が、スノッリによって伝えられている。

農民にキリスト教に改宗するように演説するオーラヴ王
（ハールヴダン・エーゲディウス画、オスロー本）

内トレンデラーグ人によって冬のはじめに大ヴェイスラが行われたことを知った王が、農民たちを召喚して追及すると、オルヴィルという有力者が答えて、この秋ヴェイスラはなかった。ただギルディ（gildi）があって酒宴がなされただけだという。「ギルディ」というのは、いわゆるギルドのことである。血縁を中心とする親族関係や隣人関係の保護が及ばないところで、しかも国家が合法的な支配を及ぼしていないときに成立する任意団体をギルドという。血縁、地縁の団体が、その一体性を確認する祭をもっているように、ギルドも必ずギルド祭をもち、祖先神のかわりに守護聖人のために乾杯する。このことは中世ヨーロッパの商人ギルドや、のちの職人ギルドを含めて、ゲルマン人のすべてのギルドに妥当する。北欧では初期中世、こうした仲間団体のみならず、彼らの祭＝酒宴そのものもギルディと呼ばれた。中世都市の成立しなかったノルウェーでは、中・近世を通じてギルディといえば酒宴団体（酒を飲む以外に機能なし）とその酒宴をいう。英語のカンパニーと同じである（日本人にもなじみ深いコンパ）。ギルディの語源は、この宴への参加者が、各自の食物と飲物（とくにエール）を持ち寄ること、すなわち持分を「支払う」（ギャルダ gjalda）ことからきている。

　オルヴィルの行った釈明は、自分たちは確かに集まって宴をもったが、それは楽しみのための飲食（ギルディ）であって、犠牲の宴（ヴェイスラ）ではないということである。

真冬に至って、内トレンデラーグ人がメリンの農場に集まり、平和と冬の無事のために犠牲が捧げられたとの情報をえたオーラヴ王は、再び農民たちの代表を召喚する。再びオルヴィルが答える。われわれはユール（jul クリスマス）の祭をして一緒に飲んでいただけだ。ただ農民たちはみな「ユールの宴（jólaveizla）」に不足しないように食物と飲物を持ち寄ったので、ユールの日（クリスマス）が済んでも余ってしまい、それをずっと飲んでいたのだというのである。

「ユールの日」はキリスト教以後クリスマス（キリストの誕生日）にされるが（北欧ではいまでもクリスマスはユールと呼ばれている）、しかしユールという言葉とユールの宴は、キリスト教以前からある民俗的習慣である。言語学上の有力な見解によれば、この言葉はフィンランド語からの借用語で、もとになっているフィンランド語は、ユーラ（juhla）すなわち祭である。ユーラはカレリア方言では生産活動の終わりのとき、すなわち一一月に、「諸聖人の夕べ」を祝う酒宴である。アイスランドのキリスト教以前の暦では、「ユールの月」は一一月中旬（一一〜一七日）から一二月中旬（九〜一五日）をさしたらしい。ベーダの教会史によれば、アングロ・サクソンのユール月は一二月と一月である。

ユールの宴というものがキリスト教以前にエールを飲む犠牲祭だったことは、どうやら間違いない。ただしその日がいつかについては確実なことはわからない。スノッリはこの日を一月半ばとしているが、これは彼の解釈であって、他の史料によっては裏づけられない。しかしとりあえず彼の理解にしたがえば、キリスト教を押しつけた王権は、伝統的なユールの日を半月ほど前に動かしてクリスマスとしたのである。オルヴィルたち内トレンデラーグ農民は、異教の犠牲祭としてのユールのヴェイスラを行い、それをクリスマスとしてのユールのヴェイスラの居続けだと弁明したので

角杯を手にするクイーンのチェス駒（ルイス島、12世紀）

ある。

春になってキリスト教の復活祭の大ヴェイスラを開いたあと、オーラヴ王は内トレンデラーグに急行し、そこに配置されている家産官僚から事情を聞く。家産官僚とは、官僚制の成立以前に、王権の家・世帯（オイコス）に含まれている人員（解放奴隷、親族）が、王の全国統治に用いられた場合をいう。オーラヴ王は、解放奴隷などを積極的に全国の要地に家産官僚として配置した、最初の王であった。

家産官僚は、妻子と所有について王の保証を求めたうえで、表面的にはキリスト教を受け入れた内トレンデラーグ人が実は年に三度の犠牲の祭宴を行うことを話す。そして第三の宴は夏を迎えるべくメリンで行われようとしており、宴をひき受けている内トレンデラーグの四フュルキの代表一二人のうち、この春はオルヴィルが番にあたっているというのである。王はただちにメリンに向かい、オルヴィルその他を捕えて死刑にするのである（以上「聖オーラヴ王のサガ」第一〇七～一〇九章）。

これらの内トレンデラーグのヴェイスラやトレンデラーグ全体のヴェイスラは、広い地域にわたる農民の結集をイデオロギー的に表現する祭宴であったと考えることができる。第5章に述べたように、トレンデラーグはピラミッド状の集会体系をもっていた。王権は農民集会を、ある程度農民社会と妥協しつつも、これを自分の統治機構に組み込むことができる。またそれがもっている宗教的表現である集会地域ごとの異教の祭宴も、地域区分をキリスト教の司教・司祭管区に横すべりさせつつ、キリスト教の祝祭日にすることもできる。王権がしかし断固として暴力に訴えてもなさねばならなかったことは、地域的な農民結集を独立的な豪族の手によって主宰させることになる異教犠牲祭の廃止である。すなわち地域の祭宴は、全国統一的なキリスト教会の下部機構としての教会が許容しうるものでなければならないのである。

豪族による大ヴェイスラ主宰を屈伏させたからといって、農民のあいだの宗教的習慣としての犠牲祭やエール宴を禁止することは実質的には不可能である。この聖オーラヴ王の名と結びついている『グラシング法』一章（教会法）の第六条と第七条は、すべての農民と主婦に二つのエール宴を行うことを「義務」づけている。すなわち、諸聖人の夕べまでに、三人以上の農民がそれぞれエールを持ち寄って宴をもち、「キリストと聖マリアへの感謝のために、そして豊年と平和のために」エールは捧げられねばならない。同じく聖夜（クリスマス）に、「キリストと聖マリアへの感謝のため、豊年と平和のために」すべての農民と主婦はエール宴をもつ。これらの宴の実行は罰金をもって「強制」されている。王権は、民衆レベルの祭宴を根絶しがたいことを理解し、異教の慣習を強引にキリスト教の行事にしたてたに違いない。もちろんいうまでもなく、「豊年と平和のために」というスローガンは、くり返し述べてきたように、異教時代に起源をもつ農民社会のイデオロギーである。ユールの日に農民たちが集まり（ギルディ）、エールを飲んで乾杯する習慣は一九世紀まで続いた。

3　接待と租税の原型

王は従士を連れて農場を食い歩く

王がみずからをその従士団とともに扶養する手段もヴェイスラだった。王は王領地をもち、その中心をなしたのは「王の農場」と呼ばれる個々の大農場である。農場の経営管理は、一族のものや解放奴隷など家産官僚に委ねられる。王は従士団を連れて、これらの王の農場を移動して食って歩く。タキトゥスは『ゲルマーニア』一四章に、「供食——簡素とはいえ、ゆたかな供食は、彼ら（従士）に対する給与となっている」と述べているが、従士団、親衛兵は、王と食卓をともにするのである。したがって王と従士の食事はつねに宴＝ヴェイスラであった。日常のヴェイスラを整えるのも、王の農場の家産官僚の仕事であった。王の農場におけるヴェイスラに必要なものは、主として自家生産であったが、近隣農民からの寄与も行われたらしい。

タキトゥスは右の引用文にすぐ続けて、贈与と宴の材料はもっぱら戦争と劫掠《ごうりゃく》にあると述べたすぐあとの第一五章では、「それぞれの部族団体には、自発的、のみならずさらに個人的に、それぞれ家畜あるいは農産を首長にもたらすべき習慣がある。これらは敬重の徴《しるし》として受納されると同時に、また彼らの必要に対する支柱となる」と述べている。戦争と掠奪はもちろん王が従士団を維持する手段であるが、また王の家産官僚は必要な物資を輸入した。

第1章で述べたように、ソーロールヴ・クヴェルドウールヴスソンは、ヴァイキング行に出たとき、デンマークから品物を運んでいる王の臣下の船を襲って拿捕した。この臣下は南ノルウェーのスルマ（現トロムエイ）にあった王の農場の管理人で、麦芽（エールの原料）や粉をデンマークで買って帰るところであった。これらの品物は、王とその従士のヴェイスラに用いられるはずであったに違いない。

　王とその従士団が扶養されるのに、王の農場では不十分であったかどうかについては実証のかぎりではないが、統治のためには王の農場では足りなかった。はっきりしていることは、王の農場は主として西部、南西部の沿岸地方に集中しており、その他の地方では、王と従士団は王領地で生活することができないということである。彼らは、たとえばトレンデラーグではラーデのヤールのもとで、またその案内で、接待としてのヴェイスラにあずかる。また豪族＝大農の割拠する地方では、王は従士団を連れて次々と食って歩く。これは単に王権の扶養形態であるだけではない。従士団を連れて「ヴェイスラにおもむく」ことは、遠征・軍事的支配にほかならない。王権の初期の段階では、従士団を率いて王がやって来たときにだけその地方は「支配」されるのであり、王と従士が飲食しただけがその地方の王権に対する経済的負担なのであった。その意味では、王の巡回によるヴェイスラは経済学でいう「地代」形態である。

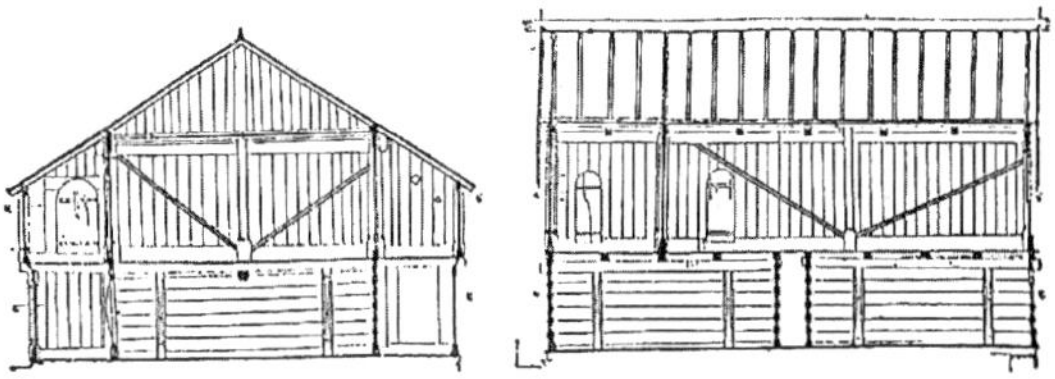

西ノルウェー、ヴォッスのギルドハウス。1300年頃の建物。集まってエールを飲むためにのみ用いられた

　この点で『ヘイムスクリングラ』「ハーラル美髪王のサガ」第一二章の伝える次のエピソードは興味深い。一〇世紀はじめ南部国境地帯（現スウェーデン領ヴェルムランド）は、ノルウェー王ハーラルとスウェーデン王エー

リクの両者に支配権を主張されていた。ということは、二人の王がそれぞれ従士団を連れてヴェイスラにやってくるということである。富裕な農民アーキは両王を同時にヴェイスラに招いた。彼は大きく古い宴会用のホールをもっていたが、新たに同じく大きなホールを建てさせる。ヴェイスラの日がくると、エーリクとその従士団は古いホールへ、ハーラル王の一行は新しいホールへ招じ入れられる。アーキは息子をハーラル王に託し、自分はヴェイスラを終えて帰るエーリクに討たれる。このエピソードは、本来は独立的な農民に対する上級支配権の移動を、ヴェイスラ用ホールの新旧を象徴として示しているのである。

「輸送の困難な所では品物を自分のもとに持ってこさせるよりも、自分が品物のある所へ行く方が容易であった」「宮廷の奥から国を統治することは不可能であったであろう。すなわち国土を掌握するためには四方八方へ絶えず騎行する以外には方法がなかった」「諸侯は従者をつれて絶えず自分の領地のひとつから他へと移動した。それは領地の監督を強化するためばかりではなかった。農産物を車で、全体の中心地に集めることは、不便でもあり、費用のかかることであったので、現地へ行って消費せざるを得なかったのである」。

これは北フランスをはじめとするヨーロッパ大陸における、一一世紀までのいわゆる封建時代の第一期に関する、フランスの社会史家マルク・ブロックの叙述である（『封建社会』、訳文は新村猛他訳、みすず書房、Ⅰの六一ページによったが、一部に誤訳があり訂正した）。

外見的には、ほぼ同時代のフランスなど当時のヨーロッパ先進地帯と、後進国ノルウェーが驚くべき類似性を示している。すなわち権力保持者が従士を連れて臣下のところを食って歩くことが、自己扶養でもあり、統治でもあったのである。しかし両者の基礎となっている社会経済的根拠は非常に異なっている。フランスでは交通・運輸が未発達なことが根拠である。ノルウェーでも内陸部については同じことがいえるが、沿岸部はかえって交通の便がよい。ノルウェーのような散居農民の世界では、支配者が出かけていくほかに支配の仕様がないのである。

支配者と臣下の関係も異なる。フランスでは賦役等に基づく所領経営の生産物を領主が消費するのであるから、消費対象である生産物は、所領の所有者たる領主のものである。彼はやってきた所領において主人である。ノルウェーでも「王の農場」ではそうであるが、臣下・農民のもとではそうではない。消費すべき生産物は農民が自分の農場で生み出したものであり、したがって主人は農民であって、王はあくまで客として接待されるのである。

接待と支配

この客への接待という形式は、ヴェイスラ提供者の側に不必要な違和感を起こさせないにしても、すでに、軍事的強制を伴う義務＝課税形態の性格をもっている。王とその従士団、たとえば一二〇人を三日間接待するとすれば、それは大酒飲みを一人一年間扶養するに等しいから、これは個々の農民にとっては大変な負担である。したがってヴェイスラ義務は大農、豪族に課せられ、彼らはその負担の一部を近隣一般農民に転嫁したと思われる。しかしそうだったとしてもこの在地関係は、王と豪族の関係とは別の問題である。イタリア中世のアルベルゴという農民の貴族に対する負担は、文字通り宿泊と食卓のためであり、神聖ローマ皇帝がイタリア滞在中、貴族たちにかかる接待費用が、その下の農民に転嫁されたものであるという。つまり「もてなし」という名の負担は、もてなしをする貴族にその支配下農民が支払う。ノルウェーでは、もてなしのために一般農民が有力農民に寄与したにしても、「もてなし」という名の負担自体は、自由農民たる豪族が王にするところの現実の接待であった。

ハーラル美髪王がホローガランの豪族ソーロールヴに対して最初に疑惑をいだいたのは、王がソーロールヴのもとでヴェイスラを受けたときであった。ソーロールヴが王以外に招いた人々、すなわち彼の「友人」は、王の連れてきた従士団の数を上まわった（『エギルのサガ』第一一章）。これはソーロールヴの勢力を誇示したことであり、武装していたかぎりでは反乱の危険さえある。王はタダで酒を飲みたいだけではない。王は支配しなければならないのである。

一一世紀はじめ王位を確立するために、聖オーラヴ王は三六〇人の兵力をもって東部高地地帯を通って、トレンデラーグに向けて進軍した。この地方はそれまで六〇～七〇人、最大でも一二〇人の従士を伴う王への接待義務を負っていた。そこで糧食に不足しないためには王は旅を急がねばならなかった。たとえば三日の滞在を一日にするということであろう。全国的に王権と人民の関係としてのヴェイスラが確立するには、従士団の人数、滞在日数、頻度が定量化される必要があり、それは農民負担の上限をなす。六〇～一二〇人というのは、サガの叙述からは合理的な数に思われる。それは当時の農民が収容しうる客の数の上限をなし、また当時の従士の数、すなわち王が食卓をともにする仲間の数でもある。それはヴァイキング船に乗りくむ人数でもある（オーラヴ王の三六〇人という兵力は従士だけでなく、北上する軍勢である）。

ハーラル美髪王がノルウェーを統一しつつあったとき、西部のフィルザ・フュルキの小王ヴェームンドは九〇人の従士を連れてある屋敷でヴェイスラを受けているところを、ハーラル王の同盟者であるメーレのヤール・ログンヴァルドの夜襲を受け、家ごと焼き殺される（「ハーラル美髪王のサガ」

第一二章）。ヤール・ログンヴァルドもまたのちに、六〇人の人々とともに、自分の屋敷で焼き殺されている（同二九章）。一一世紀はじめ、聖オーラヴ王も、ニダロス（現トロンハイム）に居館をかまえたとき、まわりに六〇人の従士（ヒルズマン）と三〇人の「客分」（ゲスト）を置いたという（「聖オーラヴ王のサガ」第五七章）。

ヴェイスラ負担の定量化はしかし、農民負担の上限を規定するのみであって、権力にとって安定した収入が実現するわけではない。ヴェイスラの特質、あるいはヴェイスラを唯一の農民負担とするような社会の特質は、支配者が客としてやって来ないかぎりは、農民は負担をなさないということである。実際オーラヴ王が三六〇人を率いてやって来る以前、約二〇年間にわたってノルウェーには王は不在だった（九九九年に同名のオーラヴ・トリュグヴァソン王が敗死して以来）。また王が在位している場合でも、毎年ノルウェー中を巡回することは不可能であり、そして王が従士団を連れて巡回しないかぎり、住民は王権については知らんふりをすることができたのである。北欧初期中世においては、「課税」とは支配と同義語だったのであり、現実の支配がなければ、農民の負担もなかったのである。

農民は客を選べるか

もしも王が毎年のように巡回してヴェイスラをとり、農民もまたヴェイスラを供する以外には負担をなさないという関係があったとすれば、ヴェイスラはその社会の「租税」といってもよく、かかる形でしか租税を払わない農民というのは王の友達みたいなものであろう。そのようなことは一国全体についてありうるであろうか。

この問いに答えるべきすばらしい例、研究がひとつある。ステインネスというノルウェー初期中世史の研究者は、一七世紀の課税表を検討し、ノルウェー南西部にウートシュルという名称の租税を支払うよう義務づけられている八〇ばかりの農場を発見した。これらの農場には、きわだった特徴がある。

①この地域には、ウートシュル以外の税は知られていない。
②農場はすべて大きな農場である。
③農場は幹線道路沿いに位置している。
④農場を結ぶ幹線上の要所、および延長線上には王領地（王の農場）があり、そのいくつかは、フーサビュー系の地名をもっている。

ちなみに、フーサビュー系地名農場は広く北欧全体に分布する（スウェーデンに約七〇、ノルウェーに四六、デンマークに九）とともに、いくつかの地域にかたよって集中し、しかも中世、それらは国王行政の拠点として機能したことが、各国ともほぼ確かめられている。

こうしてノルウェー南西部に、王の農場から王の農場へとつらなる幹線上に「ウートシュル」の義務を負担する農場が分布しているが、王の農場から王の農場へと王は従士団を連れてヴェイスラを受けつつ旅をしたのであるから、このような「ウートシュル」農場を通ったとき、そこでもヴェイスラを受けたであろうと考えられる。そうすると「ウートシュル」という税は、もともとは王の一行をもてなすことではなかったであろうかとステインネスは考えたのである。すなわち南西部に

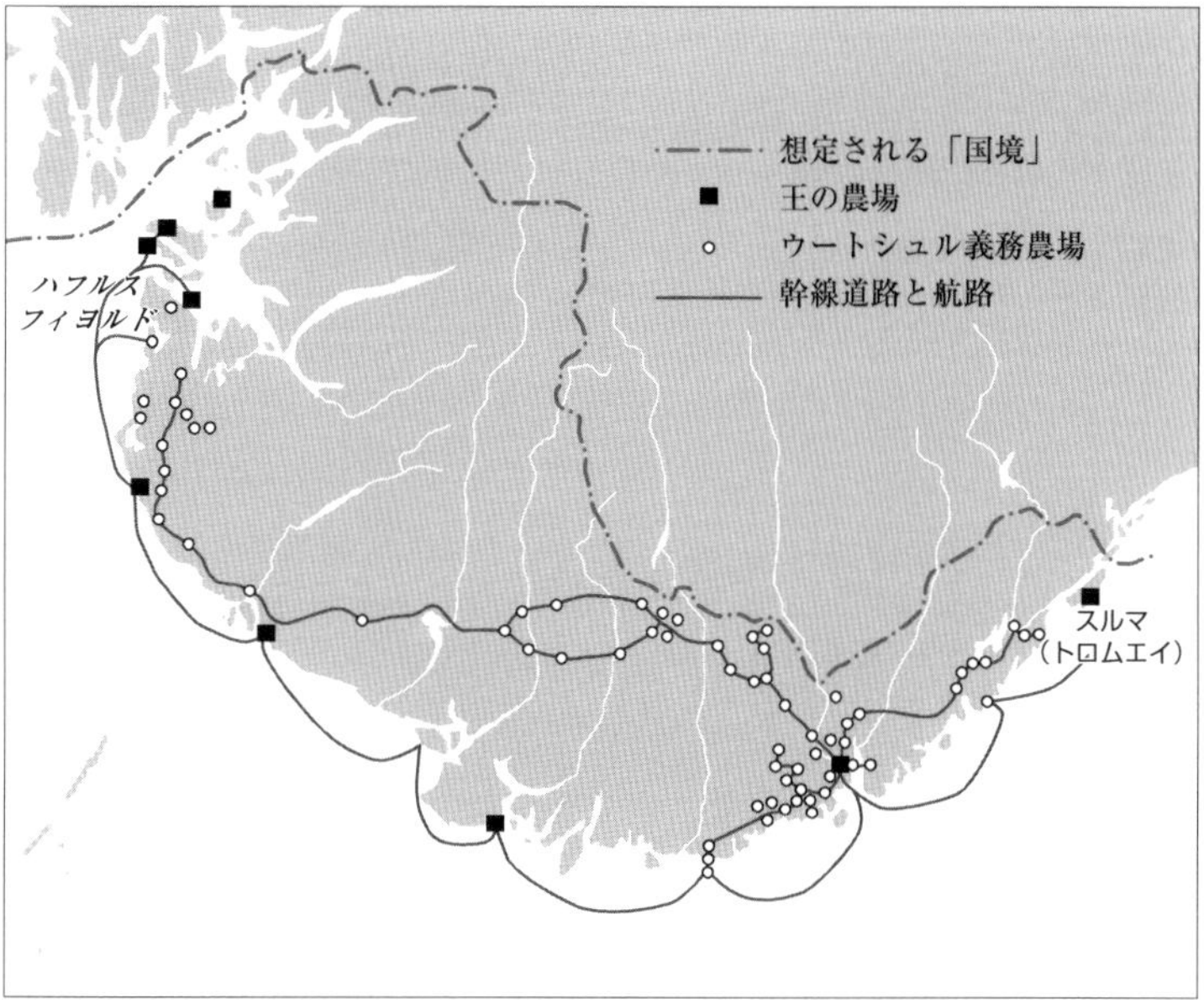

南西ノルウェー沿岸部の「ヴェイスラの国」（K. Mykland ed, *Norges historie*, vol.15, Oslo, 1980）

は巡回する王とその従士団を接待することだけを義務とする大農場が、道路沿いに適当な間隔をおいて配置されていることになる。ステインネスは同じ構造をもつヴェイスラ体系を中部スウェーデン、ウップランドにも見出し、ノルウェー南西部のヴェイスラ制「王国」はそれをモデルにしたものとする。彼はこの地方にかかる制度が成立したのを九世紀前半とし、ハーラル美髪王はこの地方を征服後、この組織を生かして王権の根拠地としたのだという。このヴェイスラ「王国」の東端には、さきに述べたスルマ（トロムエイ）の王の農場がある。

　ノルウェー南西部に、もっぱらヴェイスラを王とその従士団に提供することのみを王に対する義務とする農民＝豪族たちがあり、王もまた定期的にそこを巡回したという仮説を正しいとすると、問題はこのようなシステムが全国的に成立可能かということになる。すでに述べたように、王は身をもって全国をくまなく毎年巡回することはできない。そうすると考えられるのは、家臣によるヴェイスラ請求の代行である。すなわち王の従士団が王自身の一行とは別に支配下地域へ出かけて客となり、農民＝豪族からヴェイスラを受けるという形態である。

一三世紀のはじめにノルウェーで書かれた歴史書『ファーグルシンナ』によれば、ハーラル美髪王の統一以前から、西部地方のソグン（シュグナ・フュルキ）は、ハーラルの父ハールヴダン黒王の宗主権下にあった。そこを支配していたのはヤール・アトリであり、その支配はハーラルの代にも承認されていた。ハーラル美髪王は従士団を派遣してヴェイスラを受ける権利を代行させたが、彼らは節制がなかったので、ソグンの人々に嫌われる。ヤール・アトリはハーラル王に使者を送り、王みずから来てヴェイスラをとるようにいう。ハーラルはこれを拒否し、ついにアトリは、次の機会に王の派遣した従士たちを殺してしまうのである。この話が歴史的に事実であったかどうかは、ほかに史料がなく、追跡不可能である。しかし「租税」化しつつあるとはいえヴェイスラは、客の接待であるから、それにふさわしい客を必要としたということはいえるであろう。

中世の法典などからも農民のヴェイスラ義務は、北欧各国にみることができる。それはノルウェーではヴェイツレ（veizle）、スウェーデンではゲストニング（gästning）、デンマークではゲステリ（gæsteri）と呼ばれている。うしろの二つの表現は「お客（の接待）をすること」である。この義務は王に対しては、主として主要道路沿いの農民に課せられていた。巡回する司教に対して教区農民は同じ名称で呼ばれる接待義務を負った。一一七〇年ころのスコーネ（現スウェーデン南部、当時デンマーク）の教会法は、司教が教区へやって来たら、教区農民は三夜接待しなければならないと規定している。東部ノルウェーの『エイジヴァシング法』は、司教が主教会へきたら、それが夏であれば一五人のお供と馬を連れて、冬であれば八頭の馬を連れて二晩ヴェイスラを受けられると規定している（第一章の第四〇条）。

支配者の物質的必要が住民によって「賄われる」かぎりで、これは租税である。しかし全国民に対する租税としてヴェイスラが成立していたかどうかは、主要道路沿いにない農民たちがこの義務を負っていたか否かが問題となる。司教に対する教区民の義務ではなく、国家に対する国民の義務としてである。この点では王、司教につぐ第三のヴェイスラ義務、すなわち巡回する王の役人に対する接待義務をみればよい。王は主要幹線しか旅行しないが、役人はすべての農民を統治しなければならない。このときに役人の宿泊と食事は、農民によってまかなわれた。しかし一三、一四世紀の法規定によれば、王の役人は、王領地の借地農民に対してしかヴェイスラ請求権をもっていなかったようである。そうだとすれば、これは借地農民が地主としての王権に支払う地代の一形態であって、国民的租税、対国家義務ではない。スカンディナヴィア中世の土地所有農民は、王を自分たちの代表であり、客として接待すべき相手であるとみなしていた。あくまで彼らはみずからを主人とみなしていたのであり、役人を客とはみなさなかったのである。

ヴェイスラのゆくえ

王がその臣下に与える恩貸物もヴェイスラと呼ばれた。『ヘイムスクリングラ』によれば、ハーラル美髪王は全土の各フュルキにヤールを置き、その下にそれぞれ四人以上のヘルシルを置いたという（「ハーラル美髪王のサガ」第六章）。ヤールはアングロ・サクソンのアール（伯）にあたる。ヘルシルはそれより下級の軍事貴族で、英語のバロンに近いといわれる。王はヘルシルに「二〇マルクのヴェイスラ」を与え、ヘルシルはこれに対して二〇人の兵を王に提供する。全国的な施策としてこれが現実になされたとは、今日信じられていない。しかしそのこととは一応別に、ヘルシルは日常、従士を養い、王の必要なときには二〇人を率いて駆けつけ、この「忠誠」に対する給付が「二〇マルクのヴェイスラ」とされている。ヴェイスラは明らかに二〇人の従士の扶養、宴の費用に関連した表現であるが、「二〇マルク」の内容は不明である。

一一世紀の中ごろ、ハーラル苛烈王（在位一〇四六〜六六）は、ウールヴという人物にレンドマン（ヘルシルののちの呼称）の地位を与え、一二マルクのヴェイスラを与えたといわれる（『ヘイムスクリングラ』「ハーラル・シグルソンのサガ」第三七章）。以上二例は金銭によるヴェイスラ給付の可能性がある。

王権による「官僚」制度の追求が実際に始まったのは聖オーラヴ王（在位一〇一五〜二八）のときからである。彼は全国に、レンドマンとオールマンという「官僚」を配置しようとした。レンドマンは現実に豪族であるものを王の臣下としたものであり、このとき、王からその豪族の居住する地方にある王領地（敵対した豪族の没収地からなる）の一部が、レンドマンに与えられる。これは恩貸地（レーン）であって「貸し与える」のであるが、これがヴェイスラ、あるいは「ヴェイスラの土地」と呼ばれている。

「金銭ヴェイスラ」も「ヴェイスラの土地」も、王の臣下は元来従士として王と食卓を共にし、したがってその「給与」は宴＝ヴェイスラであったがために、食事を共にしない形となっても臣下に対する給与はヴェイスラと呼ばれたのであろうか。それともヴェイスラの土地は、王のために養う兵士の扶養の費用となるからであろうか。それとも王がレンドマンを訪れたときにうけるヴェイスラの費用とそれは見合っていたのであろうか。

オールマンは家産官僚である。はじめは他人（主人）の農場の経営管理を委ねられる家人がオールマンと呼ばれた。第3章でアイスランド最大の植民者としてあげたゲイルムンドは、自分の直営農場以外に、北部に四つの農場を建て、自分の奴隷たちに管理させた。その第一の農場は彼のアールマズ（オールマン）に管理させたとある（『植民の書』第一一五章）。第1章でふれたソーロールヴの家人ソルギルスもオールマンの役割を果たした。名をあげられているオールマンに、はっきりと解放奴隷とされているものもいる（「聖オーラヴ王のサガ」第一一七章）。王がある地方にやってきたときにヴェイスラをなすのは、そこのオールマンの仕事である。『グラシング法』第三条によると、このヴェイスラに必要なものを、オールマンは農民から生産物の形で集めたが、この農民負担もヴェイスラと呼ばれたらしい。

はじめ解放奴隷出身の家産官僚だったオールマンが、一二世紀以降、レンドマンをむしろ押しのけて、広域的な代官の役割をはたすと最近まで考えられていたが、ごく最近、二つの種類のオールマンを区別する議論が現れてきている。

一二世紀の内乱期をへて、しだいに誇り高いノルウェー自由農民は分解を遂げる。中世を通じて土地所有農民の手中にあった耕地は、全耕地の三分の一前後である。彼らの多くはヴェイスラ＝ヴェイツレを払わない。のこりの耕地は世俗の「貴族」領と王領地、教会領で、後二者の源泉は新開地、没収地および寄進地である。そこでは農民は借地人であった。

しかし散居制のおかげで賦役による大土地所有者の直営地経営はほとんど不可能であった。賦役というものは、人々が集中していなければならないのであり、牧畜農民には向いていない。それゆえ、聖俗地主の所領は分散していた。したがって農民は地主に対して定量の生産物ないし貨幣による地代を支払うだけで、身分上は自由のままであった。借地農民は農奴ではなかったのである。借地期間は通例三年だった。三年目ごとに王領地では役人が、その他のところでは地主が、契約更新のために借地人のところへやって来る。このとき、借地人は彼らにご馳走をする慣行があったが、このもてなしも、ヴェイツレと呼ばれたのである。一六世紀にはこのヴェイツレ義務は定量のビールの進物になり、さらに定額の貨幣支払いになった。ヴェイツレは一六〇六年に廃止されたが、それまでしばしばヴェイツレの語は、三年契約借地関係そのものと誤解された。

国家関係の発展しなかったアイスランドでは、ヴェイスラは本来の用法をもち続けた。異教の神々への犠牲や、新鮮な獣肉の共食といった意味こそ失ったが、困った人へのもてなし、旅人への宿と食事の接待を意味し続けた。今日なおアイスランドでは、レストランはヴェイティンガ・フースと呼ばれる。

第8章　贈与がむすぶ社会

宴会が社会（社交）的消費の形態から出発しながら、それにとどまらず、農民と農民、豪族・農民と王、王と従士、司祭と農民などさまざまな社会関係を創出する役割を演じたように、贈与も、低い水準の商品・市場関係における物の交換・移動にすぎないのではなく、社会関係の創出・維持・確認を媒介した。贈与は、人が必要な物を入手する方法であり、友情を確認し育てる手段であり、また殺害でさえも清算する決算の「支払い」でもあった。贈与は、王権が農民生産物を取り上げる方法となったこともある。しかし農民は、結局これを拒否したのである。

1 人間関係を育成する贈与

お返しの世界

贈与はそれ自身が何かに対する支払いであることがある。たとえば軍事勤務、詩作などのサービスへの「お礼」である。スカラグリームの息子エギルは、卓越した武人であるとともに、すぐれた詩人であった。彼は兄とともにイングランド王エセルスタンに軍事勤務し、戦功をたてるが、兄を失う。戦勝の祝宴でエセルスタンは、まずエギルの軍功に対して黄金の輪を自分の腕からはずしてエギルに贈る。ついで王は、銀（銀貨）の詰まった二つの箱をエギルに渡し、それをエギルの父に対する息子（エギルの兄）を失った償い（「息子の償い」）とし、一部はそのほかの親族に分けるようにという。またエギルに対して、「兄弟の償い」（兄を失ったことに対する補償）を与えることを申し出る。この最後のものについては内容不明であるが、サガには、エギルが大きな名誉を王から受けたと述べられている。エギルはエセルスタン王のもとに滞在中、王への頌歌を作ったが、その中で王を「金《きん》を破る者」（＝気まえのよい者）とよんでいる。エセルスタンはこれに対する「詩の報酬」として、各一マルクの黄金の輪を二個とマントを贈った（『エギルのサガ』第五五章）。

まことに多彩な贈与の世界である。贈与をもらった方が、贈り手を「気まえがよい」といって褒め、褒められた者がそのお礼に何かまた贈るなどということは、今日ならばよほどの俗物でなければできない。これは、贈与という今日では副次的、従属的な役割しか演じていない人間関係が、この世界では一次的で、主要な関係としての位置を占めているから起ることである。

エギルがエセルスタン王から受けた贈与はすべて、お返し、報酬、賠償の性格をもつ。第一の贈与は、エギルによってさきになされた働きへの特別な報奨であり、最後のそれは、詩作への報奨である。第二の贈与、「息子の償い」「兄弟の償い」は、「息子の人命金」「兄弟の人命金」と訳してもよい。すなわち誰かの息子、兄弟が殺され、殺害者と和解するときに受け取る人命金、賠償金のことである。もちろんここではエセルスタンが殺害者なのではない。しかしともかくエギルは兄を、エギルの父は息子を失った。その痛手を償うとすれば、死者の生命が捧げられた相手であるエセルスタンがなすにふさわしい。

エセルスタン王の宮廷に滞在中のエギル・スカラグリームスソン（『エギルのサガ』写本、17世紀）

ノルウェーでの話である。エギルはアリンビョルンという親友をもっていた。あるときエギルは、アリンビョルンの姉妹ギューザがその息子フリズゲイルとともに管理している農場に滞在した。ところがこのとき、「決闘者」と呼ばれるリョートが、フリズゲイルの妹を妻として要求して、決闘を申しいれてきたのである。決闘者というのは、他人の財産や婦女を手に入れるのに決闘の手段に訴える者をいう。この時代――一〇世紀中ごろ――には、決闘は合法的だった。フリズゲイルはまだ年若で、とてもリョートの敵ではない。母ギューザはエギルに助力を頼み、エギルは引き受ける。このリョートはスウェーデン人で、ノルウェーに親族はなく、もっぱら決闘によって財産を築いていた。当時の法によれば――とサガはいう――、決闘によって何かを要求する者は、決闘に勝てば要求していたものを獲得し、負ければ、彼のほうがそれに見合って出していたもの（賭金のようなものと考えればよい）を失う。また彼がこの決闘で死ねば、彼の財産は相手のものになる。エギルはこの決闘でリョートを殺したので、その財産を自分のものとすることができるはずであったが、急用があったので手続きを後回しにしていた。ところがこのあいだに、ノルウェー王（ホーコン善王）がこの財産を没収してしまう。というのは、この国に親族をもたない外国人の遺産は国王のものとなるということも法であったからである。

エギルの依頼によって、親友アリンビョルンは、ホーコン善王とこの財産について交渉するが、失敗する。エギルは非常に落胆する。すると、アリンビョルンは銀四〇マルクをエギルに贈った。この銀は、リョートの遺産にみあうもので、フリズゲイルが、お礼として払うべきものであり、エギルは喜んでこれを受取った（以上『エギルのサガ』第六四章、第六八章）。

この最後の贈与は、エギルの行為に対するお礼、報酬であるとともに、彼がその行為によって当然手に入れられるべきものを失ったことに対する補償でもある。エギルの行為は、ヴェイスラを受けた知人のための助力であり、たとえリョートが無一物であろうと同じことをしたであろう。その場合にもフリズゲイル、もしくはその伯（叔）父にあたるアリンビョルンは、エギルに感謝の贈物を与えたであろう。貨幣・市場関係に慣れたわれわれにとって、贈与は副次的であるから、エギルのその後の態度は、おそろしくがめついものにみえる。しかし、この世界では贈与は、あらゆる人間関係上の貸借のバランス決算手段なのである。

以上の例においては、物的贈与（ギョヴ giöf ＝英語のギフト、ドイツ語のガーベ）は、すでになされた何か（サービス）に対する報奨（ラウン laun）であり、また贈与者への好意のためにしたことを原因とする受贈者の損失に対する償い、弁償（ギャルド giälld、ギェルド giöld）である。のちに述べるように、贈与に対しては「お返し」（ラウン laun）という問題があり、学問上の論議の対象にさえなっているのであるが、ここでは贈与そのものが事前になされたサービスに対する「お返し」（ラウン）なのである。なおランゴバルド法典のラウネギルド（launegild）という言葉は、「お返し」を表す言葉としてよく例にだされるが、これは、ラウン（laun）とギェルド（giöld）の合成語である。

ちなみに、ラウンの現代語は北欧各国ともにレーンであるが、この言葉はお返し、弁償、補償をさすとともに、より日常的には賃金、サラリーを意味している。すなわち賃金とは、労働に対するお返しの贈与である。

先行投資の贈与

これまでの贈与の例は、すでになされたサービスへの返礼や報奨であったが、物的贈与を先行させれば、それに対するお返しとして何らかのサービスがなされることが期待できる。少なくとも贈与者がそれを暗に期待していることは、当事者と居合わせた者のすべてが了承していることである。

王侯は、訪れた旅人が武勇にすぐれていれば、彼に一冬の宿を供し、贈物をなす。客人は、従士とならなくとも、客（ゲスト）として滞在中は、王侯に軍事勤務する。このときの贈与物はマーラギョヴ、またはマーラギェルドといい、「契約」（マーリ）の贈物、契約の報酬ということである。

金の腕輪と銀貨を差し出してクヌート王への臣従をすすめる使節（クリスティアン・クローグ画、オスロー本）

反対に王侯など、自分より勢力の強い者への贈与は、何らかの保護、愛顧を求めている。

エギルの父一族は、ノルウェーの統一者ハーラル美髪王の仇敵であったがために、アイスランドへ渡ったのであるが（ソーロールヴ、クヴェルドウールヴ、スカラグリーム、第1章、第3章参照）、しかし依然としてノルウェーに友人をもっていた。エギルの兄ソーロールヴ（伯父にちなんで命名）はノルウェーに渡り、友人ビョルンの妻の兄である豪族ソーリルのもとに身を寄せていたが、このソーリルは、ハーラル美髪王の息子エイリクを養育していた。ソーロールヴは、自分の美しい船にエイリクが憧れているのを知り、それを贈与する。エイリク（のちのエイリク血斧王）は非常に喜び、「お返し」＝ラウンとして、自分の「友情」を与えようというと、ソーロールヴは、このラウンは自分の贈った船よりも大きいと答える（『エギルのサガ』第三六章）。両者は以後も贈与を交換し合っている（第三八、第四一章）。

この船の贈与は、お返し＝ラウンとしてさしあたっての実益を生むかどうか確実ではない。ソーロールヴは、エイリクが父王へ影響力を行使して、自分の一族への王の敵意を緩和してくれることを期待したのであるが、それが不成功に終わってもやむをえない「投資」である。この場合は、エイリクが父のあとを継いで王位についたため、「投資」は利益をもたらした。

事前になされたサービス、好意に対するラウンとしての贈与でないならば、贈与は受け手にとってある種の「借り」である。この「借り」に「友情」をもって返すつもりがないならば、物的贈与によってお返し＝ラウンをしておけばよい。だからもし、外国の君主から返礼なしの贈与を受ければ、それはその君主への臣従を誓ったに等しく、自国に従うべき君主がいた場合には裏切りである。『ヘイムスクリングラ』の「聖オーラヴ王のサガ」によると、ノルウェー王オーラヴがイングランド王クヌートと死活をかけた闘争を行っていたとき、ノルウェーの豪族たちは、クヌート王の贈与＝買収政策の対象となった。この贈与は「友情の贈物」と呼ばれている（第一五六章）。人々はクヌートから贈与と彼の「友情」を受け、反対に忠誠、少なくとも好意（オーラヴ王への支持をやめること）が求められている。オーラヴ王は、そのときに接宴を受けていた当の主人役であった若い豪族ソーリルが、クヌート王から黄金の腕輪を贈られていたことを知ると、彼を捕えさせ、処刑する（ソーリルは第7章で、やはりオーラヴ王に殺されたオルヴィルの息子である）。

クヌート王から贈られた腕輪を見せるソーリル（クリスティアン・クローグ画、オスロー本）

この事件は、ソーリルの親族・友人の多い地方では非常な不満を呼びおこしたという（第一六五章）。オーラヴ王は「裏切者」を処刑したのである。しかし個人が自立しており、贈与がたとえ買収であっても、個人間の自由な行為であるような社会では、王の行為は専制である。この社会で王がなすべきであると期待されたのは、ソーリルの背信に対して賠償を取ることで、実際に養父をはじめ多くの人々が、ソーリルのために賠償を申しでたのである。王がこれを受け入れてソーリルに平和を与え、クヌートとの関係を清算させ、しかるのちにあらためてオーラヴ王からソーリルへの「友情の贈物」が与えられれば、当時の社会関係ではうまくいったであろう。この場合ソーリルはクヌートから贈られた腕輪そのものか、それと同価値のものを返さねばならないであろう。腕輪そのものを返せば、クヌートとの敵対関係の表明になる。しかしオーラヴ王は、成立しつつある国家を代表して、かかる社会関係そのものに挑戦しつつあったのである。

友情を育てる贈与

アイスランドの全島集会（アルシング）など、北欧初期社会の集会体制のもとでは、農民相互の係争は、法にしたがって裁かれる側面とともに、集会体制を担う指導的な人々の実力によって勝負のつく側面をあわせもっている。そこで原告・被告はもちろん、訴訟指揮を引き受けたゴジ（豪族。第5章参照）も、有力者たちの実力による支持を求め、同盟をはかる。サガは、この種の助力を求める場合に、贈与が媒介となっている多くの例を示している。

個々の一般農民は、集会において特定の首長に属しているから、この場合は贈与なしに訴訟はその首長によってすすめられる。この場合でも、とくに勝訴したあと、謝意を表して贈与がなされるのは別の問題である。問題は「被護民」（シングマン）的農民が、そのゴジと法的に対立したケースである。『エイルビュッギャ・サガ』によれば、ソーロールヴという、きわめて非協調的な人物（第6章で決闘により土地を手に入れた人物）が、自分の息子であるゴジ・アルンケルと対立関係になり、これに対する訴訟を引き受けてくれるよう、同じ地区のほかのゴジ、スノッリの助力を求めた。スノッリははじめ、父子の争いに無関心であったが、ソーロールヴからある森を贈られて、訴訟を引き受けるのである（第三二章）。

第７章に述べたように、東区の豪族であり、みずからゴジであったフロシは「ニャール家の焼き殺し」に関して、アルシングできわめて強力な敵を相手にしなければならなかった。彼はまず自分の妻の父で、同じく東区のゴジであるハルを訪ね、その助言により、東区のすべてのゴジの支持をとりつけることから始めることにする。東区には全部でゴジは九人いるから、彼自身とハルを除くと七人である。以下七人のゴジの対応をみてみよう。

①ハルビョルン――フロシは金《かね》入れをハルビョルンに贈る。ハルビョルンはこれを受け取りながら、自分はフロシから贈与を受ける理由はないが、何をお返し＝ラウンに望むかと尋ねる。フロシは、集会に、親族でも姻族でもないが一緒に行って援助してほしいと述べ、ハルビョルンは了承する。

②フラヴンケル――贈与に言及なし。

③ホールムステイン――助力を求められたホールムステインは、助力に対する報酬＝ラウンはすでに受け取っていると述べる。

④ソルリ――贈与とともに援助を求められたソルリは、自分のマーグ（姻族――この場合他区のゴジである妻の父をさす）と同じ行動をとるので、いまは決められないと答える。

⑤ソルケルとソルヴァルドの兄弟――はじめフロシの助力要請を断わるが、フロシが一人につき銀三マルクを贈ったので、助力を約す。

⑥ビャルニ（ソルリの兄弟）――フロシが金《かね》を添えて支持を要請すると、「自分は自分の男らしさも助力も金で売ったことはない」と答え、無償の助力を約する。フロシはこれを喜ぶが、ビャルニの行為は、自分にあらゆる債務を負わせることになるといって感謝する。

⑦ソルケル（⑤のソルケルとは別人）――古くからフロシの友人であったソルケルは、今までそうしてきたように、フロシを援助すると述べ、別れの贈物をフロシに与える（以上『ニャールのサガ』第一三四章）。

以上、贈与関係の不明な第二例を除く六例のうち、贈与をもってフロシが助力を得ようとしたのは四例。そのうち姻族との共同歩調を理由に保留したのが一人、あとの三人は支持を約束し、そのうち一人は贈物を断わったために、フロシのほうが「借り」になる。この「借り」と、第一例の贈与に対して何をお返し＝ラウンに望むかと尋ねていることとは、助力・支持と贈与の関係を明白に示している。フロシが贈与なしに助力を得たのは二例で、そのうちひとつ第三例では、すでにラウンはなされているといわれているから、おそらく過去にフロシからホールムステインへの贈与か助力か、「貸し」があったと思われる。最後の第七例は、古くから、個々のケースに限定されない相互の日常的援助関係があったことは明らかである。この「友情」はここでは明言されていないが、宴への相互招待や贈与のやり取りによって育まれていたのであろう。

贈与や宴会によって成立し、維持される「友情」というのは、近代人にはやや奇異な印象を与えるかもしれない。近代では、友人にすでになっている者が、友情の表れとして贈与をし合い、宴に招待し合うように思われるからである。しかし、散居農民がどうやって友情を獲得しうるか考えればよいのである。独立経営の主体として農民たちは、なかば定期的に宴に招待し合い、楽しい幾日かを過し、別れに際しては主人が客に友情の贈与をなす。これは、その場その場で相殺される無意味な慣行ではない。これを通じて家と家の友情、すなわち武装農民の軍事を含む同盟が形成されるのである。

『ニャールのサガ』の前半は、知恵あるニャールと武勇すぐれたグンナルのかたい友情を軸として展開する。彼らの宴と贈与の交換を伴う友情は、軍事的援助、法的知識や知恵を授けること、飢饉の際の乾草や粉の贈与（この贈与は「友情の贈与」ではなく、必要物の供給である）、両家に対立をもちこむ試みに対して平和的に対処することなど、生涯を通じ、息子の代に続く全生活的な連鎖をなしている。これらの過程における個々の友情の表れ（助力など）は、フロシの助力をとりつけるための贈与の場合と違って、そのつど、贈与（ギョヴまたはラウン）などによって報われるわけではなく、全過程を通じて相殺されるのである。フロシの第七例もおそらくそうした関係であろう。

贈与を受けることは借りをつくることであるが、これに対する反対贈与は、借りを返すだけではなく、友情を双務的にするのである。贈与が友情＝同盟を媒介するとすれば、贈与物の受け取り拒否は友情の拒否であり、公然たる敵意の表明である。

第6章の「親族内殺害」の主人公であるキャルタンとボリの場合、もともと彼ら二人は親友であり、養育兄弟であり、従兄弟であった。キャルタンの父オーラーヴと、ボリの妻の父オースヴィーヴルも、互いに宴に招待し合う友人であった。ボリはキャルタンの海外滞在中にその恋人グズルーンを妻とした。キャルタンが帰国した年の秋はオースヴィーヴルが宴に招待する番であり、キャルタンははじめ出席をいやがるが、父の要請に従う。しかしボリが立派な馬を三頭キャルタンに贈ろうとするのを、キャルタンはかたくなに拒む。父オーラーヴも受け取るようにすすめるが、無駄であったという(『ラックスデーラ・サガ』第四五章)。サガ作者はこれによって長いフェーデ(血の復讐)のはじまりを暗示しているのである。

現在われわれの世界においても、贈物の拒絶は公然たる敵意の表明であり、軽くみても「カドが立つ」から、受け取って「お返し」をするのが「おとな」のやり方である。しかし現実には「お返し」にもかかわらず、人格的関係は清算しきれずに「友情」=くされ縁が成長する。公務員と民間人の関係と違って、独立農民=個人的所有者の世界には、買収やくされ縁のような裏の論理はない。それは公然たる表の論理であって、かけがえのない友情=同盟関係を育成するのである。こうした安定した友情=同盟のうち、最もかたいケースは、フロシの支持とりつけ過程でも示されたように、姻戚関係、すなわち結婚に媒介された同盟である。

2　婚姻関係を証明する贈与物

結婚に欠かせない贈物

二つの家の同盟としての結婚は、いくつもの要件をへて成立する。そのうち宴会については第7章に述べた。結婚に伴う贈与は、婦女(妻)の地位と子供の相続に関連する要件である。娘が初婚の場合、その保護者(父もしくは兄弟、もしくは伯叔父)が、求婚者もしくはその被相続人(求婚者が財産を相続するか分割する相手、父や兄)と結婚について「契約する」。「契約する」という動詞カウパ(kaupa)は、「売買する」ということでもあり、たとえば求婚者の父が、娘の父に向かって、「彼はあなたの娘をカウパしたがっています」というような表現から、北欧初期社会や古ゲルマンの婚姻制度を売買婚と考える人々もいた。

タキトゥスは『ゲルマーニア』で、ゲルマン人の結婚に伴う贈与を述べている。

持参品（贈物―引用者）は妻が夫にもたらすのではなく、かえって夫が妻に贈るのである。このとき、（妻の）両親、近親が立ち合ってそれを検する。贈物は、女の最も喜びとするものを選ぶのでも、また新婦の髪を飾るべきものでもなく、単に幾頭かの牛、および轡《くつわ》をはめられた一頭の馬、それに一口《ひとふり》のフラメアと剣とを添えたひとつの楯である。この贈物に対して妻が迎えられ、妻はそれに対してまたみずから、武器のうちのなにか一つを夫にもたらす。……彼女たちは……汚さず傷つけずに、威厳あるものとしてその子らに譲り、さらにその嫁たちが受けて、再び孫たちに伝えゆくべきものを、今、授かるのであると銘記せしめられる。（第一八章）

この夫の妻への贈与を、売買婚の証左として理解する見解があった。すなわち、妻となる娘を手放すことによって一家の労働力の幾分かを失う親たちに対する経済的補塡だというのである。タキトゥスがどの程度に古ゲルマン社会を理解し、正確に表現しえたかはたしかに問題である。しかしサガやのちの法典からは、北欧初期社会の婚姻と贈与は、『ゲルマーニア』第一八章が妥当し、売買婚説とは相容れないことが明らかになる。

第6章においてフルートとウンの結婚が失敗に終わり、ウンの持参金＝嫁資の返還がその後問題となったことを思い出していただきたい。あの結婚は、ウンの父モルズとフルートの兄ホスクルドのあいだで「契約」された。モルズは娘ウンに嫁資として六〇フンドラズを持たせた。これは六〇フンドラズ・エルの手織布のことで、銀に換算すると一五〇マルクに相当し、大変な財産である。

　このような巨額の嫁資を与えられたのは、ウンがモルズの唯一人の子供で、相続人であるからである。フルートはこれに対し、その半分の額のものを出さなければならない。法史料やサガではこれをムンド、また「三分の一の付け加え」と呼ぶ。すなわち嫁資と花婿側の贈与の合計の三分の一である。このときの契約によれば、合計九〇フンドラズの財産は、相続人（erfingi＝子供）ができたら、夫婦のあいだで平等に分けてもよいことが決められた（『ニャールのサガ』第二章）。相続人ができなければ全部ウンのものであり、ウンの離婚後モルズが、フルートの家に置いてきた嫁資の返還をフルートに求めたことは第6章に述べた。

結婚の宴に着いた客（『ヨーンスボーク法典』写本、16世紀）

　嫁資は娘に対する親権者の生前贈与であり、娘の生活を保障するとともに、結婚によってその結婚生活が順調ならば夫の管理下に入る。嫁資には夫側からの「付け加え」（ムンド）がなされ、妻の生活を万一の場合に保障する。これに結婚の翌朝、夫から贈られる贈物（リーンフェー línfé、ドイツ語のモルゲンガーベ）を加え、妻の固有の財産が形成される。子供が生まれると、妻はその母として違った保障をうることができるから、モルズとフルートの契約のごとく、嫁資と付け加えの合計は夫婦間で等分されてもよいことになる。

夫が妻へ「契約」によってなす贈与（ムンド）は、妻の保護者が彼女に付ける嫁資とともに、結婚の正式なること、両家の婚姻による同盟を確かなものにする要件なのである。いいかえれば、贈与を伴わない結婚は、よくて野合、悪ければ娘の掠奪であって、姻族男子（マーグ）のあいだに「友情」を創出せず、むしろ敵意と憎悪をうむ。

先に「先行投資の贈与」のところで言及したビョルンというノルウェー農民の息子は、宴席で豪族ソーリルの妹ソーラを見染め、その宴席で個人的に求婚したが、ソーラはこれを断わる。ビョルンはそこでソーリルの留守中に、ソーラを奪って自分の家へ連れ帰った。ビョルンの父はこれを咎め、結婚式をあげさせず、ソーリルに使者を送り和解を乞うが、ソーリルはソーラの返還を要求する。ビョルンはソーラの返還を拒否し、母の管理する婦人部屋に住まっていたソーラを再度さらって海へ出、シェトランド諸島へ渡ってそこで結婚式をあげる。ビョルンたちは、のち、アイスランドに渡り、スカラグリームのもとに身を寄せ、娘アースゲルズを生み、スカラグリームとその息子ソーロールヴの仲介によって、ソーラの兄ソーリルと和解することができた。ソーリルは、ソーラの財産を渡した。すなわちソーラは、亡父から結婚とともに受けるべき嫁資を受け取ったのである。それからソーリルとビョルンは姻戚による友情をもったという（『エギルのサガ』第三二～三五章）。

一組の男女の愛情に基づく結びつきが、二人のそれぞれが属する二つの家を同盟させるのではない。二つの家の同盟契約が結婚を推進させるのであり、したがって結婚は両家の同盟を結ぶ神聖な宴と、この結合から生まれる子供が行う相続を保証する贈与を要件とする「正式」なものでなくてはならない。ビョルンとソーラの結びつきも、甘いラヴ・ストーリーで終わることはできなかった。

贈物が嫡出を証明する

ソーラが死ぬとビョルンは、アーロヴという女性と「正式」に結婚し、娘グンヒルドが生まれる。ソーラの娘アースゲルズはスカラグリームの息子ソーロールヴと結婚し、ソーロールヴの死後、ソーロールヴの弟のエギルと再婚する。グンヒルドはノルウェー王の家臣オヌンドと結婚した。ビョルンが死んだとき、子供はグンヒルドとアースゲルズの二人の娘だけだった。オヌンドはビョルンの全財産をおさえ、半分を要求するエギルとのあいだに遺産争いがおこり、問題はグラシングの法廷へもちだされる。オヌンドの主張はこうである。

わたくしの妻グンヒルドは、ビョルンとビョルンが正式に迎えいれたその妻アーロヴとの娘であり、グンヒルドはビョルンの正しい相続人であります。……ビョルンのもう一人の娘には受け取るべき遺産はありません。彼女の母は捕虜（力ずくで奪われたもの）であり、のちに妾とされたのであって、親族の同意をえていなかったのであります……。（第五六章）

つまりオヌンドは、ソーラはビョルンに掠奪されたのであるから女奴隷であり、その子供には相続権がないというのである。すでにみたごとく、ビョルンはソーラの保護者であった彼女の兄のソーリルと和解し、ソーラの財産（嫁資）を受け取っているのであるから、事後的にせよ、彼らの子供に相続権があることも正式に確認されたに違いない。事実アースゲルズの夫エギルの訴訟代理人（親友アリンビョルン—ソーリルの息子、したがってソーラの甥）は、相続資格があることが取りきめられたときの証人を証言者として申請している。

ここでは事柄のなりゆきそのものが重要なのではなく、結婚の正式なことは、相続の条件であることが肝心の点である。そして子供に相続権がある正式な結婚について、『グラシング法』は次のように規定している。

> 子供が遺産を相続できるためには、われわれは妻をムンドをもって契約すべきである。人は最低一二エイリルのムンドを誓うべく、また証人がいなければならない。彼は（花婿の）付添いを、彼女は（花嫁の）付添いを伴うべし。そして二人が夜を共に過した朝に、彼は彼女に誓った額の贈与を彼女に与うべし。そうすればこののち生まれる子供は遺産相続できる。（第五一条）

この法規定では、ムンド（夫が妻へ贈る、嫁資への付け加え）とモルゲンガーベがすでになかば混同されている。しかしいずれにせよ子供に遺産相続権があるためには、嫡出でなければならず、そのためには結婚が正式でなければならず、正式であったことは、双方の証人と、夫が妻に与えた贈与とによって証明された。かかる証明の必要の客観性は、ビョルンの遺産をめぐる争いのなかに、はっきりと示されている。このような事態がありうるからこそ、ソーラを掠奪したビョルンに対して、ソーラの保護者である兄ソーリルは、まずソーラの返還を要求したのであろう。

同じく『エギルのサガ』によれば、北ノルウェー、ホローガランのトル

ビョルンの系図

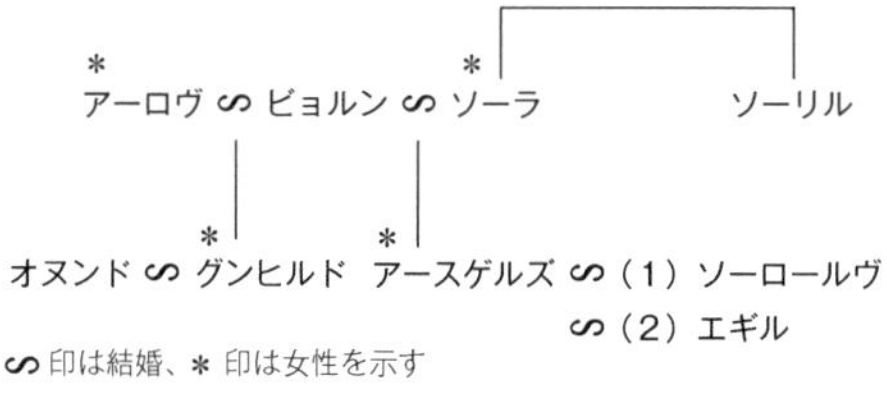

∽印は結婚、＊印は女性を示す

ガルの豪族ビョルゴールヴは、年をとって妻が死に、一人息子ブリュニョールヴに農場を任せたあとになって、ある宴席で美しい娘ヒルディリーズを見染めた。彼は武装した家人を連れて、娘の父ホグニの農場を訪れ、即席の結婚式を強要し、黄金で一マルク（この場合、銀重量一マルク＝八エイリル分の価値にあたる黄金）をもって彼女を「契約した＝買った」。二人のあいだには、二人の息子が生まれたが、ビョルゴールヴが死ぬと、嫡子ブリュニョールヴはヒルディリーズの息子たちには何も譲らず、母子ともに追い出した（第七章）。

ブリュニョールヴのあとは、その息子バールズが継ぎ、バールズが死ぬときの遺言によって、継承者たるべきバールズの妻の二度目の夫となったソーロールヴが継いだ（第1章参照。これは「遺言」による相続ではない。相続人たる妻の再婚相手を指定し、しかもバールズは王の従士なので、王がこれを保証する。ソーロールヴは、バールズの妻に正式に求婚している）。

ヒルディリーズの息子たちはソーロールヴに会い、彼らの母はムンドをもって契約された（一マルクをさす）のだから、その息子である自分たちは、アザルボリン（オーダル生まれ、生まれながらの相続人）であると主張する。これに対してソーロールヴは、彼らの母は暴力で奪われ、捕虜とされたのだから、彼らは相続権者（アルヴボリン）ではないと反論している（第九章）。

ここでも正式の結婚、贈与と証人（とくにこの場合、相続人たるブリュニョールヴの同意）の有無が、子供の相続資格に対して問われている。なお、ビョルゴールヴが与えた八エイリルは、『グラシング法』第五一条の一二エイリル以上のムンドより少ないから、この法によれば相続権が子供にないことになるけれども、ここではその大小が問題なのではあるまい。

3　相続

遺産の先渡し

これまで述べてきたいくつかの贈与慣行における贈与物は、たいていの場合、動産、とくに贈与者が自分の働きによって入手した動産であった。これに対して不動産、とりわけ所有者が自分の働きによって入手したのでない不動産と動産、すなわち相続によってえた「家産」は、所有者によって簡単に贈与の対象とはならない。かかる行為は相続人の権利侵害になるからである。

相続慣行については3章においてすでに述べた。すなわち相続は遺言によらず、自動的な順位に基づいてなされ、団体にではなく個人に相続され、女子もまた相続権をもつが、息子のいるかぎりは娘に不動産は分けないようにする。ところで遺言とは、死にゆくものの贈与意志にほかならない。したがって遺言によらない相続慣行というのは、被相続人たる所有者が、生前に相続人の意見を無視して、本来相続権をもたない者に贈与することは許されないということであり、また複数の相続人がいる場合（息子が二人以上いる場合）、遺産の配分の仕方を死者が決定できないということである。

農民が死んだときに、子供たちが一人も結婚していない場合、子供たちは共同で相続し、結婚するにしたがい分割することも第3章に述べた。女子に対する遺産分割は、主として動産によって、嫁資の形で行われる。したがって娘が未婚のまま父親が死ねば、息子が農場を管理し、姉妹の結婚について嫁資分配を行う（婚姻契約の締結権をもつ）。息子が二人以上いて父の生前に結婚する場合、生前贈与がなされ、その息子は父が死んだときの財産には権利がない。また息子が海外に出かけたいといえば、父は船や商品などを与える。これは不動産ではないし、最終的な生前贈与ではないから、その息子の相続権の一部先渡しである。この場合、海外に行かずに父のもとにとどまった息子は、海外へ行った息子よりも、父の死に際してより多く分配を受けなければ不公平になるであろう。そのため『グラシング法』は不公平の清算を規定している。この条項は現在非常な誤解を生じているので言及しておきたい。

> 人がその（一人の）息子に、他（の息子）に対するより以上のものを与えているならば、彼ら（息子たち）が彼（父）の遺産を分割するに際して、彼（他の息子）は未分割財産のうちから、より多くを取った彼（より多くを生前与えられていたほうの息子）に与えられたのと同じだけを取るべし。それからのち、残っているものを等しく分けよ。贈与（ギョウ）は補償支払い（ギャルド）よりもよい（得である）のだから、誰でも補償（ラウン）されていないならば自分の分をもつ（取る権利がある）。いかなるものも与えられたものと等しくされないかぎり償われたことにならない。
> （第一二九条）

ここに訳出し、カッコに補ったように読めば、これ以上の解説はいらないくらいであるが、蛇足ながら補足説明をしておく。人（A）がその息子たちのうちの一人（B）に他のもの（C—複数でありうる）より多くの生前贈与をしていたら、Aが死んで遺産を分けるに先立って、Bがより多く与えられていた分をCがまず控除して取り、しかるのちにBとCで残りの遺産を分割すべきである。そうしてもBに不利益ではない。というのは、Bはその生前贈与を用益していたから、あとでCが受けた補償よりも得なのである。だからBが得ていたものに当たる分を補償されていないかぎり、Cには自分の分を取る権利がある。Bが与えられたものはどんなものでも計算して、同価値がCに弁済されなければならない。

したがってたとえBが、すでに与えられたものを失ってしまい、いまはもっていなくとも、彼に与えられた分と同じ額がCに与えられねばならないのである。以上の文言に続いて第3章に引用した庶子への贈与が規定されている。

この条文について非常な誤解があるといったのは、筆者が引用した部分の後半について、久保正幡氏が次のように訳し、それを「贈与物同額報償義務」「贈与物取戻権」が存在した論拠とされたことから生じている。すなわち、

それゆえに贈与は支払よりも得なり、けだし各人に彼の（sina）贈与は、報いられざるかぎり属するがためなり。如何なる贈与も、与えられたるものと同額だけ返り来らざれば、報いられず。（『西洋法制史研究』岩波書店、一九五二、一九二頁）

この訳によれば、AがBに贈与をなしても、BがAにその贈物と同額報いないかぎり、贈与物はAに属することになる。ところが久保氏は「各人に彼の（sina）贈与は、報いられざるかぎり属する」と訳されたが、この「sina」は、「彼の」もしくは「彼の贈与」を表すのではなくて、「彼のもの」という意味である。したがってこの文章は、「彼のものは報いられざるかぎり彼に属する」という意味で、これをAとBしか登場しない文脈で理解すれば、久保氏がなしたごとく、贈与者Aが

自分の与えた贈物を持つ（支配権をもつ）となってしまう。しかし、筆者が訳出したように、そのまえの部分から読めば、Aは死んでいること、Bは息子であり、他の息子Cもいることがわかり、「彼のもの」の「彼」はCであって、したがって「彼のもの」はCが当然受けるべき「分」、Bに与えられてCには与えられていなかった差額であることがわかる。

法条項から現実の社会を描く場合に必要な手続きのひとつは、その条項が何を目的としたものかを確認しておくことである。そうすると『グラシング法』第一二九条は、相続法の一部であることがはじめに注意されるべきであった。もうひとつは、別の資料からえられる社会現実のイメージとその法条項が適合的であるかどうかということである。

贈与物の取戻し

農民の生前に行われた贈与が、相続人の権利に関して問題となる、よりややこしいケースがある。それはその贈与が他人に対する不動産譲渡であった場合である。第3章の土地分配にみたごとく、アイスランドの植民者は、同行者とあとから来た者とに土地を与えた。このうち同行者に対する土地の分与は、チームのリーダーとしての分配であるが、あとからやってきて、無人の土地を見いだせない人々に対する土地分与は、贈与である。この土地は、もし贈与されなければ贈与者の息子に相続されるべきものであるから、贈与を受けた者と、贈与者の相続人とのあいだにトラブルが発生しうる。

『植民の書』ストゥルルボーク版の第三九四章、ハウクスボーク版の第三五〇章によると、アイスランド最初の移住者インゴールヴは、あとから移住してきた親族関係のある婦人ステイヌズ（またはスティヌン）に最初の一冬の宿を提供し、翌春、ある土地を与えた。「スティヌズはこれに対してぼろのコートを与えてこれを取引（kaup）と呼んだ。彼女にはこのことが、契約無効の危険がより少ないと考えられたのである」。

このいささかユーモラスな「取引」はどのような意義をもち、またこのぼろのコートがなければ（すなわち形式上、無償の贈与であれば）、いかなるトラブルが発生しうるのか。『植民の書』やサガは無数の無償土地贈与を語っているが、そこから生ずるトラブルについては例外的にしか言及していない。その例外的ケースを以下にとりあげる。

『グレッティルのサガ』によれば、主人公グレッティルの祖父オヌンドはアイスランドに移住し、先住者エイリークのすすめによってエイリークの所有地の南にあるあまりよくない土地を「取った」（これは土地占取――第3章参照――であって贈与ではない）。同時にエイリークは、オヌンドの取った土地に隣接する自分の土地の一部を、オヌンドに無償で贈与する。「しかし（贈与された土地・浜辺への）漂着物については決められなかった」。というのは、当時は漂着物が多く、誰でも欲しいものが取れたからである。しかし定住者が増え、土地贈与の当事者たちが死ぬと、エイリークの息子フロシには、オヌンドの息子たちは「エイリークがオヌンドに与えた土地に対して法的な資格をもっていないように思われた」。こうして両者のあいだに争いが生じ、飢饉の際、問題の浜辺への漂着物（鯨）をめぐって戦いがあり、死傷者が出て、問題は全島集会（アルシング）にもちこまれる。

戦いと死傷者に関する裁判結果はここではさておき、問題は贈与された土地と漂着物についての法的資格である。フロシ側は、オヌンドの息子たちに対して、「土地と漂着物のために fé（財産、金《かね》）を支払った」ことを証明するように要求したが、オヌンドの息子たちはこれを証明できなかった。意見が「法を語る者」（第5章参照）であるソルケル・マーニに求められた。ソルケルはアイスランド最初の植民者インゴールヴの孫にあたる。彼は自分の祖父インゴールヴとスティヌズの例を指摘しつつ、価値のいく分かでも支払われていれば法的であろうと述べた。したがって問題の土地に対するオヌンドの息子たちの所有は法的でないので、フロシと二分し、漂着物については二分した土地の浜の所有者が自分のものとし、いままでの入会関係を廃止するように助言し、そのようにされた。

これによれば、無償の土地贈与はただちに無効というわけではないが、（当事者がいなくなった段階で）法的に譲渡であったことを証明するためには、「価値の幾分かでも支払われて」いることが必要である。すなわち受贈者側の「お返し」という贈与が、土地贈与の事実（たとえば貸与ではないということ）を証明する証拠であり、結婚に際して夫が妻に贈るムンド同様、子供への相続に関連した手続きとなっている。

しかし同時にみすごしてはならないことは、この争いの結末である。対価が支払われたことを立証できない贈与地は、贈与者の相続人にそっくり返還されたのではなく、両当事者のあいだで折半された。これは現実の占有・用益者の権利を否定できないからである。フロシもまた漂着物については入会慣行を享受してきた。もしフロシがこれをなしていなかったとした場合、はたして彼はたとえ半分にせよオヌンドの息子たちから土地を取り戻せたであろうか。

土地登記をなすべき第三者的な公的機関がない以上、すべての「取引」、契約は、証人と誓いとシンボリックな行為によるしかない。「対価支払い」は買取りに等しい対価の支払いではなく、貸与ではなく譲渡が確かになされたという法的立証手続きとしてのお返し（＝贈与）とみなすべきであろう。なぜなら、この社会には、贈与に対するお返しの慣行があり、貸与に対してはお返しがない。それゆえ当事者の死んだあと、貸与でなくて贈与だったことを証明するには、お返しがあったことが示されれば十分である。

久保正幡氏は、古北欧社会では、贈与に対して同額報償義務があるだけでなく、これがなされなければ贈与者は贈与物を取り戻すことができると主張される。こうした一般的表現(命題)のもとに久保氏はいかなる社会現実を考えておられたのであろうか。一般的表現をたてるとすれば、筆者は、むしろ誰も贈与物を取り戻すことはできないといいたい。贈物が食物であれば、食べてしまえばおしまいである。一方、一般的にあらゆる贈与・給付は、それを受けた者に「借り」の気持ちをもたせることも事実である。「借り」を返す方法はふつうには何らかのサービスによってである。問題は物的贈与に対して等価の物的贈与をもって返すというようなことがあるのか、さらにまた与えたものそれ自身を取り戻すというような現実がありうるか、ということであろう。

「取引(kaup)」が交渉の場で完了せず、証人を立てて取引が契約されたあと、Aが品物を与えたのに、Bは自分の品物を引き渡さない、というようなことがあれば、AはBに約束された対価を要求し、Bがそれを実行しなければ、自分の与えたものを取り戻すであろう。これは贈与の形をとった取引の失敗である。またAがBに土地を貸与したところ、Bはこれを贈与されたものだと主張して、Aの返還要求に応じないという場合もある。この場合Aは、Bに対して、その土地が贈与された証拠の提示を求めるであろう。古北欧社会では、贈与であるためには、「お返し」があったことが証明されればよいのである。したがってこの「お返し(ラウン)」は、贈与物の対価(同額)である必要はもちろんない。

不動産譲渡の一方法としての贈与は、贈与が友情を育み、しかも友情が父から子へとひきつがれることを前提に成り立っている。もし友情が途絶えれば、贈与者の相続人はかつての贈与物を取り戻したいと考える、というところからこの問題は発生する。すなわち北欧初期社会の贈与慣行は、前近代とりわけ未開社会の現物経済的な一般慣習の一部として位置づけるだけでは不十分であって、散居農民社会という生産様式と結びついた人と人との結合関係の問題としてとらえなければならないのである。

4 王による贈物の強制

タキトゥスは『ゲルマーニア』に「それぞれの部族団体には、自発的、のみならず個人的に、それぞれ家畜あるいは農産を首長にもたらすべき習慣がある」と述べている（第一五章）。二〇世紀になってもハインリヒ・ダンネンバウアーのような学者は、この贈与を義務と誤解した。自発性と租税は矛盾するが、保護を求める贈与は簡単に義務に転化しやすいように考えられがちである。しかしやくざの「用心棒料」的なこうした贈与の租税への転化は、北欧社会では成立しなかったのである。

アイスランドには、一二六二年と六四年にノルウェー国王への納税義務を承認するまで、租税はなかった。そしてこの納税をもって独立の喪失と考えられている。ノルウェーでは一二世紀末から一般租税が成立していったと考えられるが、それまでに贈与の租税化は試みられたが、失敗したように思われる。

歴史書『ファーグルシンナ』によれば、九〇〇年前後にハーラル美髪王は農民に「鼻の支払い」（人頭税）を課したが、その息子ホーコン善王は、これを廃止して代りに「船の支払い」（第9章参照）を充てたという。「鼻の支払い」とは解放金、人命金のことで、この表現は被征服者の身代金的イデオロギーをもっているようである。このノルウェー最初の「租税」については、少なくとも全国一律の租税としては早すぎるものであり、実際にはありえないこととされているが、直接ハーラル王の影響下にあった地域については、『植民の書』ハウクスボーク版第三一四章が史料となっている。

南部山間部テーレマルク地方に、アースグリームという豪族がいた。ハーラル美髪王は、スルマ（第7章に言及した南部の王の農場）の家産官僚ソーロルムをアースグリームのもとに派遣し、租税（スカット）を要求する。アースグリームは、王に馬と銀を贈り、この贈与（ギョヴ）は支払い（ギャルド）ではないという。ハーラルはこの贈物の受け取りを拒否し、再度ソーロルムを税徴収に派遣する。アースグリームが農民集会を開いて相談すると、農民たちは税を支払うつもりがなく、アースグリームに回答を委任する。このあと、ソーロルムの奴隷がアースグリームを殺し、農民たちはこの奴隷を殺す。アースグリームの息子はソーロルムを殺してからアイスランドへ移住する。すなわち「自発的」な贈与は、身代金的な支払い＝租税と対立してとらえられている。

ノルウェー史上ふたたび人頭税的な「贈物」＝税が現れるのは、一〇三〇年ごろである。この年、再起した聖オーラヴ王は、北ノルウェー農民軍のため敗死し、ノルウェーはクヌート王の支配下にはいる。統治はクヌートの庶子スヴェンに、実質的にはその母アルフィーヴァに委ねられた。彼女の定めた法は「アルフィーヴァの法」と呼ばれ、怨嗟の的となる悪法とされているが、そのなかに贈与のかたちをとった税が含まれている。

『ヘイムスクリングラ』によれば、すべての農民は、かまどごとに、ユール（クリスマス）のときに一定量の麦芽と、三歳牡牛のハムと一桶のバターを、また主婦は、親指と中指でつかめるだけの太さの紡糸を王にもたらさなければならないのである（「聖オーラヴ王のサガ」第二三九章）。

ノルウェー農民は、自分が敗死させたオーラヴ王の遺児マグヌス（北ロシア、ノヴゴロドに亡命中）を迎えて、デンマーク人に叛旗をひるがえす。これがマグヌス善王（在位一〇三五〜四七）である。『グラシング法』第一四八章は、おそらくこの法典中最古の内容をもつと考えられている規定である。それは、マグヌス善王が確認したことを、ホーコン・マグヌスソン・トーレフォストレ王（在位一〇九三〜九四）が追認したもので、「ユール（クリスマス）の贈物」はすべて以後あるべからず、と規定している。この「クリスマスの贈物」は、われわれの知っているクリスマス・プレゼントのことではなく、「アルフィーヴァの法」に定められた、クリスマスに差し出す農民と主婦の義務のことである。ノルウェー人は、「自発的」ではない命ぜられるクリスマスの贈与、すなわち租税を拒否したのであった。

第9章　海軍役——農民の武装と王権

北欧初期社会で行われた犠牲祭は、農民の共同体的な結集を宗教的に表現している。そこでは、豊穣と平和および戦勝のために、エールの乾杯がなされ、オージンの神に捧げられた馬肉が会食される。この最後の「戦勝」という要素は、アイスランドではほとんど問題とならなかった。この島にとって防衛ということは、実際の意味をもたなかったからである。

しかしスカンディナヴィア本土では、外敵の撃退こそ、共同体へ結集する農民たちの基本的な共通の利害をなしていた。そしてこの目的のために、農民たちが自発的に、自分たち自身の機構によって対処しうる地理的な範囲は、おのずと制限される。農民社会が各個撃破されないためには、農民自身の組織をこえた広域的な防衛機構が必要である。

1 農民社会に王権が必要な理由

国内ヴァイキングの禁止

この時代の軍事技術は、いわゆるヴァイキングのとった戦術に表れている。すなわち水系を交通路とし、一隻の船に乗れる人数を最小限とし、相手の予測できない時と所を選んで急襲するかぎり、たいてい攻撃は成功した。一隻の軍船は、舷側に二〇〜二五のオール穴をもっていた。すなわち左右にオール穴をもつ二〇〜二五の「部屋」（座席空間であるが、漕手の座るべきベンチはなく、荷物を入れた箱を置いて腰かけていたらしい）があって、漕手だけで四〇〜五〇人、戦時には一「部屋」に四人、舵取りの一人を含めて八一〜一〇一人が乗ったのである。

「外敵」とは、農民社会にとって、自分たちの法的共同体の外から来る攻撃すべてをいう。したがってヴァイキング時代のスカンディナヴィア人にとって、法地域の異なるほかのスカンディナヴィア人こそ、最も危険な敵であった。このような敵から自分を守るには、独立した個々の法的共同体を越えた広域的な軍事力が必要である。そのような軍事力をもった権力が王権である。

ノルウェーの最初の「沿岸部」統一王権を樹立したハーラル美髪王の征服＝統一事業について、ヨハン・スクライナーという学者は、『聖オーラヴとノルウェーの統一』（一九二九）という書物のなかで、次のようにいっている。

交易港スキーリングスサルをもつヴェストフォル（オスロー南西部沿岸地方）の豪族と、毛皮交易に関心をもつ北ノルウェーの豪族は、両者を結ぶ沿岸交通路（「北の道」＝ノルウェー）の安全に共通利害をもっていた。この幹線航路は、西ノルウェーの沿岸・島嶼を縫っていたが、ここには当時ブリテン諸島をはじめ、西ヨーロッパへの掠奪をなしていたヴァイキング豪族が割拠していた。そこでヴェストフォルの小王だったハーラル美髪王は、北ノルウェーの代表権力であるラーデのヤール家と結んで、西部地方の豪族たちを打倒したのだというのである。この事業は、ヴァイキング行為を封ずるという点では、一般農民の利益でもある。

ハフルスフィヨルドの戦いを記念して1983年に建てられた「岩に刺さる剣」(Sverd i fjell)。ノルウェー王オーラヴ5世が除幕式に立ち会った

一国の統一は、国内の各部分間の争い、いままでの「外敵」としての相互のヴァイキング的掠奪を禁止することによって、平和を樹立することになる。ハーラルは、国内ヴァイキングを禁止した。

九一一年、フランクのシャルル単純王によって今日のノルマンディー東部に封ぜられたセーヌ・ヴァイキングの首領ロロは、『ヘイムスクリングラ』によれば、西ノルウェー北部、メーレのヤール・ログンヴァルドの息子フロールヴである。彼はバルト海へ遠征した帰途、ヴィーケン＝ヴェストフォルで掠奪を行ったため、ハーラル美髪王によって全土から追放され、ヘブリディーズ諸島をへてフランスへ渡ったのである(「ハーラル美髪王のサガ」第二四章)。統一以前であれば、ヴィーケンの人々はヴィーケンからフロールヴを追放する、すなわちフロールヴがふたたびヴィーケンに姿をあらわしたときにこれを討つと決議するのがせいぜいであったから、ノルウェー全土からの追放は確かに統一王権の効果である。それまでは、自分の属する法共同体や、それと同盟関係にある共同体以外のところならどこででも、水と食料を求めて沿岸部を襲撃することは、誰でもやっていたヴァイキング行為であった。

ハーラル王の統一＝征服に対抗して敗れた西部地方の豪族は、一部はハーラルに服属し、一部はアイスランドなどに移住したが、ほかの一部は「西の海」＝ブリテン諸島北部へ逃れ、もとからそこを根拠地にしていたヴァイキングとともに、夏になるとノルウェーを襲撃した。サガによれば、ハーラルはこれらの島々（オークニー、シェトランド、ヘブリディーズ、マン）へ遠征をなし、オークニーとシェトランドにヤールを置いた。ヤールはヴァイキングたちを自分に合流させ、彼らの掠奪の矛先を、もっぱらアイルランドとスコットランドに向けさせた（「ハーラル美髪王のサガ」第二二章）。

スウェーデンでは一〇世紀末の「里帰り」ヴァイキングとの戦いが、統一王権の成立に関連している。東・西ヨーロッパでの戦況が不利になって故国へ帰還してきたヴァイキングたちは、農民にとっても王権にとっても厄介者であった。九八三年、ウップランドのフュリスヴァラナで行われた帰還ヴァイキングの大部隊との戦いで、エーリク王に率いられた農民軍は、これを撃破し、これによってエーリクは「勝利王」という添え名をもらった。アダム・フォン・ブレーメンの『ハンブルク教会史』によれば、エーリクはスウェーデンで最初に洗礼を受けた王であった。「スウェーデン人」と呼ばれる人々は、もともと「スヴェーア人」と呼ばれる人々と、「ヨート人」と呼ばれる人々の政治的統合体であった。エーリク勝利王の息子ウーロヴが、はじめてスウェーデン全体の王となったといわれている。

自主的武装と海軍力

北欧初期社会には農民の自主的武装があった。農民は通例武装しないで農場主となることはできない。彼らが武装して集合すれば、それがすでに軍勢である。したがって肝心なことは、集合を召集する機構と指揮である。『グラシング法』と『フロストゥシング法』には、必要な場合には、「矢」すなわち矢の形をしたしるしが農民屋敷を順ぐりに送られ（回覧され）、召集がなされたことが示されている。たとえば『フロストゥシング法』第四章の第五〇～五二条は、誰かが農民の屋敷を襲ったら、たとえそれが王であっても、フュルキ内に矢が送られ、すべての者は指定された場所に集まり、襲撃者を殺すことが定められ、矢の順送りを妨げた者は罰金を課せられている。最大範囲の動員は、トレンデラーグの八フュルキ全域からなされ、これは王が農民に対する攻撃者となった場合である（第四章第五〇条）。この条項は「抵抗規定」「抵抗義務規定」と呼ばれ、いかに農民社会の独立性が高いかをよく示している。しかしそれ以上、たとえば全国動員をなすことは、農民の自生的法共同体にはできない。

もうひとつの出来合いの武装力は、王侯の従士団である。第7章でもみたように、王は六〇～九〇人、あるいは一二〇人の従士団をもっていたらしい。これは軍船一

農民の武装。11世紀はじめ、聖オーラヴ王によるキリスト教化に反対する農民軍（ハールヴダン・エーゲディウス画、オスロー本）

デンマーク沖ズヴォルドの海戦（ペーテル・ニコライ・アルボ画、1860年）

隻に乗員を確保することになる。ヴァイキングと同様、王は一隻で、たいていの場合、急襲の方法によって農民に勝利できた。しかし農民側が事前に情報を得て準備している場合は、王は自分の従士団だけで勝つことは不可能である。また外敵は、個々のヴァイキングを別とすれば、たいていよく準備された、ある程度の艦隊をもって来襲するのである。したがってこれを迎えうつべき王も、自分の従士団（とりわけいつも手許においている食事仲間）だけでは太刀打ちできない。

こうして農民社会と王の両方に、外敵に対するために、王の命令に基づく農民の動員体制が必要となる。この軍事機構をレイザングという。

レイザングはもっぱら海防上の組織であった。外敵の侵入があったとき、王の命令に基づき、「沿岸部と鮭のさかのぼりうるかぎりの内陸部」の農民は、船に乗って集合し、王の指揮下に戦う義務を負った。そのためには、一隻ごとの規格にあった船が建造され、艤装され、修理され、船小屋をつくって格納、維持されねばならず、農民は一隻ずつの「船区」に配属され、その船区の船について、板一枚、くぎ一本にいたる各人の義務が分担される。

船に乗りくんで漕手となるのも農民である。まず王の役人が船の指揮者を指名し、指名された指揮者は、一人一人の乗員を指名する。そのためすべての武装可能な農民は登録されねばならない。そこでチーム＝「乗員組」が組織され、そのなかから乗員一人が選ばれる。『グラシング法』は、総動員に際しては七人に一人が動員されると規定している。乗員に指名されなかった者は、乗員のために（二ヵ月分の）糧秣を準備した。そのほか、乗員に指名されたものが農場に彼以外の働き手（一六歳以上の男子、息子か奴隷）をもっていないときには、仲間が彼の家畜の世話をしたのである。

レイザング――海軍役――は、北欧三国すべてに成立した。その相互影響や起源については、議論はあるが不明のことのほうが多い。この制度の成立についての伝承をもっているのはノルウェーである。いずれも一三世紀初頭の作品である歴史書『ヘイムスクリングラ』と『ファーグルシンナ』のホーコン善王（在位は一〇世紀中頃）に関する部分に、それは述べられている。すなわち王がデンマーク人に支援された競争者の急襲を受け、辛くも勝利したあとで、農民を「船区」に編入して、区ごとに一隻の武装乗員付きの船を出すようにしたといわれる。

ホーコン善王を急襲したのは先王であるエイリク血斧王の息子たちである。エイリクは人々から嫌われ、北イングランドへ逃れてそこで戦死した。その息子たちは成人し、ヴァイキングとなった。彼らはデンマーク王の保護を受けたという。デンマーク王はもちろんノルウェーに対する野心もあったのであろうが、同時にヴァイキングの矛先をていよくノルウェーに向けさせたのである。彼らは一時的には成功してノルウェー王位につく。

『ヘイムスクリングラ』と『ファーグルシンナ』によれば、ホーコン善王は、フュルキごとに船の数と大きさ（「部屋」の数で決まる）を決め、一隻の船を出す「船区」を定め、すべての自由人は楯と槍と斧をもつこととした。こうすれば確かに、どこで急襲をうけてもただちに少なくとも一隻の武装した軍船を入手しうることになる。この制度は王にとってだけでなく農民社会にとっても必要であった。しかしこれによって農民は、地縁的な「船区」と「乗員組」に兵籍登録され、自発的な武装とは異なる、命令される兵士となる。このような自主性から服従への転回はいかにして可能であったのか。いいかえれば「船区」や「乗員組」は一方的な上からの編成物ではなくて、在地的基礎をもっていなかったかということが議論されている。

2　レイザング（海軍役）制度と在地組織

船区と農民集会

船一隻をだす「船区」は、デンマークではスキペン（「船」）、ノルウェーではスキプレイザ（「船の義務」、北ノルウェーではスキプスシュースラ「船管区」）、スウェーデンではスキプ（「船」）などと呼ばれた。スウェーデン以外では、行政単位との関係は、初期の段階では明確ではない。デンマークで一二世紀に、ヴァルデマール一世によるヴェンド人に対する作戦のために総動員がかけられたとき、九〇〇隻が集まったという。デンマークの行政単位ヘレッドは約二〇〇なので、一ヘレッドあたりの「船区」数は四～五になる。ノルウェーで知られている「船区」の数は、現実の船の総数と一致しない。ただどちらの国でも「船区」は農民集会をもち、農民の武装などの点検はここで行われていた。

「船区」と行政区が一致しているらしいのは、スウェーデンのスヴェーア人地域である。それは「フンダリ」と呼ばれ、『ウップランド法』によれば、各フンダリはそれぞれ一隻の船を、艤装し、動員の際、乗員付きで王に提供することになっている。フンダリは、スウェーデンの非スヴェーア人地域を含む他のスカンディナヴィアにおけるヘラズ（ヘレッド）にあたる。それは数字の「百」を意味している。

スヴェーア人の本来の居住地は、三つのフォルクランド（「部族地」、ノルウェーのフュルキにあたる）からなっていた。それらはティウンダランド、アットゥンダランド、フィエドルンダランドという名称であったが、それぞれの第一要素は数詞の一〇、八、四を、第二要素はフンド＝フンダリを表した。すなわちこれら三つのフォルクランドは、それぞれ、一〇、八、四個のフンダリから構成されるランド＝邦《くに》ということになる。

ヴァルデマール１世（画家不明、1685年）

このフンダリ（あるいはフンタリ）は、ゲルマン社会に関するいわゆる「フンデルトシャフト論争」に関連している。タキトゥスは『ゲルマーニア』で、「百」（ラテン語のケンテナ）という数と、彼がパグスとよんでいるゲルマン社会の末端地域もしくは人的集団をたびたび結びつけている。たとえば第六章では、ゲルマン人の軍の主力は歩兵にあると述べたあとで、兵数は「一郷（pagus）について百名ずつ、このため、彼らは互いの間で『百』と呼ばれ、こうして、はじめは数を意味した『百』が、今ではすでに一定の意味をもつ称呼であり、ひとつの名誉となっている」。また第一二章では、パグスに法を行う長老には、「人民のなかから選ばれた百人の扈従が、その諮問、その権威として附随している」と述べている。

ほかに史料がない場合、地名や行政区についている「数」の意味は、ただちに現実のものとしては受け取らないほうがよいのであるが、しかしスヴェーア人のフンダリとレイザングについては、驚くべき美しい体系が主張されることがあるので、紹介しておく。

フンダリは「八分の一」を意味するアットゥングという下位区分をもっていた。他方スヴェーア人地域の末端のキリスト教会の教区は、「一二」を意味するトルフトと呼ばれているが、これは一二の「農場」からなっている。「農場」はかつて現実に単位農場であったが、のち農場分割が行われ、トルフトには数十個の農民経営が所属するようになった。トルフトは三個のハムナという隣人組織をその下にもつ。したがって一個のハムナは古い四つの農場からなっていることになる。ハムナというのは、船のオール穴にオールを固定する紐、または環のことで、転じてひとつのオールに対応する場所=漕手席を表す。レイザング体系においてこのハムナは、一人の漕手を出すことになっている。したがってひとつのトルフトからは三人である。

いまもしフンダリの「八分の一」=アットゥングが、トルフトと同じだとすれば、八つのトルフト、すなわち八×一二=九六の農場をフンダリはもっており、二四人の漕手が得られる。しかし、フンダリは百を意味するので、これを農場数とすれば、さらに四農場があるはずである。この四農場から一人の指揮者が選ばれたとすれば、計二五人がレイザングの際に動員されることになる。

この考え方は完全に反証することはできないが、あまりにも整然たる秩序は、人口増も居住も自

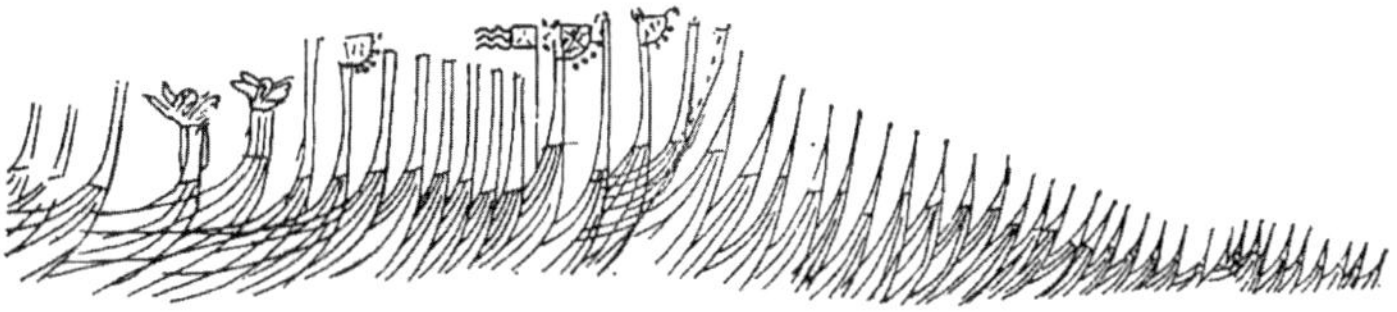

ノルウェー、ベルゲン市の最古の定住区を調査した際に発見された木片に彫られた艦隊。13世紀。船の型はヴァイキング船。レイザング艦隊を想像させる

然にまかせられる社会にとってはなじまない。われわれは、フンダリから一隻の船が出たことと、ハムナから一人の漕手が出されたこと以外は保留しておくことにしよう。ここに紹介した中部スウェーデンの軍船乗員数は、ノルウェーの例よりかなり少ない。実際、バルト海のヴァイキング船は大西洋のそれよりずっと小さかったのである。

三つのフォルクランドの外側に拡がるスヴェーア人居住地のうち、バルト海とメーラレン湖沿岸地域はロジン（現代語ローデン）と総称される。この地名は動詞「漕ぐ」（ローア rōa 現代語ロー）に関連している。フィンランド語でスウェーデン人のことをルオチ（Ruotsi）というが、これは「漕ぐ人」ということである。ロシアという国名の古形「ルーシ」の語源をめぐって大きな論争があるが、そのひとつの学説はフィンランド人がスウェーデン人を呼んだルオチが転訛したとするもので、初期のロシア「国家」を担ったのはスウェーデン人だというわゆる「ノルマニスト説」の根拠のひとつになっている。

このロジンは独立した何かの単位なのではなく、レイザングのときに軍船を一隻出す「船区」の総称であり、その「船区」はスキプ（「船」）またはスキプスラグ（skipslagh 船区）と呼ばれる。ラグというのは先に述べたことがあるが、法、法を共通にする地域、もしくは団体のことである。したがってスキプスラグは、船一隻を出す農民たちの集会を伴う自治的地域を表したと考えられる。

以上のように「船区」は、上からの創出物であるにしても、在地に自治的農民団体を基礎としてもっていたのではないかと思わせる。現実のヴァイキング船などを出しえた単位こそが「船区」の基礎だったのではないであろうか。

乗員組と隣人共同体

スウェーデンの三つのフォルクランドでは、一人の漕手を出す「乗員組」はハムナ（「オール固定紐」）といったが、ロジンでは「オール」と、またデンマークではハヴネ（ハムナと同じ）と呼ばれた。ノルウェーではマンゲルズ（「乗員義務」）と呼ばれている。『グラシング法』は、「乗員組」は人口調査によって「国の端からなされ、互いに近くに住む者たちが組をなす」と述べており（第二九八条）、上から人工的に、しかも機械的に組織されたかの印象を与えている。しかし実際には、「近くに住む者」＝隣人の日常接触するグループの存在に、基礎をもっていたと考えられるのである。それを示唆する史料は、『グラシング法』第一章（教会法）の第二三条、死者・埋葬に関する規定の一節である。

人が死んで、その相続人がエール（の宴）をなしたいときは、それが七日目か一三日目かあるいはもっと遅くとも、それは「相続のエール宴（erviol）」と呼ばれる。しかし人々はエール宴をなしてこれを「魂のエール宴」と呼びたいならば、彼らはお祈りをしてもらった司祭を招かねばならず、彼は少なくとも三人の（出席）者の一人として招かれねばならない。この司祭はいうまでもなく相続の宴、すなわち魂のエール宴に赴くべきである。しかしもし彼が赴こうとしなかったら、彼（司祭）は、彼がエール宴のなされるマンゲルズから一二ヵ月間受けとるべき十分の一税（オーラヴ版テキストでは「支払い」）を没収される。

この相続、宴に関する興味深い史料は、異教時代から続く伝統慣行と、それをキリスト教の風習にしようとする努力との葛藤の表現である。王権と教会の側では、異教の死者礼拝（魂のエール）をキリスト教の制度にしようとし、農民側は、相続確認の宴にかつて異教の司祭が果たした役割をキリスト教の司祭に務めさせようとする。

しかしいま重要なのは、エール宴がなされる地域、この宴に招待される人々の圏が、マンゲルズ、すなわち乗員を出す地域と同一視されているらしいことである。引用文中、最後にでてくるエール宴は olgerð と書かれている。すなわち「エールゲルズのなされるマンゲルズ」。したがって軍事機構として創出されたマンゲルズは、古くからある農民の葬祭共同体（相続を確認すべく親族以外に呼ばれる隣人組織）を基礎としていたのではないかと思われるのである。

今日でさえノルウェーの地方へ行くと、ベットラーグ（bedlag）、ベーダルラーグ（bedarlag）と呼ばれる葬祭共同体がある（bed ＝ bedt 招待される）。これは葬祭ならびに婚礼に際して、互いに招待し合う地域的グループで、農業生産上の助け合いなどは行わない。たとえば、東西に二つのベットラーグが並んでいるとしよう。西グループの東端に住んでいる農民と、東グループの西端に住んでいる農民は互いに近く、それぞれ自分の属するグループ内のほかの農民よりも近いことさえあるのであるが、葬宴、婚礼の宴には、このグループの者だけが招かれる。まれに二つのグループの接点に、ほとんど家屋を接し、日常的に親しく接触しているが、異なるベットラーグに属する農家A、Bがあるような場合、この二つの農家は互いに自分の婚礼と葬式の宴に招待し合うことがある。しかしAがBの属するグループの他のメンバーの宴に招かれる、あるいはその逆ということは起こらない。今日のベットラーグが、かつてのエール宴の組織を直接引き継いだものとすることはできないが、しかし同じような構造の「共同体」だったのではなかろうか。このような日常的に交渉し合う隣人組織のうえに、軍事機構としての乗員組＝マンゲルズが被せられたと思われるのである。

3　農民から国民へ

社会契約

レイザング＝海軍役の特質のひとつは、その遂行の保証が、農民集会と国王の役人の両者に委ねられていることに象徴されるような、王と「人民」の協働ということである。このことは伝承にも法規定にも表れている。『グラシング法』のレイザング条項の最初は第二九五条であるが、

王はわれらの出撃を命じ、また禁ずる。われらは彼に対してレイザングを拒否しない。それが国のはてまでで、彼の必要とわれらの利益のために彼が命じたのなら。すべての者は、王がわれらに同意したようになすべきである。

とある。すなわち農民社会は、国を守るためには王に命令されることが必要であり、また王も集会で農民に「同意」したようにしか、農民の義務を期待できない。目的は防衛に限定され、「国のは

て」の向こうに（王のみの利益のために）動員されることはないのである。
すでに述べたごとく、レイザング制はノルウェーにおいては、ホーコン善王が急襲を受けたあと、父王ハーラルが農民たちに課していた人頭税を廃止して、代わりに創設されたと伝承されている。この人頭税は被征服者の身代金的性格をもつが、レイザング義務は武装農民がみずからの自由を守るべき公共の義務である。しかし同時に彼らは、そのあらゆる方面にわたる全面的自由の一部（すなわち主権の一部）である自分の行動に対する命令権（コマンド）を、王権に譲り渡した。すなわち王と人民の社会契約である。

アイスランドのアルシングにみられるような農民社会の法的機構も、社会契約ではある。これは農民たちが互いの平和のために、譲り合って共通の法を守ろうとするもので、したがってこの社会契約からは、主権の一部の移譲を受けた政府は成立しない。しかしレイザングは、自律的な法・秩序ではなく、共通の目的・利益のために、「命令」されることを承認したのであり、命令する執行者としての王、すなわち社会契約に基づく政府が成立する。まだ事柄は海軍役だけであったが、この点に関するかぎり農民は、「経済的完全体」たる農場の主人から、一国民になりはじめたのである。

レイザングは公共のために「私権」の制限を含んだ。とくに航海中の水と糧秣である。もとより艦隊は準備をしてから出発したが、通例一、二ヵ月で糧秣は尽きる。『ニャールのサガ』は、アイスランド人スラーインがノルウェーで行った武勇伝を述べている（第八二章）。コルというスウェーデン人のヴァイキングが、ノルウェー南東部を掠奪し、当時のノルウェーの統治者ヤール・ホーコン（在位九七四?〜九九四?）は、コルをノルウェーにおける追放の処分（誰が殺してもよい）にする。

スラーインはこのときヤール・ホーコンのもとに滞在中であったが、コル討伐を引受け、デンマークで彼を殺した。このスラーインの遠征の際、ヤールはスラーインに、どこにでも上陸して、必要なものを入手する許可を与えた。

かつては船による遠征は、適当なところで「必要なもの」を入手するために「岸辺の襲撃」と呼ばれるヴァイキング掠奪を伴った。これを禁ずることは、王権の存在理由のひとつである。しかし官僚・警察機構をもたない王侯が、遠くにいる敵に懲罰を与えるのに、彼自身「岸辺の襲撃」を認めざるをえないわけである。レイザング遠征に際しても、とくにその帰途、艦隊に「必要なもの」は、沿岸住民から徴発する以外に方法がない。『グラシング法』三〇三条にいう。

人々（レイザング動員された）が北をさして帰途にあるときに食糧が不足したら……農民の家畜から二頭をとり、屠殺しても罰せられない。しかし彼らは一頭につき二エイリルの支払いをなすべきである。……そして頭、皮、足をあとに残すべし。……

あとから来た者が同じ農民から家畜を徴発しようとしたら、農民は前に徴発された家畜の頭、皮、足を示して拒否できる。すなわちここでは、王権と農民のあいだに、公共のためにやむをえぬ食糧徴発について、条件を決めて協定が結ばれているわけである。

このような「社会契約」は、「船区」や「乗員組」の組織における在地的基礎と上からの編成、レイザング義務遂行における農民集会と王の役人による二重の保証など、強い農民自治と、それから相対的に自立しようとする王権の緊張関係を示している。いいかえれば、農民社会の独立の弱化と国家の成立という長い過程における力の均衡がとれた歴史的時点の産物であるといえよう。

海軍役から租税へ

旅客の接待という固有の慣習から、王への農民の義務となったヴェイスラ、贈与慣行から生産物租税への転化が意図された「クリスマスの贈物」は、どちらも租税として広く成立しなかった。これに対して、農民社会の必要のために、農民社会固有の機構を基礎とはしたが、しかし農民の自律的行為としてなされることができずに、王権による指揮を必要としたレイザング＝海軍役は、やがて王権が一二世紀後半に執行権力を備えた中世国家として成立したとき、その主要な租税となった。どの中世社会もそうであるように、租税や地代の名称と形態はきわめて多様であるが、しかしスカンディナヴィア、とくにノルウェーとスウェーデンでは、租税、すなわち土地所有農民が公権力＝国家としての王権に支払う義務の主要形態は、レイザングであった。すなわちそれは、バター、粉、干魚、塩漬肉、皮革などの生産物で支払われるが、かつての海軍役と同じくレイザングと呼ばれる租税だったのである（ノルウェーではライダング、レディング、スウェーデンではレドゥング、デンマークではレディンゲン）。

『グラシング法』は、住所移転者が、次の人口調査がなされるまで前の「船区」で義務を果たすべきこと、海外へ旅行する者は三年分の義務を支払っておくべきことなどを規定している（第二九八条）。これは『グラシング法』のこの条項が書かれたとき（おそらく一二世紀）すでに、ノルウェー西部では、レイザング義務が生産物・貨幣で代納されたことを示唆する。また一三世紀の前半に書かれた、一二世紀末から一三世紀はじめのノルウェー内乱史というべき『スヴェッレのサガ』（内乱を勝ち抜いて強力な王権を確立したスヴェッレ王（在位一一七七～一二〇二）のサガ）によると、一一八二年、トレンデラーグ人は、そのときのレイザング（海軍役）と、過去二ヵ年分のレイザングを要求されているが、少なくとも後者は生産物であろう。

内乱の時代というのは、対立しつつ全国にわたる王位を主張する二人以上の王がいる状態である。王位請求者は、まずそれぞれの地域の農民の集会で王位を承認されねばならないが、王は部隊を率いて集会に臨むのであるから、農民は承認するほかない。そこで同一の集会が対立する両方の王位請求者を王と認めるという事態が生ずる。マグヌス・エルリングスソン王は、一一六一年にベルゲンの豪族集会（最初の全国的な集会）で王とされ、一一六二年にトレンデラーグのニダロスで承認され、一一六三年もしくは六四年に大司教エイステインによって戴冠された（最初の戴冠）。一方、対立者スヴェッレは、一一七七年、トレンデラーグのエイラシングで王位を承認された。したがって、どちらの人物も、トレンデラーグ人に対してレイザングを要求しえたが、しかし現実にトレンデラーグを軍事的に支配していなければ何も請求できない。一方がこの地をある期間支配したあとで他方がこの地を奪回すれば、彼はその年のレイザング（海軍役）のほかに、過去にさかのぼってレイザング代納を要求することはありうることである。

もともとレイザングは外敵が来襲したときに発動されるのであって、毎年なされるとは考えられていなかったのであるが、内乱の時代には、年一回を限度とするとしても、ともかくどちらかに毎年要求されたと思われる。こうして事実上レイザングは、毎年の定額の生産物負担になる。

しかし内乱を契機としようとしまいと、スカンディナヴィア三国のすべてで、一三世紀を通じてレイザングは定額の生産物租税となった。海軍役もはじめはなくなったわけではない。一二七二年マグヌス法改正王の『ランズログ』によれば、レイザングは海軍役として規定されつつ、平時（軍役のない年）には、「半額」が生産物で支払われるべく定められている。本来のレイザングは、船の建造を別とすれば、「乗員組」から一人が漕手として出征することと、ほかの者が二ヵ月分の糧秣を供給することからなっている。したがって平時の「半額」は、出征の代納金と、一ヵ月分の糧秣である。こうしてはじめは「人頭税」の廃止と引きかえだったように、対人義務だったレイザングは、しだいに一定の土地に対する義務となる。

というのは、レイザングは農場＝世帯主を単位としていたのであるが、のちの農場分割のため、旧農場に課せられる義務が、流動性のある数人に分担されることになり、技術的に旧農場という土地を単位とせざるをえなかったからである。こうして本来、農民という「人」の義務が、地租に変わる。そして「船区」「乗員組」を「国の端から」厳密に地縁的に組織するように法典が規定しているのは、実際的な徴用のため以上に、レイザングが実質的に租税に移行しつつあったときに、これら法典が編纂されたからであると考えてよい。

レイザングの租税化の社会的根拠は、農民の社会的存在形態が変化したことにある。内乱期から中世を通じて続く農場分割は、人口増のみによるのではなく、古い農民世帯が解体して、より小さい単位になったことと結びついている。古い農民家族も、婚姻形態・家族形態としては単婚小家族である。したがって世帯の解体は大家族の解体によるものではなく、奴隷などの非血縁世帯員の放出・解放によってなされる。農民の一部は「貴族」に上昇する（ノルウェーで百家族程度）が、大部分はいわゆる中世的小農民となった。解放された奴隷たちも農民となった。

彼らの多くは旧主人の借地人となり、また内乱を通じて王権に没収された豪族の土地は王領となり、借地経営された。無人の地も王領であったから、開墾地も借地農によって経営された。第7章に述べたごとく、ノルウェーやスウェーデンでは、牧畜が農業の中心であり、農耕賦役はほとんど意味がなかったから、これら借地農民も身分的に自由であった。彼らは地主に、主として生産物地代を支払うだけしか義務を負わなかった。

これに対して土地所有農民は、レイザング租税を国家に支払った。彼らにとって、レイザングと呼ばれる租税は、彼らの古い自由の名残りである。ノルウェーで一二世紀末以来、反税農民蜂起が起こる。これはかつて海軍役を課せられていなかった内陸部にも、レイザング租税が導入されたからである。王領地借地農が地主としての王に支払う地代の額は、土地所有農民が公権としての王に支払う租税の額とほとんど変わらなかった。ヨーロッパの他の中世農民と異なり、北欧の農民は、かつての自由を失わないまま「課税農民」もしくは定額地代負担農民となったのである。

終章　歴史のなかのヴァイキング社会

国家や共同体から与えられたり保護されたりするのではなく、農民自身が武装によって守り、農民自身が労働し、用益することを通じて所有される農場。この農場に対する農民の権利は、「オーダル」権と呼ばれた。オーダルはその狭い法的な意味では、世襲財産ということである。しかし社会的なオーダルの意味は個人的土地所有、すなわち共同体に媒介されない所有ということである。

本書全体を通じてそのイメージが明らかになるように試みた「農民」こそ、このようなオーダル農民であるが、歴史上のオーダル農民は、法典などで他の農民（借地農や買った土地をもつ農民）と区別されて、特定の意味をもつことがあるので、ここではただ「農民」と表現してきたのである。いいかえれば、登場人物が法的身分としてオーダル農民であるかどうかが問題なのではなく、個別に経営主体となり、実力で所有と生命を防衛するような個人的土地所有農民という社会構成的な中身が問題なのである。このような農民のくりひろげる社会関係は、世界史的にいかなる位置を占めるであろうか。
北欧初期社会の農民は、家族形態の点では単婚家族である。しかし農民世帯はこの自由人家族を中核に、若干の自由身分の家人および奴隷をもっている。家族としては単婚、世帯としてはより大きな団体というのは、大家族制と単婚小家族制との中間形態である。大家族制は、単婚の主人夫妻とその子供のほかに傍系親族を伴う。小農の家族は単婚自由人のみからなる。大家族制が解体し、しかし単婚自由人家族では労働力が足りないような場合、奴隷を補完労働力とするような農民経済が成立するのである。ギリシアでもこのような若干の奴隷を伴う農民世帯が「健全」なオイコス（「家」）なのであった。

しかしこのような農民社会を、奴隷制社会と言ってしまうことはできない。というのは、なによりもまず農民自身が勤労主体だからである。ヴァイキング船と古典古代のガレー船の違いは、第1章にも述べたように、社会の違いをよく反映している。どちらも帆と櫂によって進むが、ガレー船は甲板によって船が二つの身分に分割されている。船倉には櫂で漕ぐ下層民、囚人、奴隷がおり、甲板上で戦う戦士は、自由な土地所有者である。ヴァイキング船は固定した甲板をもたず、漕手の座るべきベンチさえない。漕手は各自の食糧、衣類、武器などを入れた荷物箱をおいて、それに腰かけて漕いだ。漕手がすなわち戦士であった。彼らは奴隷を所有もするが、みずからも勤労する自由な小土地所有者なのである。

北欧初期社会——歴史に登場はしたが、まだ国家的関係に入っていない社会——は、民族移動以前の古ゲルマン社会と同じではない。鉄器の普及度や造船技術も、もちろん異なる。家族形態もおそらく異なるであろう。それにもかかわらず、社会的単位である農民世帯の相互関係、社会関係は類似しているものと思われる。

古ゲルマン社会における社会結合のあり方については、長い論争史がある。すなわち移動、定住、所有、経営、軍事の単位をなしたのは、隷属農民を率いる領主であるのか（領主に率いられる隷属農民の団体なのか）、それとも領主をもたない自由で平等な「村落」共同体であるのかという論争である。この「領主制」説と「共同体」説の対立は、事実認識の問題であると同時に、人類の本来のあり方に関する世界観にも関わっている。

北欧初期社会では、第3章でも述べたように、社会的結合において指導者はいるけれども、それは経済的な搾取をなす領主ではなく、指導される人々も隷属農民ではない。その意味では、筆者の北欧初期社会分析を通じた古ゲルマン社会観は、非領主制説であり、「共同体」説（というよりもその別名である一般自由人学説）に近いようにみえるかもしれない。しかし北欧初期社会の農民共同体は、なによりも共通の利害を処理する集会として現れるのであって、個人の経営、生活を外側から規定するような「村落」共同体ではない。また土地所有についても、集会での発言権についても、形式的平等はない。そこにあるのは実力に基づく自由であり、強者の自由である。国家のない社会に、自由のみならず、弱者にも保障された「形式的平等」を想定することは幻想にすぎないのである。

北欧初期社会の農民は、その奴隷を解放することによって、中世的小農民となる。解放された奴隷も、少なくとも一部は、小農民に上昇した。北欧中世の農民の三分の一以上は、土地所有農民であったが、借地農民もまた自由身分であった。というのは、散居定住と牧畜の比重の高い農業においては、農民の賦役（労働地代）をもって、大土地所有者が自分の直接経営する農場の労働力とすることが不可能だからである。もちろん運搬賦役のような義務は部分的に存在したが、基本的に北欧の中世農民は賦役義務を負わなかった。したがって地主は、借地農民からは、地代を生産物もしくは貨幣で受け取る以外、自分の土地所有から何物も引き出すことができなかった。それゆえ地主は、自分の土地が現実にどうなっているか関心をもたないし、所領の場所的な集中にも関心をもたない。

一方農民は自分たちの問題を集会によって解決したから、北欧中世には、領主裁判権が成立しない。土地の所有者がその土地の現実の耕作者に対する政治的支配権をもつこと、これこそが封建制の本質である。したがって北欧中世は封建制ではなかったのである。このことは、西ヨーロッパ封建制の成立に関しても示唆を与えるものである。封建制の起源についてはこれを古ゲルマンに求める学説、古代末期のローマに求める学説、両者の総合に求める学説がある。古ゲルマン社会と北欧初期社会は、封建制の特質のひとつである人格的結合に基づく従士制を展開させた。しかし北欧初期社会から北欧中世への展望は、少なくとも古ゲルマン社会にのみ内在する諸要素の発展によっては封建制へ移行しないのではないかと思わせる。

北欧初期社会は、北欧中世に非村落的、非封建的性格を与えた。そのことは今度は、北欧近代の特質形成に作用したに違いない。スカンディナヴィアと西ヨーロッパの違いは、それぞれの中世、さらにその前提となる社会のタイプの違いから問われねばならない。そしてそこに筆者は、分業に基づかない、いやむしろ無分業にこそ基礎をおく個人主義をみいだすのである。もちろん一個人の独立をさす現代の個人主義と、経営体としての家を単位とするヴァイキング社会の個人主義はストレートに同じなのではない。しかしアジア的共同体とも、中世西ヨーロッパの村落および都市共同体とも異なる、独立した主体の連合としてのゲルマン的共同体の伝統は、今日のスカンディナヴィア型個人主義の原型ではないか。この場合、無分業とは、生産と分配にかかわる狭義の経済的分業が存在しないことをいうのみではない。それは政治的無分業、統治するものとされるものの分業がないことをも意味しているのである。

分業なき世界では、経済的完全体としての家が単位となる。この世界が個人の尊厳を保持したまま分業の世界へ移行したとき、個人の尊厳を失わない近代的社会関係が、はたして可能であろうか。一方における個人格の自立と、他方における個人に対する高度な社会的保護との両立をめざす北欧諸国の実験は、世界史的にみて、いかなる普遍性をもちうるのであろうか。

あとがき

本書は、「序章」「本論（第1章から第9章までと終章）」、「解説」「文献解題」からなっている。本論部分は『北の農民ヴァイキング』（平凡社、一九八三年）の改訂版であり、見出しを追加したり、図版の追加・差し替えをしたり、また本文文章の改善を試みているが、内容は変わっていない。

『北の農民ヴァイキング』は、ヴァイキング時代の北欧社会の特質をあきらかにしようとしたものであった。当時のわが国では、ヴァイキングという存在とその活動はいくぶんか知られていたとはいえ、ヴァイキング時代の全体像や、ましてやその頃の北欧社会がどのようなものであったかを主題とした研究書はなかった。玉石混交していくつかの翻訳はあったが、広く読者を獲得していたとはいえず、ヴァイキング社会を知ることの意義がどこにあるか、学界で議論にさえならなかった。世界史の基本的な発展を論じるわが国の風潮の下では、主要でない国々・諸民族の独自の歩みについては関心がまだ低かった。ヴァイキング時代の北欧社会について、わが国にはイメージがそもそもなかったのである。

『北の農民ヴァイキング』は、北欧の未発達な段階の社会を、世界史の発展段階のどこかに当てはめるのではなく、北欧に特有なタイプとして捉えようとする試みであった。サガなどの史料からみるかぎり、北欧の自立的な社会単位は個別の自営農場である。その中心をなすのは農民家族であり、それは単婚小家族であり、狭義の家族員はほんの数人であろうが、農場で働き消費する世帯の規模はずっと大きい。この差（農場世帯人員から主人の小家族メンバーを差し引いたもの）を埋める人員は、自由人であろうと奴隷であろうと、農場財産への請求権をもたない住み込み「労働者」である。この最も大きい場合で数十人の農場世帯を率いる農民こそ、経済的にのみならず、自由（生活資源の所有）の主体であり、それを守るための政治的主体である。

日本史を含むほかの地域の前近代史研究者たちの多くは、前近代に単婚小家族の存在を個別例としては認めたり、経済的自立主体としての家族ないし世帯の存在を認めたりはするが、そうした世帯そのものが単独で政治的主体でありうることを認めなかった。歴史が単婚小家族をもって始まるような社会を想像できなかったのである。

実際、せいぜい数十人からなる農場世帯は、他者からの襲撃に対していつでも自己の実力で防衛しうる単位ではありえない。しかしそのような目的のために、ほかの同じような独立単位である隣人たちと同盟を結ぶ。一つの襲撃なり、予測された攻撃に対する防御のためになされる同盟は、誓約をもってなされ、有効性はそのただ一回限りである。しかし攻守にわたる永続的な「同盟」関係があるとすれば、それは会食や贈物のやり取りというソフトな生活関係の集積である。

一九八〇年代の末以来、旧著には、少なくともひとつ事実の間違いがあることに気が付き、次の増刷の際に訂正したいと考えていたのであるが、そう思いはじめた時からずっと、増刷の機会はなく、著者がまだ教壇にあった時すでに、古書店を探す以外には入手できなくなっていた。

教壇を離れたあとも、その一つの間違いを訂正するためだけではなく、なんらかのかたちで再版を、と模索した。北欧社会の特質を北欧人自身が書き残した生活ドラマ（サガ）を通して描き出そうとしたこの本は、わが国で初めての試みであっただけでなく、現在までこうした方法論による、本書に取って代わるべき本は出ていないので、そのままの再版または復刊にも意義はあると考えて模索してきたのであるが、きわめて難しかった。

それがこのように、序章を加えて全体として新規刊行されるに至ったのは、新しいスタイルの歴史書刊行を意欲的に追求してこられた創元社の英断のおかげである。

この新しい版は、シリーズ「創元世界史ライブラリー」に加わるので、ヴァイキング活動そのものの歴史にも言及することが望ましく、それが本論の第1章の前に、長めの「序章」を置いた元々の理由である。本論（旧著）は地域的にはノルウェーとアイスランドを中心とした、ヴァイキング社会の静態的分析が中心であったが、バランスを取るためにも、序章では北欧のそれ以外の地域や、ヴァイキング活動の対象であった諸地域に量的重点を置いた。

序章を書く方針に決まったときは、筆者個人としては、一昔前に現役を引退しているうえに、それ以後の趣味に近い研究生活の傾向とは違ったテーマであったので、率直に言えば、わずらわしい気持ちが強かった。しかし気分を「ベルセルク・モード」にセットし、大急ぎで最近の学界状況をおさらいして、特急で仕上げた。書き上げてみると、この序章が本論と切り離された追加ではなく、どちらの一方も他方の理解に助けとなり、全体としての説得力も増したものに仕上がったように思われる。自分の問題関心に引き付けたヴァイキング活動史を含んだこういう形の本が出ることに、いま満足感をかみしめている。

旧版を含め、本書の成立・発行は、多くの方々の援助・協力の賜物である。ここでは新版にかぎり、三人の方々を特記してお礼を申し上げたい。

北欧中世史の若い研究者である小澤実氏と接触した最初のきっかけは、一五年以上前、ネット上で、氏が作成した北欧初期中世を研究する上での基本文献リストを発見したことである。氏とネットト上で挨拶し、質問し、ある原稿執筆のために必要な最新文献情報を頂き、氏の学会報告の際にはコメントしたこともある。旧著を再刊するとすれば、「その後」の学説を紹介する解説と、新しい研究文献案内が必要であるが、これを小澤氏に書いてもらえないかと打診したところ、快諾を得た。結果的にも、いいものが得られたと喜んでいる。多謝。それればかりか、創元社とのコンタクトまでしてくださったのである。

創元社編集部の堂本誠二氏は、創元世界史ライブラリーの一冊という基本的な枠組みにしたがいつつも、著者の考え方を理解されて、一冊の本の可能な形を作り上げ、かつ読みやすくする工夫を凝らされ、面倒なことを嫌がる筆者を叱咤激励して本書刊行にこぎつけた。指摘を受けてムッとすることもあったが、あとになるとたいてい彼が正しかった。老化のため多々ご迷惑もおかけした。感謝だけでなくお詫びも申し上げる。

幸村誠氏とは、講談社の編集者から相談があり、二〇〇九年一月二七日に初めてお会いした。事前に氏の『ヴィンランド・サガ』既刊分六冊をお送りいただいていたので、それへの感謝から始まって、これから展開するストーリーの社会背景（奴隷制のあり方など）、などなど縦横に論じた。文芸作品には事実と創作が混在することは承知の上であったが、事前に送られてきた既刊の六冊には、想像だけでは書けない専門的事実も入っていたので、ちょっと驚いた。ヴィンランドの語源はブドウと考えられてきたが、最近は牧草地（vin）ではないかといわれており、『ヴィンランド・サガ』のストーリーはこの説によっている。人物では「のっぽのトルケル（ソルケル）」。最も著名な実在のヴァイキングのひとりで、歴史の上で果たした役割はよく知られているが、どんな個性であったかは知られず、幸村マンガに描かれているその生きた人物像は、想像力の傑作というべきであろう。このたび本書の帯に、筆を振るってくださった。ありがとうございます。

熊野　聰

二〇一七年一月三〇日

解説　『北の農民ヴァイキング』から『ヴァイキングの歴史』へ

小澤　実

『北の農民ヴァイキング』の衝撃

わたしたちが今手にしている『ヴァイキングの歴史——実力と友情の社会』は、今をさかのぼること三〇余年前の一九八三年、平凡社より『北の農民ヴァイキング——実力と友情の社会』（以下『北の農民』）として刊行された一般向け啓蒙書の改訂新版である。ヴァイキングといえば、キリスト教世界を略奪する野蛮な暴力的存在として、一般読者は言うまでもなく、多くの研究者の間でも認識されていた時代に、ノルウェーへの留学を終えた四三歳の熊野聰が世に問うた衝撃の書である。

衝撃の書、というのは、『北の農民』が、略奪者であるはずのヴァイキングを「農民」ととらえ直すことにより、日本の学界と読書界にヴァイキングの実態の再定位を求めたからである。熊野は、必ずしもヴァイキングが略奪者であることを否定するわけではない。しかし、略奪だけがヴァイキングの姿なのではないし、そもそも、略奪にかかわる北欧人が全人口に占める割合などいったいどれほどのものなのか。歴史上の人間がどのように生きたかという大問題を理解するためには、略奪のような特殊事業にばかり注目するのではなく、故郷北欧で彼らがどのような生業をおこなっていたのかという根源的問題に答えることが重要ではないか。個に立脚する北欧人のあり方が追求される『北の農民』の根底には、このような思いを見て取ることができる。

『北の農民』が刊行された一九八〇年代前半、折しも日本の読書界は社会史ブームに沸いていた。すでにこの分野の古典として不動の位置を占める阿部謹也『ハーメルンの笛吹き男』は一九七四年に、網野善彦『無縁・公界・楽』の初版は一九七八年に世に問われた。とりわけ両書の版元である平凡社は、社会史と銘打った啓蒙書を矢継ぎ早に読書界に届けることになった。中世社会史ブームの旗振り役であった西洋史の阿部と樺山紘一、日本史の網野と石井進の座談会記録である『中世の風景』(中公新書、上下、一九八一)では、同時代の社会史に対する熱気を引き取るかのように、かつては否定的な含意をともなった扱いを受けていた中世という時代の社会史の可能性が縦横無尽に論じられている。西洋史の分野ではフランスの歴史学雑誌『アナール』に集う歴史家の業績が次々に翻訳され、代表的な歴史家の来日講演も相次いだ。阿部や二宮宏之らが編集を務めた雑誌『社会史研究』は一九八二年に創刊され、『日本の社会史』は一九八六年に第一回配本がおこなわれた。バブルへと向かう経済成長とその結果としての社会の富裕化やニューアカデミズムと総称される学問の展開と社会史の隆盛が、どのように切り結んでいたのかはさしあたり措くとしよう。歴史学はエリート主義的な政治史や封建的収奪を論じる経済史の専売特許でもないし、古代と近代に挟まれた暗黒の中世という見方は過去のものなのだとするメッセージが、この社会史ブームのそこかしこには溢れていたように、今から振り返る立場には見えてくる。

『北の農民』への道

この世に存在するすべての事ごとが歴史的産物であるという理解に立つならば、歴史書にも歴史があり、その執筆者である歴史家にも歴史がある。社会史ブームの最中に生まれ、日本のヴァイキング理解に大きな転換を迫った『北の農民』のもつ歴史的意義をとらえ直す意味でも、『北の農民』に至る道と、『北の農民』から広がった道を位置づけてみたい。

一九四〇年二月一一日に東京に生まれた著者熊野は、一九六二年、東京教育大学文学部史学科西洋史学専攻を卒業し、一年おいて一橋大学大学院経済学研究科に進学する。大学院の指導教員は西洋中世史の増田四郎（一九〇八〜九七）である。熊野のデビュー作は、東京教育大学文学部史学科を母体とした大塚史学会の機関誌に掲載された「ヴィーキング活動の商業史的考察（上）（下）」（『史潮』八二・八三合併号〔一九六三〕、八四・八五合併号〔一九六三〕）である。その後、熊野は、指導教員の増田と関心の重なる商業史やルーシの国家形成に関する論考を刊行するなか、一九六七年には滋賀大学経済学部に職を得る。

その後熊野の関心は大きく転換する。従来は、どちらかといえば、スウェーデンやロシアといった東方でのヴァイキングの商業活動に重点を置いていたのだが、滋賀大学への着任以降は、ほぼゼロの状態からの社会形成を確認することのできるアイスランドを分析対象とした。その嚆矢となるのが「初期アイスランド社会の土地所有と民会——「ゲルマン的共同体」の一例として」（『歴史学研究』三四七〔一九六九〕）である。ゲルマン世界理解におけるアイスランドのもつ重要性は、西洋中世史家である堀米庸三（一九一三〜七五）のエッセイ「ゲルマン的文化の再発見」（『中央公論』八一‐一二〔一九六六〕）などで学術界・読書界にも徐々に認知されつつあったが、堀米がエッセイに止め置いたテーマを熊野は実証論文として学会に提示したといえる。

しかし熊野の最初の単著は、歴史社会の実態分析ではなく、一九六九年のアイスランド論文を執筆する過程で生まれた「副産物である歴史理論」の書である。その書『共同体と国家の歴史理論』

（青木書店、一九七六）は、一九七一年から七六年という五年間の間に発表された、歴史上の共同体ならびに国家の形成過程を把握するための一般理論にかかわる論文を集成した論集である。熊野がこのような歴史理論への関心を深めたのは、彼もその一員であった東京教育大学や一橋大学に集う歴史家たちの性格、大学紛争とその後の曲折という時代の背景、そうした背景のもとにひとつの方向性を打ち出していた『歴史学研究』や『歴史評論』という雑誌の要望もあったのかもしれない。増田四郎にせよ堀米庸三にせよ、どちらかといえば実証性を高く評価しつつあった一九七〇年台前半という時期にあって、中世史家としては珍しいこの「寄り道」は、結果として熊野のヴァイキング国家形成論に世界史上の問題としての力強い枠組みを与えた。そこには、一国史的な発展段階論ではなく、世界史的な問題に還元される比較思想が内包されていたからである。

実証研究では、一九六九年のアイスランド論文以降、アイスランドにおける社会形成とノルウェーにおける国家形成の二側面を同時に追求することになった。ノルウェー初期社会に対する関心は、一九七七年から七八年にかけて留学したオスロ大学での経験が反映されているように思われる。ノルウェー農業史の大家コーレ・ルンデン（一九三〇〜二〇一三）を指導教員とした研鑽の成果として七九年にははやくも、「ノルウェーの『統一』とアイスランドへの移住」（『彦根論叢』一九七九）ならびに元指導教官である増田四郎への献呈論文集に「ノルウェー国家形成過程の基本特徴」（栗原福也・山田欣吾・米川伸一編『ヨーロッパ　経済・社会・文化』創文社、一九七九）を寄稿している。一連の論文の脚註や『北の農民』の参考文献を見てもわかるように、熊野の研究には、地名学や考古学を含めたノルウェー農村史研究の成果がふんだんに援用されている。

その後も、初期ノルウェー社会に対する熊野の関心は一貫しており、実証論文に限ったとしても、

「初期中世・北ノルウェー農民社会の抵抗規定」(『歴史学研究』四七六〔一九八〇〕)をはじめとして、勤務先の紀要『彦根論叢』に矢継ぎ早に雄編を執筆している。王権に準ずる力量を備えたノルウェーの地方豪族のあり方を検討した「北ノルウェー(ホローガラン)豪族の存在形態(1)(2)」(『彦根論叢』二二〇〔一九八二〕、二二一〔一九八二〕)、ノルウェーとアイスランドの初期社会を再構成する際に必要となる史料の整理・分析をおこなった「ノルウェーおよびアイスランド初期社会の史料」(『彦根論叢』二二二・二二三〔一九八三〕)、ハーラル美髪王のノルウェー征服と「統一」のプロセスと実態を論じた「ノルウェー初期「統一」王権の歴史的性格(1)(2)」(『彦根論叢』二二四〔一九八四〕、二二五〔一九八四〕)、ヴァイキング社会の奴隷の存在形態に関わる論争を批判的に整理した「北欧初期社会と奴隷制――ノルウェーにおける奴隷所有論争によせて」(『彦根論叢』二二八・二二九〔一九八四〕)、広域法共同体(ログシング体系)ならびに海軍役(レイザング制)に注目し王権と農民社会の関係性を考察した「征服から社会契約へ(1)(2)(3)」(『彦根論叢』二二七〔一九八四〕、二三一〔一九八五〕、二三二〔一九八五〕)である。

こうした成果はいずれ、『北欧初期社会の研究　ゲルマン的共同体と国家』(未來社、一九八六)という、今なお我が国において唯一と言える北欧初期社会を対象とした専門論集へと結実するであろう。この年、熊野は名古屋大学教養部に教授として転籍する。

啓蒙書であるはずの『北の農民』にみえる強固な理論性と実証性は、こうした熊野自身の研究の歩みがそのまま反映された結果であった。

『北の農民』の背景と特徴

他方で、歴史学においては熊野の孤軍奮闘であった北欧初期社会の研究を後押しする動きも出てきていた。

最も大きな影響は古アイスランド語文献の紹介と翻訳である。日本における北欧文学の導入者の一人である山室静（一九〇六～二〇〇〇）は、『ヴァイキング 世界史を変えた海の戦士』（中公新書、一九六六）の著者である荒正人（一九一三～七九）とともに様々な媒体でアイスランド文学を紹介し、一九六三年には『アイスランド 歴史と文学』（紀伊國屋書店）をまとめ、七四年には『赤毛のエリク記古代北欧サガ集』（冬樹社）でいくつかのサガの翻訳を刊行した。他方で同年、筑摩世界文学全集の一冊『中世文学集』に、松谷健二（一九二八～九八）の訳で「エッダ」と「グレティルのサガ」も収録された。

なかでも大きな足跡を残したのは谷口幸男（一九二九～）である。谷口は留学先のドイツでサガの存在を知り、日本における中世文学研究に新境地をもたらすものとして矢継ぎ早に主要作品を原典から翻訳した。いくつかの作品を同人誌などに翻訳したのち、一九七三年には古北欧世界を代表する韻文の翻訳である『エッダ 北欧初期歌謡集』が、七六年には北欧中世文学の概観である『エッダとサガ』が、七九年には中世アイスランドを代表するサガの翻訳集成である『アイスランド サガ』が、いずれも新潮社より刊行された。とりわけ『アイスランド サガ』では、『北の農民』でもしばしば依拠する作品を含めた、代表的なサガ六本（「エギルのサガ」「グレティルのサガ」「ラックサー谷の人びとのサガ」「エイルの人びとのサガ」「ヴォルスンガ・サガ」「ニャールのサガ」）がまとめて翻訳された。本書は日本における北欧中世文学の紹介にとっていまなお最大の功績である。

他方で一般社会のなかにも北欧中世に対する関心の高まりを見て取ることができる。最も多くの人にヴァイキングの印象を決定付けたのは『小さなバイキング』の翻訳とアニメ化放映であろう。スウェーデンの児童文学作家ルーネル・ヨンソン（一九一六～二〇〇六）による原作の日本での初翻訳は、大塚勇三（一九二一～）の手になる一九六七年の学習研究社版であった。この児童文学はその後いくつかの出版社から別訳が出されるほどの需要が生まれた。その需要を後押ししたのは日本でアニメが制作されたからであろう。七二年からフジテレビで放映された『小さなバイキングビッケ』は、しばしば再放送がなされることで、日本人の一定層に、ツノのついた兜をかぶって（！）北の海を勇躍するユーモラスなヴァイキングの印象を強く刻印した。

また、専門家による学会活動もかたちをとるようになった。山室静らは早い段階で非公式のアイスランド研究会を組織していたが、メンバーシップを持つ正規の研究会として、一九八〇年に日本アイスランド研究会が発足した。初代会長は谷口であった。毎年一回の公開講演会と公開論集の作成を通じてアイスランドの学術研究の成果を発表し、八六年には学会となった。熊野もその創設以来のメンバーであり、一九九四年から一九九六年、会長を務めた。この学会に集う会員らが、いずれ日本の北欧中世研究を担ってゆくことになる。

このようにアイスランド文献の翻訳、アニメなどを通じた一般への認知、専門家による学会活動の開始といった背景のなかで執筆された『北の農民』の特徴をあげておきたい。

第一に、アイスランドとノルウェーが主たる舞台となっていることである。本書の序章から諒解されるように、ヴァイキングの出身地は北欧全体である。ヴァイキングは、全体として共通する要素を持ちつつも、じつのところ、その出身地によって、その後の歴史展開や社会形成に大きな差が生まれる。北大西洋世界と結びついたノルウェー、イングランド南部や大陸世界と常に交渉していたデンマーク、東方世界からの富をいちはやく吸収することのできたスウェーデンは、それぞれが置かれた地理歴史条件が全く異なるといって良い。『北の農民』は、そのなかでも、北大西洋のヴァイキングに着目したという点に留意しなければならない。ノルウェーやアイスランドは、ある程度の平地を有するデンマークやスウェーデンに比べれば、農業生産の困難な土地であり、その農場経営はより柔軟なものとならざるを得ない。それは「北の農民」を生み出す理由でもありえた。

第二に、史料としてサガが多用されていることである。とりわけ一三世紀のアイスランドでその多くが執筆されたサガは、中世史料としては例外的に豊かな個人の生活や感情がそのテクスト中に記されている。その一三世紀の記述を二、三〇〇年遡らせた時代に適用する際には一定の手続きが必要となる。熊野はその点にも慎重になりながら、『植民の書』や『ヘイムスクリングラ』のような歴史記述に見られる比較的「堅い」事実をベースとしたうえで、一〇世紀のアイスランドにおけるヴァイキングの生活を描写した「家族の（アイスランド人の）サガ」にみられる家族間の対立や問題解決の場面を効果的に組み込んでいる。アイスランドサガ研究の第一人者ジェス・バイヨックが言うように、一三世紀に執筆されたサガは、たとえ一〇世紀のことを記録したと述べていたとしても、そこにはすでにキリスト教化のすすんだ一三世紀の価値観や社会関係が反映されている。実のところ、『北の農民』は、血讐や贈与を検討する際に「家族のサガ」を用いる場合は、それを歴史的事実と捉えるよりも、古アイスランド社会やノルウェー社会に残余するゲルマン共同体の基層構造を証言するテクストとして利用している。他方で、より古い時代に記録された『ゲルマーニア』へ言及するのも、後世のサガと合わせることでやはりゲルマン的基層構造の要素が何であるのかを引き出しうるとの理解であろう。それは古ゲルマン世界のような史料の少ない世界を再構成する際に選択しうる一つの態度である。

第三に、個人・共同体・国家の緊張関係のなかにヴァイキングの歴史の展開を位置づけていることである。「経済完全体」である農場主たるヴァイキング個人が、在地社会の中でどのような関係を取り結びながら、生活を送っていたのかを論じるとともに、そうした個人ヴァイキングが、アイスランドではどのように共同体を形成していったのかを辿り、他方ノルウェーではいかにして農民が強制力を持つ国家と向きあっていたのかを力強く描いている。歴史史料の検討からは、独立した農場の集積からなる散居定住社会における「実力」（暴力や経済力に還元される）と「友情」（宴などを仲介に形成される）という要素の歴史上の重要性が導き出される。

このような観点からヴァイキングの世界を再構成した啓蒙書を、わたしたちは、今では数多く入手できるヴァイキングの翻訳書にも、いまなお定期的に刊行される欧米でのヴァイキング研究の中にも見いだすことは難しい。熊野が自らの関心に基づき選択した活動舞台、利用史料、設定テーマが相乗して結晶化した作品が、『北の農民』なのである。

『北の農民』のその後

『北の農民』と『北欧初期社会の研究』によって北欧中世社会の専門家としての地位を確立した熊野は、一九九〇年代以降、農場を核として散居定住する自由農民としてのヴァイキングという見方を武器として、各種叢書に北欧社会論を執筆する立場となる。

他の西洋とは異なる北欧社会の特質を、封建制やキリスト教という通常の尺度とは異なる点で評価した「北欧の世界」（佐藤彰一・早川良弥編『西欧中世史（上）』ミネルヴァ書房、一九八五）や「ヴァイキング社会論」（佐藤彰一編『岩波講座世界歴史7』岩波書店、一九九八）、ヴァイキング時代から中世の大部分を熊野が執筆した通史（百瀬宏・熊野聰・村井誠人編『北欧史』山川出版社、一九九八）、諸文明との比較のなかで北欧における王権生成プロセスを後付けた「地域・「民族」的統合と北欧の王権」（初期王権研究委員会編『古代王権の誕生Ⅳ ヨーロッパ編』角川書店、二〇〇三）はいずれも、いまなお北欧社会に関心のあるものであれば見返すであろう総論である。一九六九年に刊行のはじまった『岩波講座世界歴史』の第一期に中世北欧に対して割り当てられた章がなかったことを思えば、隔世を感じるとともに、日本における北欧中世史に対する熊野による貢献がいかほどかを思い知る。

他方で熊野のヴァイキング社会を見る目は、一九九〇年代の間に変化しているように見える。率直に言えば、エンゲルスらの国家理論と睨み合いをしながら北欧初期社会を社会科学的に再構成するのが従来の熊野の作法である。しかし、熊野の関心は、確実に、アイスランドで生み出されたサガという史料それ自体に移っていた。もちろん『北の農民』でもサガはたしかに利用されていたが、それは社会形成を傍証する証拠としての利用であった。普遍的な社会科学思考をいったん離れて、サガそれ自体の記述からアイスランド社会を再構築しようとしたのは、一九九〇年代に入ってからのように思われる。日本のサガ研究にとっては一つの転換点となるのは、一九九〇年のステブリン＝カメンスキイ（菅原邦城訳）『サガのこころ――中世北欧の世界へ』（平凡社）の刊行である。ロシアの著名な北欧学者であるカメンスキイの小著は、歴史書でも文学でもないサガの読み方を提示した。加えて九一年には、日本アイスランド学会結成一〇周年を記念して、『サガ選集』（東海大学出版会）という、中編サガのアンソロジーも刊行された。そこで歴史用語の解説文を寄稿した熊野は、八〇年代後半以降の既出論文を加筆修正し、九四年に『サガから歴史へ——社会形成とその物語』(東海大学出版会)を刊行した。本書に収められた論考の大部分は、主要史料としてサガが用いられている。

さらに熊野の歴史を見る目にドライブがかかるのは、文化人類学的な社会を見る目に刺激されてのことであった。編年的というより社会の構造を捉える文化人類学の作法は、ジェス・バイヨックの二冊の研究書の翻訳と熊野自身も参加したハストロプ編の三冊の論集(いずれも参考文献一覧を参照)によるところが大きい。とりわけバイヨックの著作は、従来利用が困難とされてきた「家族のサガ」を具体的にどのように扱うかの事例を提供している点は注目すべきである。加えて、熊野は、一九九八年より「環バルト海研究会」を組織し、名古屋大学の関係者らとバルト海周辺諸地域の現地調査を積極的に行うようになった。

熊野自身の新しい試みは、「互酬関係から市場経済へ?『めんどりのソーリルのサガ』、社会変動の史料として」(『情報文化研究』一五(二〇〇二))に見て取ることができる。この論文では、『めんどりのソーリルのサガ』と呼ばれる中編サガを題材とし、出来事の背景にある、従来互酬的であった経済システムが市場経済へ移行していく様子を切り出している。本論文をもとに膨らませたのが、『ヴァイキングの経済学——略奪・贈与・交易』(山川出版社、二〇〇三)である。必ずしも個別農場のみで自給自足できないアイスランド(ヴァイキング)社会の有様を、『めんどりのソーリルのサガ』に基づき再構成し、彼ら自身の商行為を再考する小著である。経済人類学の考えが色濃く出る本書は、サガという史料の持つ可能性を広げようとする熊野の新境地を示すものでもあった。そして、卒業論文以来ヴァイキングの経済行為を追求してきた熊野による、一つの到達点でもあったといえるかもしれない。

『ヴァイキングの経済学』の刊行直後の二〇〇三年三月、熊野は名古屋大学を退官し、同年四月より豊田工業大学に教授として着任する。二〇〇六年をもって同大学を退職し、教育活動からは身を引くことになる。二〇一一年、従来の論集に収められなかった論考やエッセイをまとめ、著作一覧を付し『続・サガから歴史へ』(麻生出版)として刊行した。

『北の農民』から『ヴァイキングの歴史』へ

本書『ヴァイキングの歴史』は、旧版『北の農民』の内容を原則として引き継いでいる。『北の農民』はすでに古典である。古典は、かりにその後の研究の進展により乗り越えられた箇所があったとしても、それはそれとして付記や解説などに任せ、原型をとどめおくのが、研究史に一里塚を立てたことを証明するという意味でも望ましい。本書も基本的な構成に変化はないが、二点、大きく変更されている。

ひとつは、序論で、ヴァイキングについての導入的な内容を解説している点である。すでに述べたように、本書は、日本におけるヴァイキング認識を変えた啓蒙書であるが、ヴァイキングの通史ではない。アイスランドとノルウェーの事例に特化した、率直に言って、読みこなすには、社会科学や北欧史に関するある程度の前提知識を必要とする高度な啓蒙書である。『ヴァイキングの歴史』という一般的なタイトル(創元世界史ライブラリー全体がそのような意図でタイトルを統一)をもち、大学学部レベルでの参考書として機能することを目的としている以上、導入的な序論の加筆は必要な措置である。むしろ、ヴァイキングの展開全体を手短に解説する序論が入ることで、『北の農民』の学的特徴が、より際立つことになったのではないだろうか。

もうひとつは図版の差し替えと追加である。多くは『北の農民』で収録した図版を踏襲しているが、さらに新規図版として、中世から近代にいたる挿絵・絵画作品をとりいれた。歴史画の時代と言われる一九世紀には、北欧本国のみならず、ヴァイキングの活動領域であったブリテン、フランス、ドイツ、ロシアなどでも、ヴァイキングと関わりのある歴史画は数多く描かれている。こうした歴史画は、当然のことながら、現在の研究水準からすればアナクロニズムのそしりを免れ得ない誇張描写などが伴われている。しかしそれはそれとして、このような作品は、ヴァイキングがどのようなイメージで捉えられてきたのかという受容史研究の対象ともなりうる。それは図版を通じてみたヴァイキングという、今後開拓すべき研究分野である。

いずれにせよ、本書は、他に類例を見ない独特のヴァイキング論である。その後もいくつかヴァイキングに関する概観や翻訳はあらわれたし、今後も様々なヴァイキング論が提起されるかもしれない。しかし『北の農民』は、そのたびに立ち返る古典として永遠にわたしたちの記憶にとどまりつづけるであろう。

（立教大学文学部教授）

文献解題

小澤　実

(1)文献目録

『北の農民』は、一般向け啓蒙書であるにもかかわらず、北欧語も含めた専門的な文献一覧が巻末に付されている。この文献一覧自体『北の農民』を読み解くうえで重要な史料であり、一九八三年以前のヴァイキング研究を理解するにあたって便利な一覧でもある。また、熊野の手になる「スカンディナヴィア（含むアイスランド）」（佐藤彰一・池上俊一・高山博編『西洋中世史研究入門』名古屋大学出版会、増補改訂版、二〇〇五）も、日本における研究文献を整理している。

以上に加えて、ヴァイキング時代のみならず、北欧中世全体に関する基本文献の目録として次の二点を挙げておきたい。

小澤実「北欧中世史研究の道具箱」『クリオ』一七（二〇〇三）五七〜七四頁

小澤実・松本涼・成川岳大・中丸禎子「中世アイスランド史学の新展開」『北欧史研究』二四（二〇〇七）一五一〜二一二頁

日本語によるノルウェーとアイスランド全般に関する文献は次のアンソロジーに掲載されている。

大島美穂・岡本健志編『ノルウェーを知るための60章』（明石書店、二〇一四）

小澤実・中丸禎子・高橋美野梨編『アイスランド・グリーンランド・北極を知るための65章』（明石書店、二〇一六）

『北の農民』の刊行以降、ヴァイキング研究は大きく変化した。大雑把に言えば、英語圏における初期中世研究と古アイスランド語テクスト研究の急速な進展である。こうした英語圏の研究の成長は、『北の農民』執筆時においては、基本文献の多くがドイツ語と北欧諸語であった現状を大きく変化させた。今や、北欧人ですら英語で研究文献を積極的に刊行するようになった。モノグラフのみならずViking Congress、International Saga Conference、International Symposium on Runes and Runic Inscriptionsといった定期的な会合に加えて、ヴァイキングを主題とするシンポジウムもしばしば開催されるようになった。

(2)総論

『北の農民』の刊行後、ヴァイキングの概論の翻訳が複数刊行された。なかでも、デンマーク、スウェーデン、イギリスを代表する専門家が執筆もしくは編集した次の訳書は、ヴァイキング研究を行うものにとって必携である。

J・ブレンステッズ(荒川明久・牧野正憲訳)『ヴァイキング』(人文書院、一九八八)

B・アルムグレン(蔵持不三也訳)『図説ヴァイキングの歴史』(原書房、一九九〇)

J・グラハム・キャンベル(熊野聰監訳)『ヴァイキングの世界』(朝倉書店、一九九九)

J・ヘイウッド(伊藤盡監訳)『図説ヴァイキング時代百科事典』(柊風舎、二〇一七)

H・プリングル「バイキング　大海の覇者の素顔」『ナショナルジオグラフィック日本版 二〇一七年三月号』(日経ナショナルジオグラフィック社)

ヴァイキングの歴史的研究の転換点をもたらしたのは、リーズ大学のピーター・ソーヤーである。彼が執筆・編集した以下の書はいまなお基本書である。

P. H. Sawyer, *The Age of the Vikings*, 2 ed. London 1973.

P. H. Sawyer, *Kings and Vikings: Scandinavia and Europe, A.D.700-1100*, London 1982.

P. H. Sawyer (ed.), *The Oxford Illustrated History of the Vikings*, Oxford 1997.

B. and P. H. Sawyer, *Die Welt der Wikinger*, Berlin 2002.

専門家による最新のハンドブックとして、

R. McTurk (ed.), *A Companion to Old Norse-Icelandic Literature and Culture*, Oxford 2005.

S. Brink and N. Price (ed.), *The Viking World*, London and New York 2008.

現代社会において関心の高いグローバリゼーションという世界史上の潮流のなかでヴァイキングを位置付けようとするのは、

J. Jesch, *The Viking Diaspora*, London and New York 2015.

便利なヴァイキング時代の地図として、

J. Haywood, *The Penguin Historical Atlas of the Vikings*, London 1995.

多くの図版をともなった、ヴァイキングを対象とする大規模展覧会の図録として、

W. W. Fitzhugh and E. I. Ward (ed.), *Vikings: the North Atlantic Saga*, New York 2000.

G. Williams et al. (ed.), *The Vikings: Life and Legend*, London 2014.

北欧史のなかのヴァイキング時代の位置付けについては、

K. Helle (ed.), *The Cambridge History of Scandinavia, vol.1: Prehistory to 1520*, Cambridge 2003.

小澤実・薩摩秀登・林邦夫『辺境のダイナミズム』（岩波書店、二〇〇九）

S. Bagge, *Cross and Scepter: The Rise of the Scandinavian Kingdoms from the Vikings to the Reformation*, Princeton, NJ 2014.

T. Douglas Price, *Ancient Scandinavia. An Archaeological History from the First Humans to the Vikings*, Oxford 2015.

(3) 史料研究

ヴァイキング研究には様々なタイプの史資料を用いなければならない。次の史料集にはヴァイキングの活動に関わる様々な類型・言語のテクスト英訳が収められている。

A. A. Somerville and R. A. McDonald (ed.), *The Viking Age: A Reader*, 2 ed. Toronto 2014.

〔スカンディナヴィア〕

ヴァイキング研究には複数の言語が必要となる。ヴァイキング自身の言語である古アイスランド語を学ぶためには以下のものが有用。

M.I. Barnes and A. Faulks, *A New Introduction to Old Norse*, 3 vols. London 1999-2001.

J.L. Byock, *Viking Language*, 2 vols. Pacific Palisades, CA 2013.

古アイスランド語による史料は、主として韻文（エッダ・スカルド詩）、散文（サガ）、碑文（ルーン碑文）、に分かれる。同時代史料として最も重要なのは碑文である。それらの概観を得るためには、

M. Clunies Ross, *A History of Old Norse Poetry and Poetics*, Cambridge 2005.

M. Clunies Ross, *The Cambridge Introduction to the Old Norse-Icelandic Saga*, Cambridge 2010.

M. I. Barnes, *Runes. A Handbook*, Woodbridge 2012.

日本アイスランド学会会員の努力により、サガの翻訳もいくつも刊行されている。本書でも頻出する『ヘイムスクリングラ』の全訳が出たことは特筆すべきであろう（ただし訳文は検討の余地あり）。

菅原邦城・早野勝巳・清水育男訳『アイスランドのサガ 中篇集』（東海大学出版会、二〇〇一）

森信嘉訳『スカルド詩人のサガ コルマクのサガ・ハルフレズのサガ』（東海大学出版会、二〇〇五）

スノッリ・ストゥルルソン（谷口幸男訳）『ヘイムスクリングラ 北欧王朝史』（北欧文化通信社、四巻、二〇〇八〜一〇）

本書でも引用されるラテン語史料として、

成川岳大訳「翻訳『ヒストリア・ノルベジエ（ノルウェー史）Historia Norwegie』本文及び解題」『北欧史研究』二六（二〇〇九）六八〜一〇〇頁

〔西ヨーロッパ〕

ヴァイキングに関する多くの史料は英訳やドイツ語訳が存在する。訳語に注意する必要があるが、

エインハルドゥス、ノトケルス（国原吉之助訳）『カロルス大帝伝』（筑摩書房、一九八五）

アッサー（小田卓爾訳）『アルフレッド大王伝』（中公文庫、一九九五）

大沢一雄訳注『アングロ・サクソン（=古英）法典』（朝日出版社、二〇一〇）

大沢一雄訳注『アングロ・サクソン年代記』（朝日出版社、二〇一二）

といった、ヴァイキング襲撃を伝える基本史料の邦訳が刊行されたことは喜ばしい。

〔東方世界〕

ルーシに関する基本史料は、

国本哲男他訳『ロシア原初年代記』（名古屋大学出版会、一九八七）

ビザンティン帝国における重要史料として、皇帝コンスタンティノス七世による『帝国統治論』がある。英訳をはじめ各国語訳があるが、ルーシに関わる九章に関しては居阪僚子、村田光司、仲田公輔による詳細な訳注が『史苑』七七‐二（二〇一七）一九九～二二八頁に収録されている。

また、十分な注釈の付されたアラビア語史料の翻訳も進展している。家島によるファドラーンの訳は東方ヴァイキング研究にとっては必須。英語による新訳は、ファドラーン以外のアラビア語テクストの翻訳もおさめるという点で貴重である。

イブン・ファドラーン（家島彦一訳）『ヴォルガ・ブルガール旅行記』（平凡社東洋文庫、二〇〇九）

P. Lunde and C. Stone (eds.), *Ibn Fadlān and the Land of Darkness: Arab Travellers in the Far North*, London 2012.

(4) 各論

以下、『ヴァイキングの歴史』の章立てに対応するかたちで近年の研究を紹介しておく。本書で論じられたテーマに関心を持たれた読者が、熊野が提起したテーマをより深く理解するための文献である。

〔序章〕

地域ごとのヴァイキングの研究書は多数に上る。ブリテン諸島は、

D. M. Hadley and J. D. Richards (ed.), *Cultures in Contact: Scandinavian Settlement in England in the Ninth and Tenth Centuries*, Turnhout 2000.

D. M. Hadley, *The Vikings in England: Settlement, Society and Culture*, Manchester 2006.
T. Bolton, *The Empire of Cnut the Great. Conquest and the Consolidation of Power in Northern Europe in the Early Eleventh Century*, Leiden 2009.
Jón Viðar Sigurðsson and T. Bolton (ed.), *Celtic-Norse Relationships in the Irish Sea in the Middle Ages 800–1200*, Leiden 2014.
W・デイヴィス編（鶴島博和監訳）『オックスフォード ブリテン諸島の歴史3　ヴァイキングからノルマン人へ』（慶應義塾大学出版会、二〇一五）
上野格・森ありさ・勝田俊輔編『世界歴史大系アイルランド史』（山川出版社、二〇一八）

北大西洋世界への拡大は、

G. J. Marcus, *The Conquest of the North Atlantic*, Woodbridge 1980.
A. Wawn and Þórunn Sigurðardóttir (ed.), *Approaches to Vínland*, Reykjavík 2001.

フランク王国をはじめとする大陸世界との関係は、

P. Bauduin, *Le monde franc et les Vikings, VIIIe–Xe siècle*, Paris 2009.
K. Hofmann, H. Kamp and M. Wemhoff (ed.), *Die Wikinger und das Fränkish Reich. Identitäten zwischen Konfrontation und Annäherung*, Paderborn 2014.

ロシアを中心とした東方世界との関係は、

S. Franklin and J. Shepard, *The Emergence of Rus 750–1200*, Harlow 1996.
W. Duczko, *Viking Rus. Studies on the Presence of Scandinavians in Eastern Europe*, Leiden 2004.
角谷英則『ヴァイキング時代』（京都大学学術出版会、二〇〇六）
栗生沢猛夫『『ロシア原初年代記』を読む』（成文社、二〇一五）

ビザンティン帝国との関係は活況を呈している。日本語では以下の二冊を参照。

マッツ・G・ラーション（荒川明久訳）『悲劇のヴァイキング遠征　東方探検家イングヴァールの足跡一〇三六～一〇四一』（新宿書房、二〇〇四）
マッツ・G・ラーション（荒川明久訳）『ヴァリャーギ　ビザンツの北欧人親衛隊』（国際語学社、二〇〇八）

小澤実「交渉するヴァイキング商人——10世紀におけるビザンツ帝国とルーシの交易協定の検討から」斯波照雄・玉木俊明編『北海・バルト海の商業世界』（悠書館、二〇一五）一一三～一四八頁

より専門的には、

F. Androshchuk, *Vikings in the East. Essays on Contacts along the Road to Byzantium (800-1100)*. Uppsala 2013.

L. Bjerg, J. H. Lind and S. M. Sindbæk (ed.), *From Goths to Varangians. Communication and Cultural Exchange between the Baltic Sea and the Black Sea*, Århus 2014.

F. Androshchuk, J. Shepard and M. White (ed.), *Byzantium and the Viking World*, Uppsala 2016.

小澤実「キエフ・ルーシ形成期の北西ユーラシア世界とスカンディナヴィア」小澤実・長縄宣博編『北西ユーラシアの歴史空間　前近代ロシアと周辺世界』（北海道大学出版会、二〇一六）七五～一〇三頁

ヴァイキングとイスラーム圏との関係はいまだ開拓の余地があるが、次の研究が参考になる。

Thorrir Hraundal, "New perspectives on Eastern Vikings/ Rus in Arabic sources", *Viking and Medieval Scandinavia* 10 (2014): 65-97.

A. Christys, *Vikings in the South. Voyages to Iberia and the Mediterranean*, London 2015.

〔第1章　ヴァイキング活動と北欧社会〕

オウッタルについては、

J. Bately and A. Engert (ed.), *Othere's Voyages. A late 9th-century Account of Voyages along the Coasts of Norway and Denmark and its Cultural Context*, Roskilde 2007.

サガの歴史利用については長い研究史がある。本書で熊野も主張するように、その利用方法には注意深くあらねばならない。最新の成果として、

Ármann Jakobsson and Sverrir Jakobsson (ed.), *The Routledge Research Companion to the Medieval Icelandic Sagas*, London 2017.

本書でもしばしば引用される『エギルのサガ』については、

L. de Looze et al. (ed.), *Egil the Viking Poet. New Approaches to Egil's Saga*, Toronto 2015.

〔第2章　農民――「独立王国」の主人〕

ヴァイキングの日常生活については次の本が総論的である。

R・ボワイエ（熊野聰監修・持田智子訳）『ヴァイキングの暮らしと文化』（白水社、二〇〇一）

ヴァイキング社会が、農場を所有する独立自営農民を基本構成単位としているという理解は依然として変わらないが、近年、「農民」間の多様性と階層性が強調されている。

Orri Vésteinsson, "A divided society: peasants and aristocracy in medieval Iceland", *Viking and Medieval Scadinavia* 3 (2007): 117-157.

B. Poulsen and S. M. Sindbæk (ed.), *Settlement and Lordship in Viking and Early Medieval Scandinavia*, Turnhout 2011.

時代は下るが次の論文も参照。

松本涼「一三世紀アイスランド農民の支配の構図と王権受容 貢税プロセスの分析より」『北欧史研究』二六（二〇〇九）一～一四頁

〔第3章　土地を求めて――植民と相続〕

ヴァイキング時代・中世のアイスランド史概観のスタンダードは、

Gunnar Karlsson, *Iceland's 1100 Years: the History of a Marginal Society*, Reykjavík 2000.

J. L. Byock, *Viking Age Iceland*, London 2001.

DNA研究や考古学の成果を受けて、アイスランド初期史の理解は劇的に変わりつつある。

Agnar Helgason et al. "Estimating Scandinavian and Gaelic ancestry in the male settlers of Iceland", *The American Journal of Human Genetics* 67-3 (2000): 697–717.

Orri Vésteinsson and T. H. McGovern, "Peopling of Iceland", *Norwegian Archaeological Review* 45-2 (2012): 206-218.

ヴァイキング時代の相続に関しては、

B. Sawyer, *The Viking-Age Rune Stone. Custom and Commemoration in Early Medeival Scandinavia*, Oxford 2000.

〔**第４章　商人なき交易**〕

考古学や貨幣研究の成果とともに、ヴァイキング時代をめぐる経済史は近年急速に進展している。

T. S. Noonan, *The Islamic World, Russia and the Vikings, 750-900. The Numismatic Evidence*, Aldershot 1998.

S. M. Sindbæk, "The small world of the Vikings. Networks in early medieval communication and exchange", *Norwegian Archaeological Review* 40 (2007): 59-74.

J. Graham-Campbell, S. Sindbæk and G. Williams (ed.), *Silver Economies, Monetisation and Society in the Viking Age, AD 800-1100*, Århus 2011.

ヴァイキング時代の都市研究の出発点として

B・アンブロシアーニ、H・クラーク（熊野聰監修・角谷英則訳）『ヴァイキングと都市』（東海大学出版会、二〇〇一）

D. Skre (ed.), *Kaupang Excavation Project Publication Series*, 6 vols (now 3 vols), Århus 2007.

D. M. Hadley and L. Harkel (ed.), *Everyday Life in Viking-Age Towns. Social Approaches to Towns in England and Ireland, c. 800.1100*, Oxford 2013.

アイスランド商業に関して、松本による次の二本は必読。

松本涼「中世アイスランドと北大西洋の流通」山田雅彦編『伝統ヨーロッパとその周辺の市場の歴史』（清文堂、二〇一〇）六九〜九三頁

松本涼「中世アイスランドの商業　羊毛布と女性」斯波照雄・玉木俊明編『北海・バルト海の商業世界』（悠書館、二〇一五）一四九〜一八二頁

〔**第５章　集会——法的共同体と祭祀**〕

第５章から第７章に至る北欧の基層構造に関して示唆的であるのは、

K・ハストロプ『北欧社会の基層と構造』（東海大学出版会、３冊、一九九六）

多様な資料の利用による、より動態的な近年の集会や法研究については、

S. W. Nordeide and S. Brink (ed.), *Sacred Sites and Holy Places: Exploring the Sacralization of Landscape through Time and Space*, Turnhout 2013.

S. Brink and L. Collinson (ed.), *New Approaches to Early Law in Scandinavia*, Turnhout 2014.

古北欧からヴァイキング時代の信仰については、

フォルケ・ストレム（菅原邦城訳）『古代北欧の宗教と神話』（人文書院、一九八二）

T. Gunnell and A. Lassen (ed.), *The Nordic Apocalypse: Approaches to Völuspá and Nordic Days of Judgement*, Turnhout 2013.

N. Price, *The Viking Way: Magic and Mind in Late Iron Age Scandinavia*, Oxford 2017.

キリスト教化については、

Orri Vésteinsson, *The Christianization of Iceland. Priests, Power, and Social Change 1000–1300*, Oxford 2000.

Jón Viðar Sigurðsson, *Kristninga i Norden 750–1200*, Oslo 2003.

N. Berend (ed.), *Christianization and the Rise of Christian Monarchy: Scandinavia, Central Europe and Rus' c. 900–1200*, Cambridge 2007.

I. H. Garipzanov (ed.), *Conversion and Identity in the Viking Age*, Turnhout 2014.

〔第6章　血の復讐――実力の世界の相互保障〕

サガにおける親族関係に基づく血讐を論じ、現在なお世界のスタンダードとなっているのは次の二冊。

J・L・バイヨック（柴田忠作・井上智之訳）『サガの社会史　中世アイスランドの自由国家』（東海大学出版会、一九九一）

J・L・バイヨック（柴田忠作訳）『アイスランドサガ　血讐の記号論』（東海大学出版会、一九九七）

次の文献も参照。

W. I. Miller, *Bloodtaking and Peacemaking: Feud, Law, and Society in Saga Iceland*, Chicago 1990.

阪西紀子「斧を手にして法廷へ：戦いか訴訟か　中世アイスランドの紛争解決手段」歴史学研究会編『紛争と訴訟の文化史』（青木書店、二〇〇〇）三五〜六八頁

〔第7章　歓待と宴――もてなしの社会ならびに第8章　贈与がむすぶ社会〕

すぐれて文化人類学的なテーマである客人歓待と宴との関係は、

H・C・パイヤー（岩井隆夫訳）『異人歓待の歴史　中世ヨーロッパにおける客人厚遇、居酒屋そして宿屋』（ハーベスト社、一九九七）

アーロン・グレーヴィチ（川端香男里・栗原成郎訳）『中世文化のカテゴリー』（岩波書店、一九九九）

J. Fried, *Zu Gast im Mittelalter*, München 2007.

近年、アイスランドの社会形成は、ノルウェーとより密接な関係のなかで論じられる傾向がある。アイスランド人研究者による以下の研究が代表的である。

Jón Viðar Sigurðsson, *Det norrøne samfunnet. Vikingen, kongen, erkebiskopen og bonden*, Oslo 2008.

Sverrir Jakobsson, "The process of state-formation in Medieval Iceland", *Viator* 40-2 (2009): 151-170.

〔第9章　海軍役――農民の武装と王権〕

国家制度としてのレイザングがいつ導入されたかに関しては、北欧各国で議論がある。研究史上の論点を整理したノルウェー国制に関する基本書として、

C. Krag, *Norges historie fram til 1319*, Oslo 2000.

海域世界を活動舞台としたヴァイキングにとって、船舶と武装は最重要課題である。そのような観点からヴァイキング社会を論じた研究書として、以下の3冊をあげておく。

J. Jesch, *Ships and Men in the late Viking Age: the Vocabulary of Runic Inscriptions and Skaldic Verse*, Woodbridge 2001.

J. H. Barrett and S. J. Gibbon (ed.), *Maritime Societies of the Viking and Medieval World*, Oxford 2016.

M. Ravn, *Viking Age War Fleets: Shipbuilding, Resource Management and Maritime Warfare in 11th-Century Denmark*, Roskilde 2016.

熊野　聡（くまの・さとる）

1940年東京生まれ。東京教育大学文学部卒業、一橋大学大学院経済学研究科中退。名古屋大学教養学部教授等を歴任。西洋経済史、北欧史専攻。著書:『共同体と国家の歴史理論』（青木書店）、『北の農民ヴァイキング』（平凡社）、『北欧初期社会の研究』（未来社）、『サガから歴史へ』（東海大学出版会）、『ヴァイキングの経済学』（山川出版社）、『続・サガから歴史へ』（麻生出版）、訳書：『ヴァイキングの暮らしと文化』（監修、白水社）、『北欧の自然と生業』（東海大学出版会）ほか多数。

小澤　実（おざわ・みのる）［解説・文献解題］

1973年愛媛県生まれ。東京大学大学院人文社会系研究科博士課程単位取得退学。立教大学文学部教授。共著:『辺境のダイナミズム』（岩波書店）、『北西ユーラシアの歴史空間』（北海道大学出版会）ほか多数。

ヴァイキングの歴史《れきし》

実力《じつりょく》と友情《ゆうじょう》の社会《しゃかい》

2017年２月20日　第１版第１刷発行
2025年５月30日　第１版第11刷発行

著　者……………………………
熊　野　聡
小　澤　実

発行者……………………………
矢　部　敬　一

発行所……………………………
株式会社 創　元　社
https://www.sogensha.co.jp/
〒541-0047 大阪市中央区淡路町4-3-6
Tel.06-6231-9010㈹

印刷所……………………………
株式会社 フジプラス

ISBN978-4-422-20341-6 C1322
